浙江大学宁波理工学院思政工作质量提升工程成果

宁波市教育传播研究与服务基地成果

浙江省高校"十三五"特色专业:网络与新媒体专业建设成果

本书编委会

主　任 | 胡征宇
副主任 | 冯建波　吴　飞
委　员 | 刘建民　陈　斌　潘再平　陆亚女　李　炜
　　　　　　朱小红　王军伟　赵建国　陈雪军　陈　恩
　　　　　　史望颖　吴　彦　曾晓燕
主　编 | 刘建民
副主编 | 王军伟　李　炜

行走的新闻

庆祝新中国成立 70 周年特别田野调查

国是千万家

刘建民　主编

宁波出版社

图书在版编目（CIP）数据

行走的新闻：国是千万家：庆祝新中国成立70周年特别田野调查/刘建民主编.--宁波：宁波出版社，2019.9

ISBN 978-7-5526-3619-2

Ⅰ.①行… Ⅱ.①刘… Ⅲ.①大学生—社会调查—浙江—文集 Ⅳ.① G642.45-53

中国版本图书馆 CIP 数据核字(2019)第 178702 号

行走的新闻：国是千万家
庆祝新中国成立70周年特别田野调查

刘建民　主编

出版发行	宁波出版社
	（宁波市甬江大道1号宁波书城8号楼6楼　邮编　315040）
网　　址	http://www.nbcbs.com
责任编辑	江一常
责任校对	叶呈圆　虞姬颖
装帧设计	观止堂_未氓
印　　刷	宁波白云印刷有限公司
开　　本	710×1000毫米　1/16
印　　张	22.75
字　　数	350千
版　　次	2019年9月第1版
印　　次	2019年9月第1次印刷
书　　号	ISBN 978-7-5526-3619-2
定　　价	88.00元

如发现缺页或倒装，影响阅读，请与出版社联系调换　电话：0574-87248279

我家故事最动容

胡征宇

同学们那一本纪念改革开放四十年的《我家四十年》馨香犹在，这一本献礼新中国七十年的《国是千万家》又将新鲜出炉。这是浙江大学宁波理工学院的学子们又一次青春的献礼，献礼我们亲爱的祖国。

今年是新中国成立70周年的喜庆之年。70年来，在中国共产党的领导下，经过几代中国人、亿万人民群众的接续奋斗，中华民族迎来了从站起来、富起来到强起来的伟大飞跃。一个个家庭也经历了由饥寒窘迫到基本温饱再到丰衣足食、小康之家的翻天覆地的变化。

为纪念这个盛大的节日，共同记住在70年间各个历史时期艰苦奋斗、历经磨难、逐梦前行，追求幸福生活的家庭经历和百姓故事，激励人们在新时代投身深化改革开放的大潮，建设更加美好幸福生活，实现"中国梦"，浙江大学宁波理工学院宣传部与传媒与设计学院共同组织了这次新中国成立70周年"我家70年——国是千万家"故事征集活动。《行走的新闻：国是千万家——庆祝新中国成立70周年特别田野调查》一书正是这次活动成果的大集结。

国是千万家，家是最小国。一个家庭的变迁，一个家庭中几代人的故事，都可以让我们从中读出新中国70年的巨变。收入本书的70篇出自同学们之手的原创文章，每一篇都无比清新，主题积极向上，内容真实可信，情感健康真挚。"老照片的故事"，以老照片为话题，今昔对比，讲述在70年间各个时期各自家庭生活改善和变化的真实故事；"老事物的故事"，以曾经与自己家庭生活有关的一件或几件"老事物"为线索，抚昔思今，在讲述自己或家人当年生活故事的过程中更加珍惜美好的今天；"老人的故事"，通过与家族长辈深入交流，细心攀谈，写出了充满精彩细节的家史和家风故事，这些"口述历史"都是弥足珍贵的；"老家的故事"亲切感人，无论老家在哪里，每个人的家乡也和祖国一样由"一穷二白"到"旧貌换新颜"，同学们在描绘老家"美好乡村"变化和发展的同时，抒发了自己的爱国爱乡之情，留下了自己的那一份"乡愁"。

  这本书出自同学们之手，所记述的多为长辈们日常平凡的生活，它通过70个家庭故事的讲述，勾勒出的是新中国70年发展的基本脉络，是中国普通人的日常生活史，很好地折射了中国社会的变迁。歌颂祖国七十华诞，抒发爱国爱乡情怀，这份感情，弥足珍贵。

  习近平总书记说，国家的希望在青年，民族的未来在青年。浙江大学宁波理工学院一直重视立德树人，把学生的培养与爱党爱国教育，与中国传统美德教育，与社会主义核心价值观教育结合起来，重视学生主体地位，形成了以"行走的新闻""用声音叙事""流动的党课"等为主要形式的行学思想政治教育品牌。十多年来，一批批学子在"行、访、叙、写"中增进了对伟大新时代、伟大祖国的热爱，在用脚步丈量大地的同时，树立了远大的理想，练就了过硬本领，锤炼了品德修为。

  我家故事最动容！在中华人民共和国成立70周年之际，从青年学生的视角，回溯家庭，回望历史，观察社会，展示新中国建国70年的伟大成就，定位精准，内容生动。祝贺同学们取得的成就！让我们一起祝福伟大的祖国！

胡征宇
研究员，浙江大学宁波理工学院党委书记

目录

序	胡征宇	1
"钢铁路"上行走的三代人	陆盛宇豪	1
阿公说的故事	刘涵梦	7
阿　金	王　纯	12
奶奶阿菊	傅超颖	16
挨到新天地	王晓悦	21
安徽小乡村的家族奋斗史	徐　周	26
不忘初心的服装人	袁　欣	31
我的奶奶	郭冰玥	35
传　承	吴禹楚	40
大奶奶的"咿咿呀呀"	张炫铭	44
大山脚下四个家	林梦莹	48
东浃橡胶鞋底创业史	汪勤慧	52
翻过这一页	俞菁霞	57
风风雨雨都见证	朱　玥	62
过去与未来的模样	方　怡	67
胡家人的拆迁记	胡班喆	72
我家七十年	蔡浩婕	76
璜山一家人	蔡　珏	80

记　忆	周宇琦	86
家的变迁	袁嘉峰	92
见证七十年	方雨虹	96
脚下的土地	孙懿琳	102
叩击时代，静听回响	黄佳璐	109
苦难是块垫脚石	曹宇轩	114
劳动最美	李　欣	121
老底子的旧时光	潘　越	127
老街三代人	周钇伲	130
老宅里的新兴事物	王湘彤	135
平凡中的闪光	刘思莹	141
人齐了，茶热了	章佳华	146
三代人的记忆	杨　澜	152
顺应时代去生活	张佳雨	157
我家的女人们	王　帆	162
歌唱岁月	张冬苑	167
他们，因地质勘探而结缘	叶　飞	172
她是新兵、军医和舞者	何雨琪	178
听外婆说那七十年的故事	项紫嫣	183
外公的奋斗史	吴咏月	187
外公的七十年	俞冰鑫	192
为生活不断做斗争	赵迎春	197
为生命奠基	赵继婷	202
温州奶奶	谢慧敏	208
我的老兵爷爷	王慧敏	213
我家的"女强人"	胡诗晨	218
我家的罗曼史	侯佳黎	223

我家就在滕头村	江儒斌	229
我家五代房屋史	郭洁荧	234
我喜欢的人是英雄	朱鸳麒	239
七十年的成长	章林俐	244
我的外公	杨嘉露	249
小渔村里的最美家庭	高诗慧	254
小长滨里的一家人	陈 琳	259
心随房动	杨 立	263
羊毛编织出温暖的家	陈欢欢	268
我家七十载	杨佳玲	273
爷爷的奋斗史	孙 羽	278
一杯茶·三代人的婚礼	盛水舟	280
此生辗转十宅中	夏千如	286
大树和木棉,还有他与教育相伴的一生	雷慧珊	294
两代人的爱情故事	甘冬冬	299
奶奶这一生	蒋欣彤	304
忆苦思甜的三代人	蒋冰璐	309
一个普通女人的七十载沉浮	王珂昕	314
一家人一路走来	杨芳婷	318
忆往昔岁月	屠加杨	322
有些故事还没讲完	王欣元	327
追梦三代人	徐寅莹	333
祖辈的风雨	陈 静	337
从"小车"到"大车"	蔡加琪	341
三张结婚照	唐 璐	346

后记	刘建民	351

"钢铁路"上行走的三代人

陆盛宇豪

我的家庭,随着新中国发展而变迁,随着时代进步着。我家所经历的奋斗之路,一大半,由铁水浇铸,由钢铁铺就。

结缘杭钢

我的外祖父在20世纪50年代为了响应国家发展钢铁,迈向强国的号召,为急需发展重工业的新中国贡献自己的一份力量,毅然决定加入当时工作环境并不被看好,成立不久的杭州半山钢铁厂,和来自全国各地机关、部队、农村、学校以及兄弟钢厂的创业者们一起,在荆棘丛生、荒无人烟的杭州城北的半山脚下,凭双手、肩膀以及汗水,拉开了建设杭钢的序幕。

我的父亲,大学毕业后亦加入了杭钢。

至此,我家两代人站在了各自的出发点,我家在"钢铁路"上的故事,开始了。

融入杭钢

20世纪60年代末,外祖父与外祖母成家不久,由于外祖母在嘉兴工作,与外祖父两地分居,外祖母只有在休假时来杭钢,住在外祖父的集体宿舍。这集体宿舍,也可在一定程度上视为我家的雏形,母亲儿时相当长一段时间在那儿居住。

外祖母说,那时杭钢才刚开始发展,周边还是丘陵山坡。之后的厂房是随着时间的推移建造起来的。转炉,从最开始的5吨慢慢发展到之后的15吨,炼钢从只有一个高炉到相继有了2号和3号高炉。外祖母说,当时外祖父也没有太顾着家,就想着为杭钢的发展出一份力。20世纪60年代的中国,工业尚不发达,一切建设基本靠人力,外祖父常常早出晚归。外祖母笑着说,外祖父对杭钢建设的奉献,丝毫不亚于对这个家的贡献。经过外祖父等一代建设者的努力,杭钢规模有了很大的扩展,组织上因为外祖父的努力以及他对于机械的精通,让外祖父做了一名内部铁道运输的管理员。

母亲出生后,由于家中没有老人帮忙照看,外祖母工作繁忙,母亲有时无奈被带往外祖父的工作地。当然,那时的母亲是不会安分地待在管理处的小房子里的,于是外祖父有时便将母亲直接带上火车头。母亲回忆说,自己的童年回忆里,更多的是蒸汽机车燃煤的烟气,行进时震耳欲聋的轰鸣声与悠长的汽笛声。

60年代外祖父曾参与建设安装的高炉

那时候,我们的小家是和杭钢这个大家联系在一起的,甚至在某种程度上是融合的,在哪儿都有家的感觉。现在,我家的老宅里还保存着那时外祖父指挥火车时用的小红旗、手提式信号灯等物件。这些,都是那个时代关于家的记忆,虽外表斑驳,但弥足珍贵。母亲说,把这些物件拿在手里,仿佛依旧可以听见由远及近的轰鸣声。切换手提式信号灯时会发出"哐当哐当"的声音,就像是那一列列运输火车,讲述着那些年家的故事。

外祖父与他的机车、手提式信号灯

然而，令人遗憾的是，外祖父因病在20世纪70年代末永远地离开了我们。这个小家庭不完整了，外祖母独自承担起了家的责任。母亲和外祖母都说，最开始的一段时间，是最艰难的，仿佛天塌下来了。但她们马上又补充道，那段日子，杭钢大家庭中的其他成员，毫不犹豫地向我们这个小家伸出了温暖之手。他们让外祖母放心去工作，母亲由他们帮忙照顾。

外祖母说，多亏了外祖父同事的帮助，不然她都不知道怎么让这个家继续走下去。这些同事中，有一位是外祖父的密友。外祖父去世后他多年如一日地照顾她们，帮她们解决了很多生活上的困难。如今，这位同事已是耄耋之年，他离开杭州回到了自己的故乡，我们全家仍会定期去看他，我们亲切地称他为老伯伯。

20世纪90年代，父亲大学毕业，回到了杭州。那时恰逢杭钢改革，杭州钢铁集团有限公司成立，父亲学的是冶金专业，因此被分配到了杭钢，走上了"钢铁路"。最开始父亲在设备处，由一名师傅带领实习，熟悉各项生产工序，检查仪器设备的工作情况，同时做一些技术工作。父亲回忆说，检查仪器这一工作虽然有很多要求，也有点枯燥，但因为他感兴趣，任务很快可以完成。几年后，由于在技术上较为出色，并且踏实肯干、吃苦耐劳、虚心好学，父亲被引荐当上了技术组长。

父亲工作几年后，经人介绍与母亲认识并结婚。婚后，父亲和母亲住进了杭州半山首批商品房小区。不过，依然在杭钢附近。搬入新居后，父亲和母亲的工作热情更高了。

随着时间的流逝，父亲的工作地点从车间、简易房到如今的独立办公室。那些年，我们家虽然没有再搬迁，但条件越来越好了。当然，父亲在杭钢，并不是一帆风顺的。

2013年，父亲已是杭钢下属公司的领导，并兼管生产安全。那年冬天，公司的一条生产线发生事故，造成部分钢水外溢。当时参与作业的工人虽及时躲避，没有被正面波及，但仍有一名工人被钢水溅到，大块皮肤被灼伤。事故发生后，父亲第一时间赶到现场，并前往医院探望伤员。伤员得到及时救治，父亲自然感到欣慰，但同时也因为自己主管安全，没有尽到责任而自责。

杭钢对于我们家来说是一种情怀，一种身份上的认同。有时，我和家人外出，别人上来打招呼时的一句："哦，你也是杭钢的，原来以前还是一个分厂的。"瞬间就让我有了家一般的归属感。

和杭钢一起转型

2015年，是杭钢走过的第58年。2015年初，浙江省委省政府审时度势，做出了年底关停半山钢铁基地的决定。150天后，半山钢铁基地安全关闭。

半山钢铁基地将要关停的消息，是父亲在2015年2月底带回家的。听父亲说，为了执行贯彻这一决定，杭钢内部需要做很多的努力，更需要背后所有家庭的配合。本来，半山钢铁基地的关停还要延后几年，是2016年举办的G20杭州峰会大大加快了这一决议落实的进程。

父亲还说，在完全关停之前，杭钢仍将继续生产数月，那将是老杭钢基地冷却、凝固前最后的辉煌。

每逢冬至、清明，我家都会去半山公墓祭奠外祖父。外祖父的墓近山顶处，视野开阔，不远处便是半山钢铁基地。立于此，听风带来的远处的机械声，看口径、高度不一的烟囱冒着的缕缕白烟，一家人感叹着钢铁巨人的生机。现如今,除了还未来得及拆除的零星钢架、钢瓦厂房与管道,什么都没有了。我们常说,若外祖父看到这一幕,应该也会感慨与不舍吧。不过,母亲说,这位巨人不是走了,而是为新时代做新的贡献去了。

对我们家来说,老杭钢关停的影响是可以明显感受到的,许多机构名称甚至是基础设施都发生了改变。例如以前我们家这一带的居民,用的一直是杭钢生产的煤气,2015年管道大改装,统一接入了杭州天然气。

半山钢铁基地关停,或许是简单的,然而随之而来的人员分流安置却是一个大问题,若分流不当,则会给背后的家庭带来巨大困扰。父亲在分流安置的过程中,也贡献了自己的一份力量。

父亲是领导,有责任与义务对基层的员工负责。那几个月父亲彻夜难眠,每一位员工都有不同的情况。他们会对安置方案不满意,会抱怨,甚至直接找上门来表达自己的怒气。对于这些员工,父亲认真倾听他们的抱怨,找到他们不满意的点,而不是忽略他们,指责他们。整个安置期间,父亲跑了多个相关单位,找了许多员工谈话,开导他们,平复他们的情绪。父亲事后回忆说,被别人指责当然会难堪,会不悦,但站在员工的立

父亲的同事们

场上，本来安稳的工作，说没有就没有了，谁都会发牢骚，谁都会努力为自己多争取一些"优惠"。对基层员工来说，杭钢半山钢铁基地关停让他们失去了已经捂热多时的"饭碗"。父亲还说，大家都是杭钢的员工，杭钢过去的繁荣促进了我们家庭的进步与发展，现在老杭钢走了，为它分流安置过去的员工，也是我们最后能为它做的事了。事后，父亲还说，这么多年，杭钢带给我们坚韧不拔的钢铁意志和坚持钢铁原则下的柔情。

处理完后续工作后，父亲负责管理的对象也从钢铁产品转为新型环保复合材料。父亲开玩笑说，以后我们家也是生态家庭了。这么多年来，我家早已形成了一个观念，即不管怎么样，我们家都是杭钢人，杭钢与我家紧密相连。杭钢兴盛，家，便有了依靠。

现在，我们家搬了新居，但依旧没有远离杭钢。当时，也想过搬至更繁华的城区，但始终放不下对杭钢的情结。离开杭钢，固然也可以生活，但总觉得失去了什么，缺了什么。

三代人传承杭钢精神

我们家的两代人，行走在"钢铁路"上，锻炼了自己，懂得了钢铁是怎样炼成的。到了我这一辈，已是第三代。或许我不会加入杭钢，但我仍会走上传承杭钢精神的，由坚毅与拼搏共同铺就的"钢铁路"。

我们家三代人在奋斗的过程中，和杭钢一样，转变了，发展了，并探索了新的领域，但初心始终未变。无论未来发生什么都不能阻止我们前进的步伐。因为我们都是杭钢精神锻造的杭钢人。

谨以此文感谢杭钢，以及在"钢铁路"上奋斗的杭钢人！

阿公说的故事

刘涵梦

计划经济时代

曾经在计划经济时代，人们吃饭要用粮票，买布做衣服要用布票，买香烟、买老酒都要用票证。城镇户口的人粮食都是定量供应，而农村户口的人在那时候经常吃不上饭。农村收获的粮食会经过村里干部收集一起运到城镇上，家家户户凑在一起吃的是食堂大锅饭。

阿公是出生在舟山偏远小村庄的孩子，长大后自食其力，经政府安排迁到城镇，有了城镇户口，至今一直住在政府分配的沈家门小西湖社区的老房子里。阿公今年已经85

年轻时的阿公

岁了，身体依旧健朗。我俩坐在老房子里的木椅上，阿公拉着我的手说："囡囡啊，那时候是真的苦啊。说是大锅饭，但等到村民都来村子集合后，那大勺子一下锅，听到的只有锅勺剐蹭锅面的声音，锅里没有大米就只有水。那时候很难吃饱，要是饿就去山上刨番薯叶、番薯根，解决温饱是相当困难的。"

在20世纪70年代以前，一年只有两寸、四寸的布票，连一条短裤都做不出来。城镇户口的粮票一个月是25斤，但是年轻汉子吃起来50斤都打不住。我感叹道："那时候真的是太辛苦了！"阿公回道："辛苦！那时候是再辛苦不过了，多少辛苦都讲不清……"

"阿公那时候你的生活是怎么样的？""我啊，我那时候还算可以了，经常出差，有50块钱一个月，养活家里四个孩子六口人。在那时有城镇户口算是很好了。"

阿公年轻时走遍了全国大江南北。从北京、上海到山东、四川、云南……经大队挑选出来的阿公常年做采购员，从上海采购来的香烟、白糖也是计划供应。木头从外地采购来，可以去鱼肉站换鱼，用鱼换水泥、钢材、香烟……以物换物，连日常用的肥皂、火柴也是如此。物资换来以后再以每户人家一个月的配额分。

从打石眼干起

阿公的父亲在阿公七岁的时候过世，阿公从小跟母亲相依为命。他每天下午都要去山上捡两捆柴，第二天再用卖柴的两毛钱去买番薯干。阿公十多岁就去亲戚家帮工晒盐。在太阳升起前就要做好晒盐准备，而那时正是最热的五月到八月。像阿公这样的帮工是没有工钱的，只管一餐饭，有时可以顺点盐，但如果被抓到的话就会被打屁股赶回家。

就这样帮忙晒了两三年的盐，阿公到了十六岁，便加入了村子里打石眼的工作。阿公开始帮部队建造房子，跟着村里人打石眼。打石眼是一项相当危险的工作，工人需要先在山体上打洞，再将火药塞进洞里。谁也不知道被炸过的山上会不会有滚石落下来。曾带阿公一起工作的三位老师傅就是被滚石砸中离世的。说起这件事，阿公眼中有藏不住的哀伤。炸开洞眼后，工人们要用手中的小锤子一点点开凿，凿下来的石料会运往上海。阿公说大家的生活都难过，一桶石子卖五毛钱，工人已经是满心欢喜。过了两三年，沈家门办起了石料场，正好政府派人下来了解石料场的情况，还是少年的阿公踏实能干且颇具领导力，便当上了石料场小组长。阿公打了四五年石眼之后就开始与部队及外面的单位谈业务。又过了两年，阿公当上了场长，这一当就是十六年。后来工作调动到了农机厂，当科长。最后调到了政府部门，公职又干了十多年。到提拔干部的时候，规定45岁以后不能提拔，阿公就又被调到了其他部门，担任主任科员（正局级），之后退休，至今已有23年。

"阿公，那你跟阿婆是怎么变成一家人的呢？"阿公说是由阿婆的姐姐介绍认识的。那时村里村外谁家儿子到了年纪需要成家，谁家女儿要嫁人，大家都知道。阿公到了年纪，阿婆的姐姐就来阿公家说媒，一来二去两家就认同了这门亲事，阿婆顶着一块红盖头就嫁给了阿公。

那时在石料场工作的阿公，经济也并不宽裕，一个月工资要养活家里人吃饭，钱一下子就没了。阿婆不是城镇户口，就连做小工都很难，只能农村、城镇两头跑，求人介绍做散工来贴补家用。直到20世纪80年代，阿婆的户口才被迁到了城镇。

阿公说，以前的工作很辛苦，学习也不容易。十四五岁的少年，在政府组织的农村夜校里，有一晚没一晚地上课，连桌子也只能捡别人家不要的。1958年，阿公又到了沈家门的会馆上课，那时候全国正处于扫盲阶段，阿公顺利通过考试，同年，阿公光荣地加入了中国共产党。

普陀园的贸易

到了政府部门后，阿公做的是外勤工作。那时阿公为了普陀园的贸易跑遍了全中国，东北吉林的木材，阿公每年可以拿到五千立方米；安徽的水泥每年有五万吨；上海的香烟、肥皂、钢材也能统统采购回来。

遥远地方的物资只能用火车进行运输，说起买车票，如果有坐票是极好的，虽然人挤人，但总比睡在火车过道上强得多。阿公那时睡过过道，螃蟹会爬上他的头，鱼尾巴就这么拍打他的脸。去近处贸易的话倒可以坐船，但从舟山到上海也需要两天两夜的时间。

阿公负责的是物资对换，需要什么物资就跟对方去谈价。舟山的物资都是用鱼换，以带鱼、乌贼为主，少许黄鱼。一般来说，阿公会用一百斤

阿公加入中国共产党五十周年纪念章

阿公党龄逾五十年纪念章

鱼换一立方米木材，如果是上好的木材，一吨鱼才能换一立方米，比如说东北的红松，可以用来造船，杉树可以用来造门窗。以前渔民用的都是木船，没有机器，风大浪大，就有可能把木船打翻，这样的事故很多，渔民都是把自己的命拴在裤腰带上讨生活。而农民的田地以前种出来的粮食只有四五百斤，没钱没保障，也是苦不堪言。

再说起贸易中的困难，阿公连连摆手。在各个城市进行交易，常遇到对方刁难，阿公没其他法子，只能到处去求人。

在鼓浪屿跑贸易的阿公

那时给大队发电报或打电话也极不容易，排起队来等个大半宿是常有的事。前期住宿也是个大问题，房间里的被子、枕头上满是跳蚤，门窗都不牢固，出门在外很不安全。阿公还记得那时在四川的夜晚，房间里闷热得很，他只能跟着同伴一起卷着凉席露天睡觉。当然20世纪80年代以后就住大旅馆了，阿公还住过和平饭店。

阳光总在风雨后

现在，新中国成立七十周年了，国家早已产生了翻天覆地的变化。不愁吃，不愁穿，房子也有得住，生活水平也提高了。阿公想起以前的工资一个月才50多块到现在退休金一个月6000多块。讲到这里，阿公情不自禁地为我们的祖国竖起了大拇指，我也紧紧握住了阿公的另一只手。

阿 金

王 纯

那是1947年的夏天，在浙江省余姚县马渚区的一个小村庄里，太阳炙烤着大地，老何在家里坐也不是站也不是。老何已经三十多了，他结婚迟，妻子比他小了十岁，终于在这一天，他要迎来他们的第一个孩子了。

伴随着一声婴儿的啼哭，老何正式当爹了，在那个重男轻女的时代，老何却格外疼爱这个女孩，他想把世上一切美好的东西都给这个女孩，他给她取名——阿金。

后来老何和妻子又生下了三个孩子，两个女儿和一个儿子，老何实在是一个偏心的人，阿金始终是他最爱的那个孩子。

1958年，全国刮起了一阵"大跃进"风，村头巷尾都出现了浮夸的口号和图画。阿金看着这些口号和画，手里捧的是米饭，还有一碗霉干菜。肉，想都不敢想。生活艰苦，但是阿金依然阳光向上，她白天努力学习，放学回家就帮助父母照顾弟弟妹妹们。她坚信生活会变得越来越好。

然而事与愿违，生活没有变得更好，饭越来越稀，霉干菜越来越少。

1960年，老何在大队食堂烧菜，看孩子们饿得不行了，就会偷偷带一些边角料回家给孩子们吃，也正是因为这样，阿金没有在"三年困难时期"吃太多的苦。这一年，阿金小学毕业了，她书读得很好，成绩在班里数一数二。

1961年，阿金要读初中了，当时的初中招生是从年龄小且成绩好的学生里挑选，于是阿金很顺利地上了中学。阿金在余姚市第七中学112班，直到现在阿金也没有忘记，靠着四块钱一个月的助学金和家里带去的霉干菜度日。但是阿金已经很满足了，她还可以读书，妹妹阿娣也很想读书，但是家里没有办法再多凑一份学费了。

1962年，阿金读初二，要分班，她的成绩相对比较好，分去了俄语班。她学得努力，虽然俄语不是她所擅长的科目，但她也不服输，一定要学好。慢慢地，她花了更多的时间在这门不擅长的科目上，成绩也没有以前那么好了。

那时候考高中很难，一个班里只有一两个人能考上高中，阿金没有考上。

当时读书和现在很不一样，读完了初中的阿金在当时已然是很稀有的人才了，所以阿金选择了去工作。她人缘很好，按现在的话来讲，很有性格优势，她聪慧、勇敢、公正、自信，这让她在交友时很占优势，也让她很容易就找到了工作。

阿金的第一份工作是在耕读小学教书。耕读小学就是现在的学前班，主要以大队、生产队为单位成立半耕半读的半日班或早、午、晚班，学习小学语文、数学等学科课程，每天上课两三个小时。一开始阿金觉得这样的日子很好，可以每天和元气满满的小朋友们一起，轻松快乐。在耕读小学教了一年多的书，阿金觉得这样的生活并不是她想要的，她是心中有理想有抱负的人，她觉得教书不能实现她的理想与抱负。

年轻时的阿金

于是她辞去了耕读小学的工作，通过朋友的推荐做起了保健员。

阿金是一个多才多艺的女孩子，她的戏唱得非常好，当时唱戏的地方叫大队俱乐部。每次她上去唱，就是主角。她去哪里唱，哪里就有她的支持者，换成现在的话说就是她"红"了，有了一大票粉丝。这也吸引了当时余姚锅厂负责人的注意。那时候每个厂都要有宣传队，余姚锅厂在宣传这一方面做得不是很好，于是他们希望能招收像阿金这样的人才，帮他们把宣传工作做好。但锅厂的负责人几次到乡下来招工，阿金都没有跟他们去。

1966年10月的一天，阿金正在贫瘠的土地里种油菜，大队里的伙伴跑来告诉她可以去写入党申请书了，阿金很激动，她抓紧做完了手上的工作，认真地写了她的入党申请书。第二天一早，阿金把她的申请书交给了大队的人。

村里有个小黑板，上面写着每个申请入党的人的名字，每天清晨望向那块小黑板，上面投票阿金的票数总是第一。

经过两个月一轮轮的审核和多次谈话，结合阿金平时的工作表现，九个生产队聚在一起讨论了四次，四次都全票通过，同意阿金入党。

阿金家的大门上有充满着历史气息的"共产党员户"的牌子

1966年12月10日，阿金成了入党积极分子。

1967年12月10日，阿金顺利转正，正式成为一名中国共产党党员。

入党后，阿金当上了村妇女主任。

1970年6月，高等学校招生废除考试制度，实行群众推荐、领导批准和学校复审相结合的办法招收工农兵学员，也就是工农兵上大学。对于阿金来说这是一个好消息，上大学是她一直以来的心愿。

上天没有辜负努力的人，阿金被推荐上了。

没过几年，阿金和隔壁村的老戚结了婚，老戚当时是工厂里的技术工，工友劝他们说在大队工作只能挣工分，在工厂里可以拿工资，于是阿金的工作也从大队转到了工厂，她做了出纳，这一做就做了二十几年。

结婚三年，阿金和老戚有了一儿一女，人人都说阿金福气好，儿子和女儿都是极听话乖巧的，两兄妹都已早早地跟着奶奶学做饭，那时候的灶台对于妹妹来说很高，她要踩着小板凳才能够到灶台。每天晚上阿金和老戚下班回家，桌上都会有烧好的饭菜，那时的日子过得也苦，霉干菜、榨菜皮、藏到发黑的臭霉豆腐，妹妹因体质不好常常吃到头上长满疮，一家四口就这样过着简单又朴素的小日子。

阿金的丈夫老戚

2019年的阿金已经72岁了，前两年得了一场大病，儿女怕她接受不了，哭红了眼也要擦干眼泪再去看她。她一眼看穿了儿女的心思，反过来安慰孩子们，用积极的心态面对病魔。她接受了手术，手术很成功，化验结果出来后让所有人松了一口气，这是不幸中的万幸了。

阿金现在只希望所有人的身体都能健健康康的，希望孩子们都可以有更好的未来，这大概是每一个祖辈共同的愿望吧。

现在的阿金学着年轻人开始赶潮流，用起了微信。老两口学东西都比别人快，才过了一个多月，阿金就已经可以熟练运用智能手机了，很多不会用的软件，教一遍就可以自己摸索出来，然后转身去教老戚。

阿金和老戚都已经是不折不扣的手机控了，原先他们不能理解子女和孙辈在吃完饭之后都各自捧着手机玩，现在他们自己也已经是放不下手机的人了。老戚喜欢听戏，看拉二胡的视频，现在他已经会运用各种视频软件了。而阿金喜欢聊聊微信、看看视频，生活也多了很多乐趣。

岁月爬上了她的眼角眉梢，留下了细碎的痕迹，她再也没了年轻时的美丽，原本光滑的手变得粗糙，原本乌黑的发丝也在岁月中慢慢褪了色。但她对生活依旧充满热爱，对未知的事物依旧保有好奇和探索的欲望，就像她年轻时那样。正如那句话——"永远年轻，永远热泪盈眶"。

阿金，就是我的外婆。

奶奶阿菊

傅超颖

"嘿，直接用手拿，你脏不脏呀，手洗过没有，没洗？快去！""又减肥？这么好的菜都不吃？现在的孩子我是越来越不懂了，要是搁我那时候……"我打断了奶奶："奶奶，快和我讲讲您那个时候的事吧，我特想知道！"

"哎，真拿你没办法。"

那是1948年，虽然已入秋，但是夏季的余温还未退去，空气里还是有种闷热的感觉，在浙江省宁波市鄞县的一个小村庄里，一个男人焦急地在门口搓着手，他今年三十多了，有两个孩子，都是男孩，在屋内生产的正是他的妻子，虽然已经有了前两次的经历，他还是很紧张，汗珠顺着他的额头往下滴。

伴随着婴儿的啼哭声，老汉的心总算放了下来。"是个姑娘，母女平安！"接生婆笑着从屋内出来了。没读过书的夫妻俩求着村口的教书先生给孩子取了个名字，叫阿菊。

后来，男人和妻子又生下了四个孩子，那是个重男轻女的时代，男人却是个例外，他对于自己的孩子一律平等，可是，家里穷呀，七个孩子要吃饭，就算有吃的，这么一分，每个人也就只能尝点味道。

"人有多大胆，地有多大产"，"不怕做不到，就怕想不到，只要想得到，定能做得到"，这些口号和红色的大字报随着1958年秋天的风吹到了鄞县这个小村庄，阿菊看着这些大字报上许多不认识的字，将手中已经不烫的稀粥送到一岁的小弟嘴里。阿菊作为家里最大的姐姐，照顾弟弟妹妹变成了她的职责，10岁的阿菊白天帮忙洗衣服、做饭，晚上就同二哥一起跟着家里唯一上过学的大哥认点字，这样的生活很苦，但阿菊始终坚信日子会一点点好起来的。

但，粥越来越稀，菜越来越咸，阿菊13岁那年的一个早上，父亲扛了把锄头就上山了，他已经一天半没有吃东西了，前面的路越发不好走，想着家里的七个孩子，他又把肩上的锄头顶在地上，慢慢地往前移过去。"爸爸，爸爸，你醒醒呀！"父亲醒了，但是他的腿却瘸了，因为饥饿他晕倒了，滚下了山，是隔壁村庄的人发现并把他背了回来。家里的顶梁柱倒了，大哥也辍学了，粮食越来越少，生活更艰苦了。

阿菊16岁那年，大哥成家了，家里虽然少了一张嘴，但也少了个能干活的人，负担还是很重，父亲忍痛把最小的弟弟给了隔壁村的一对老夫妻养，那对老夫妻倒是好人，在那个年代，三弟硬是被养胖了一圈。阿菊在悲伤中又为三弟感到高兴。

过年了，过年了，阿菊得到了十岁后的第一件新衣服，都说"新老大，旧老二，破阿三"，可阿菊这个老大却一直没有穿新衣服的福气，她的衣服大都是村里年龄相差不多的姑娘穿过的旧衣服，但阿菊还是很宝贝这些旧衣服，她总是把它们洗得干干净净的，叠好放进自己的小柜子里。可是，为什么今年会有新衣服穿？而且父母最近老是笑容满面的，是有什么好事发生了吗？阿菊不解，她怎么也想不到这件喜事关系着她的一辈子。

阿菊照例去村口溪边洗衣服，"阿菊，你要嫁人啦，嘿，还穿了新衣服呀，真是气派呀！""对呀，你有这种好事怎么都不告诉我，还把不把我当姐妹了？""什么？什么意思？你们说清楚，我要嫁人了？"阿菊慌张地想要抓住一个人问个究竟，可大家都哄笑着跑开了。回到家，阿菊把这件事告诉了父亲，想要父亲好好教训那些说胡话的村民们，可父亲却笑着说："他们没有说错，阿菊，你要嫁人了，是隔壁村的阿岳，挺英俊的一个小伙子，嫁过去好呀，我们家太穷了，嫁过去不用跟着我们吃苦了……""我不要！爸爸，你知道我的，我可以吃苦，我不要离开你们，我不要嫁人,你们是不是嫌我吃得多了?"阿菊哭着求父亲。"爸怎么会嫌弃你呀,爸自己就是一个废人了,爸只是想让你过上好日子,阿岳是读过书的,人也有学问,你跟着他不会吃苦的,嫁过去吧……"听着父亲的话,阿菊沉默了,那一夜没有人知道她哭了多久,只知道第二天,她笑着对父亲说:"我嫁。"

阿菊和阿岳的结婚照

阿菊的婚礼不大,不,那也称不上婚礼,就是两家人坐一块吃了顿饭,那个被领养的三弟也在。在饭桌上,阿菊穿着过年买的新衣服,她第一次看到那个她将要陪伴一生的男人——阿岳。吃完饭,阿菊把自己为数不多的行李搬进新家,就算是正式嫁人了。

阿菊当母亲了,孩子是个女孩,瘦瘦小小的,长得像阿岳。你说阿菊爱阿岳吧,好像又不像;你说不爱吧,可又会时时牵挂着对方。

结婚七年,阿菊和阿岳有了三个孩子,两个是女孩,最小的那个是男孩,人人都说阿菊福气好,三个孩子长得水灵又懂事,阿菊又秉着穷啥不能穷教育,苦啥不能苦孩子的原则,硬是把家里的三个孩子都送去上了学,三个孩子也争气,成绩都是班里名列前茅的,一放学老大帮忙洗衣服,老二老三就负责做饭,那时候的灶台很高,他们就站在小板凳上,每天晚上阿菊和阿岳回家总能吃上一口热饭。那时候日子苦,一勺猪油能煮三天的菜,一个咸土豆都能让一家人争让好久,还有榨菜皮、已经发黑的豆腐,因为营养不良,老大老二的头发又细又黄,几根头发奋拉在头皮上,经常被同村的小伙伴们嘲笑。但阿菊每天早上总是早早起来给他们做好早饭,把两姐妹的辫子梳得挺挺的,这才让他们去上学。一家五口人就这样,日子虽然苦,但他们总是整整齐齐的,谁也不能离开谁,他们互相依靠又互相独立着。

"你小嬷嬷呀,就是坐不住,老爱把头晃来晃去,给她梳辫子呀,要费很大的劲呢!"

"嘿,奶奶,您可别扯开话题哦,继续讲您的故事吧!"

1985年,阿菊的二妹和二妹夫下海经商,混出了点名堂,便把阿菊请去当帮手,没想到,这一干就是22年。现在的阿菊空了还是会去二妹的厂里帮帮忙。

1994年,阿菊当外婆了,1999年,阿菊当奶奶了。

家里的条件慢慢变好了,昏暗的屋子变敞亮了,家里的饭菜从榨菜皮到有肉了,电视也装上了,空调也有了,小儿子还买了一套小单元房,专门给阿菊阿岳两个老人住,不大的一个房子,二老硬是装修了三个房间,就是想要儿孙们多陪陪他们。

2018年的夏天,阿菊住院了,急性阑尾炎。在住院前,阿菊和阿岳以为是中暑了,也没有告诉子女,阿菊就这样硬熬了一天。第二天早上阿岳发现阿菊整个人脸色苍白,才意识到问题的严重性,打电话给三个孩子,阿菊这才被送进了医院。"还好送得及时,再晚几个小时,恐怕生命都有危险,不过老太太倒是坚强,这种痛很多健壮的成年人都痛得满地爬,你们做子女的,要多关心关心老人。"听了医生的话,三个孩子一脸的自责。做完手术的第二天,阿菊就吵着要出院,住院费太贵了,子女们忙,还要花时间来照顾她这个老婆子,子女们再三坚持,倔强的阿菊还是在手术后的第三天出院了。

"住院费太贵了,你说你爸妈他们一个月也没多少钱,再加上他们那段时间又忙,总是抽空过来照顾我,我心里过意不去呀。再说了,钱不好赚,我待在家里和待在医院都是一样的……"听着奶奶的话,我的心里也不好受起来。

"嘿,吃饭洗手,又忘了?""说了多少遍了,不准浪费食物!"

奶奶她这个人呀,前半辈子清苦,后半辈子节俭,她又爱干净,一天至少要拖

阿菊收藏的一些证件

阿菊和阿岳去台湾旅游

两次地。好像没见她空下来过,总是像一个陀螺转个不停,奶奶她呀,也是我最佩服的人。她常常说自己没读过书,这辈子最后悔的就是吃了没读过书的亏,因为不认识字,奶奶平日里看电视总是云里雾里,演员说话又快,加上看不懂字幕,一部剧看完了,都还叫不出主角的名字……

阿菊是我的奶奶,一个没什么文化的农村妇人,一个一辈子也不认得多少字的普通老人,可就是这样一个人,教会了我很多很多。

挨到新天地

王晓悦

我的家乡在浙江省台州市椒江区的一个小乡村，我们家祖祖辈辈都生活在这个淳朴的村子里，这个小村子养育了一代代人。

坚韧的外公

外公生于1940年，那是一个动荡的年代，童年的他吃不饱饭，生活很艰苦。外公虽然只读了四年小学，但是他在读书的时候成绩优异，人缘也很好，之后由于家庭原因就不得不辍学种地去了。1950年前后，国家实行土地改革制度，村子里地主家的几百亩田地都分给了穷苦的老百姓，外公说那时候每个人可以分到一亩多的田地，日子渐渐好过了些。再到后来农业集体化，外公被选为村里第15生产小队的队长，一直到现在他都担任着队长一职，只不过现在的说法是村民代表。"那时候我们队里有一百亩田，五十亩地，田里种水稻，地里种棉花。"外公骄傲地说。当年他作为队长带头去田里劳作，他不会因为自己是队长就偷懒，相反，他是干活最卖力的那一个。

说到"三年困难时期"，外公说，当年他饿极了就吃米糠粉，就是以往给猪吃的那个米糠。再后来连米糠粉都没了，他们就去山上找野果、挖野菜，野果、野菜都被吃完了之后他们就挖草根、剥树皮吃。他说那时候的人是没有尊严的，会不惜一切去找食物，因为没有什么比挨饿更让人难受的了。往年再困难，过年的时候都会杀一头猪或几只鸡鸭，能吃一顿肉，但是那时候，家里的猪牛鸡鸭都被饿死了，所以人一年到头都在挨饿。

变幻人生

1960年前后，外公偶然间得知临海市在征兵，他当时很兴奋，毅然报名参加了。说起当时准备入伍的时候，外公的眼里满是憧憬，他先填了一份入伍申请书，之后参加了体检，他说那是他人生第一次体检，因为小时候家里穷，别说体检了，就算生病了父母都舍不得去诊所买药吃。外公顺利通过了体检，部队鉴于外公小时候成绩优异，就录取了他，还十分看好他。但是生活并不总是这么顺心，据说当年村干部听说外公被部队录取，并且很被看重，就坚决不同意外公去参军，到现在外公都不知道当年村干部编了一个什么样的理由导致他无法参军。据外公回忆，当时和村干部并没有什么过节，但就是因为他，外公才没能如愿当兵。

笑对生活

外公是一个乐观的人，他并没有因为没能如愿当兵而对生活失去信心，相反，他过着和以前一样的平淡生活，当了一辈子的农民。之后有一年村里需要人手帮忙开水闸，外公就自告奋勇，冲在了前面。现在外公每个月都有开闸补贴，加上村民代表的补贴和养老金，过着吃穿不愁的生活，他闲暇的时候种种橘子，养养花，生活过得有滋有味。

不服输的爸爸

爸爸出生于1963年，据他回忆，在他的童年时期，最令他印象深刻的就是吃不饱饭。那个时候几乎没有米饭，更别说鸡鸭鱼肉了，有的只是番薯。我妈说:"你爸现在肠胃不好,估计就是那时候吃番薯吃坏的。""那个时候的食物哪有现在餐桌上的这些啊,连米饭都看不到几粒的,要不就是稀饭,稀饭就几粒米,和喝水没什么两样。"爸爸说。"为什么会没有粮食啊,那时候村里的人难道不干活吗?"我问道。他说:"那时候我们村子里有25个生产队,我被分到第18生产队。"说起生产队的生活,他仿佛有说不完的话。当年的生产队是生产大队的下属分队,进入生产队的农民算是"社员",社员们每天都要去田里干农活。那时候妇女和干不动体力活的老人是不能入社的,农民们集体劳作,劳动所得的粮食也是按工分分给社员的。那时候我爸爸一天能赚10个工分,换算成人民币也就一毛钱,这些工分可以兑换成粮食或者钱。但是就算已经在生产队里工作了,家里人还是吃不饱饭以至于要靠救济的粮票来维持生计。"既然生产队里大家都干活,为什么还会吃不饱饭,甚至需要救助呢?"我很疑惑,爸爸说:"一个原因就是生产队里的社员干活的效率参差不齐,有些人浑浑噩噩混一天,有些人干活却很卖力,生产队里不管一天干了多少活,只要人去了,就有工分拿,这样一来,混工分的人就越来越多,老实干活的人就越来越少。另外,农田里害虫很多,那时候还没有农药化肥,就算有也是日本生产的,大家都不会想去买,这样一来,庄稼怎么能长得好?"当年物资匮乏的程度是我们这代人难以想象的,村子里没有电,没有自来水,夜里只能靠煤油灯照明,生活用水还得靠自己去山上挑。

赚自己的人生

1975年,爸爸由于家庭原因不得不辍学。那时候爷爷家有五个小孩,每个人都吃不饱饭,我爸辍学之后就去师傅那儿学手艺了,虽然工作很辛苦,但一日三餐是不用愁了。就这样一直到了1985年,那是改革开放的第7个年头,村里没有生产队,村民也不用集体劳动了,土地承包到户,每户人家都能分到自己的田地,村民可以吃饱饭,日子也越过越好了。这一年,爸爸决定去创业,因为他觉得人生是要靠自己去改变的,政策带给人们的恩惠只是一小部分,正值壮年的他决定一个人去吉林延边卖眼镜。

他说那时候是坐火车去的吉林，火车上很拥挤，密闭的车厢很不透气，他买的是无座票，因为这样比较省钱。他在火车上站了整整两天两夜才到吉林。下了火车之后，他突然发现上衣口袋里的20元钱不见了，他想，一定是在车上有人趁他不注意偷去的，当时他很恼火，但也于事无补，之后他就去人多的地方卖眼镜，决定赚回这笔被偷的钱。过了两个月，我爸赚了几十块钱就回老家了。

之后，我爸和我妈相遇后结婚，生了我姐，就决定要一起打拼，他们去了杭州做生意。"刚到杭州的时候我们就拎着两个麻袋，什么都没有，我和你妈妈是白手起家的。"爸妈刚来杭州的时候住在一个朋友家的小屋里，屋子很拥挤，床、厨房都是挤在一起的，勉强住下三个人。

爸妈的结婚证

1990年前后，爸妈在杭州开了一家家纺店，起初生意并不好，一年只能赚三四万，后来换了一个进货的厂，买的人多了，生意渐渐红火了，我们家也赚了点钱。在杭州做了几年生意后，爸妈觉得杭州这个城市很有人情味，就想待在杭州，于是在城区买了一套房子。"那个年代在杭州城区买一套房只要20多万。"我爸说。买了房子之后我妈就又怀孕了，我妈快生我的时候正好是冬天，生意特别忙，我妈又是女强人，不管我爸怎么劝她，她都要留在店里帮忙，她觉得店里的生意更重要些。

就是凭着这股精神，爸妈的生意越做越好。后来在老家办了个加工厂，雇了村子里的工人做工，这样省了成本，利润也高了。我妈是个很善良的人，每每到了年末发工钱的时候，看见那些家庭有困难，人又很老实的工人，她总会多塞几百块钱给人家。爸妈做了20多年的生意，从没拖欠过工人一分钱。

我和妈妈在西湖边的合影

妈妈在西湖边的照片

我们生活在一个好时代,拥有比祖辈、父辈更优质的教育资源和更优渥的生活条件。回想自己的成长历程,我把很多时间都浪费在做白日梦和自我怀疑上,其实应该学习上一辈人乐观、坚韧、不服输的精神,珍惜今天来之不易的新生活,充分利用时间和资源,为了理想,勇敢拼搏。

安徽小乡村的家族奋斗史

徐 周

回首我家70年的历史,外公宽厚正义,每一根竹编都是对传统工艺的传承和坚守,每一次穿织都是对幸福生活的期待;爸爸看准时机,毅然决定转行创业,艰苦奋斗,终于迎来了小康生活。

父亲的童年

火锅"咕咕"冒着气泡,牛肉的香气升腾着溢满了整个屋子。一口牛肉,一口香菜,浇上几勺肉汤,就着一口米饭,那滋味就是一个满足。我夹起一块牛肉,大口嚼着,问:"老爸,你小时候的生活是怎么样的?"老爸一听,来了劲头:"我小时候可苦了,你爷爷经常让我干农活,挑担子、割牛草、插秧……什么没干过!那个时候一天至少挑4担水(1担=100斤),个子矮大概就是因为这个吧。"爸爸在家排行老四,是唯一的男孩,早上起来要徒步经过黄泥地到学堂,晚上回来要帮忙割牛草、喂猪食,只有到了夜深人静时才能坐在两个板凳搭成的简易桌子旁,借着煤油灯微弱、摇摆不定的光写作业。

"那个时候的人为了节省灯油,会把灯芯捻到最小,灯光只有黄豆粒般大,一闪一闪的。"爸爸望着升腾的热气喃喃道。奶奶在煤油灯下做针线活时常常会用针挑下灯芯,让灯光更亮堂些,然后一只手拿着鞋,一只手拿着一根拴着长长的线的针，一针一针地缝着。她常常深夜缝补衣物，衣服破了只需一些边角料便能补好。孩子们的衣服都是一年穿到头，等到过年了才会换上新的穿。多少个深夜，父亲从梦中醒来，迷迷糊糊中发现奶奶依然在煤油灯下忙碌，煤油灯发出的昏黄光亮照在奶奶的脸上，红红的。

"那个时候你们都吃些什么呀？""以前空气好、水也清，河里的小鱼小虾很多。我和你的几个姑姑常常去捉鱼摸虾，捉回来下饭，也能改善下伙食。"在那个物资匮乏的年代，不仅粮食定量供应，油、肉类和布匹也是如此。爸爸至今还记得那时猪肉的价钱，六角四分钱一斤。逢年过节的时候才能有猪肉吃。"以往过年会做红烧鱼，这鱼能从正月初一放到十五，得过了十五再吃。"我诧异地问："那不会变质发臭嘛？""那个时候能吃到肉就很不错了，哪管这些。"当时没有冰箱，奶奶把买来的肉放在锅里熬成油以后，剩下的猪油渣就成了孩子们的零食了。猪油常常盛放在搪瓷盆里，一盆可以炒几个月的青菜。

妈妈也加入我们的谈话，"以前一个鸡蛋炖一大碗，我和你舅舅抢着吃，吃到最后只剩下汤，我们把饭倒进碗里，用筷子把碗周围刮得干干净净，我们兄妹俩再分一下。最怀念的是夏天吃冰棍，一毛二一根，我们舍不得吃掉，就一口一口慢慢嘬。"当时的冰棍没有像现在这样花里胡哨，糖水冰棍是唯一的种类，甜滋滋又带着丝丝清凉，这是妈妈童年里夏天的味道。

夏天最悠闲的解暑方式是全家坐在凉席上乘凉，喝个三四海碗稀饭。山里的夏天蚊子尤其多，晚上在耳畔"嗡嗡"直叫，叮咬得爸爸无心学习。他便想了个办法，把腿放进盛满凉水的水桶里，这样既清凉又能防止蚊虫叮咬。

外公的年代

比起爸爸妈妈这一代人，外公他们这一代人的生活则更加艰苦。

我的外公名叫周廷来，生于1945年，安徽六安人。外公十六七岁的时

外公和外婆在家门口的合照

候，在生产队里干活，挣工分领粮食。当时的外婆是村里能歌善舞的姑娘，经熟人介绍认识了外公，后来成家便有了我的妈妈和舅舅。

为了维持一家人的生计，外公成了一名篾匠。外公自小就跟着太公学习竹编手艺，经过大半辈子的打磨，技术更是高超，编织的物件各个精巧，深受当地人的喜爱和追捧。为了卖竹编制品，外公要从农村步行25公里才能到达市区，一根扁担挑起10多个竹筐，走起路来一颠一颠。这来回50公里的路，一半黄泥，一半石子，外公就靠着一双深绿色的军用胶鞋来回奔波。

改革开放初期，外公开始"倒买倒卖"一些窑货和小猪崽，过年的时候家家户户宰鹅，他便瞅准时机去收鹅毛，再卖出去赚差价。妈妈记忆犹新的是，有一次外公做生意回来带给她一把洋伞，这在当时算得上时髦的东西了，"当时班里的女生都羡慕死我了"，妈妈自豪地说着，脸上洋溢着幸福的笑容。也就是在那几年，各种新潮事物开始受到年轻人的追捧。14英寸的黑白电视机在当时算是稀罕物品，一个村庄仅有一台，每当播放节目的时候，整个村庄的人都来围观。

从打工到创业

"那个时候，谁家里要是有辆凤凰牌或永久牌自行车，都是件了不起的事。骑的时候，昂首挺胸，街上的人眼睛都直勾勾地盯着，羡慕得不得了。"爸爸得意扬扬地讲述着。

90年代末，农民工子女进城务工潮兴起，"蛇皮袋大军"乘着绿皮火车、大巴车进城务工，一部分人则抓住了机遇办起了工厂，舅舅便是其中之一。舅舅在1996年去宁波做抛光生意，过了两年便办起了工厂，当了小老板，他穿上西装，夹着皮包，手里拿个"大哥大"，别提多神气。当时抓住机遇开办工厂基本上都能赚钱，工人也很好找。舅舅回到安徽老家的时候，给家里装了村里第一台空调。大家看到在外打工比务农赚钱，都托关系抢着让舅舅带他们一起干，这也算是响应了邓小平同志"先富带后富"的口号了。

2000年的时候，妈妈去舅舅的工厂里工作，做了3年的抛光作业，妈妈眼明手快，效率很高。别人做一个零件，妈妈能做两个。当时爸爸妈妈已经结婚了，爸爸负责管理工厂，也能得到一些工资补助。这样的生活维持了3年，虽然比大多数外出打工的人挣得多，但日子仍过得紧巴巴的。

直到2003年春节，姑姑从浙江嘉善做生意回来，妈妈一问得知广告业的前景较好，有钱可赚。于是二话不说，向亲戚借了几万块钱，跟爸爸过年后便匆匆去往嘉善，白手起家开了个广告店。小店面积仅有15平方米，一块木板把店面分为两块，前为店，后为一块木板搭成的简易小床，宽度刚好容得下两人。刚转行，为了迅速掌握电脑知识，妈妈买了本拳头一般厚的电脑书，天天翻，遇上不懂的就上网查，再实际操作一

姑父身着军装配旅游鞋

舅舅和妈妈在宁波打工

番，一个个软件就是这样摸索透的。妈妈主导室内平面广告设计，爸爸则负责户外广告制作，日晒雨淋都不耽误工作。"夫妻齐心，其利断金"，熟练的技术，良好的产品和服务质量为爸妈在业界赢得了非常好的口碑，因此累积了不少老顾客，老顾客又介绍新顾客，生意日渐兴隆。爸妈在奋斗了七八年后还清了欠债，无贷款买了一辆车，2013年在城市里买了一套房子，就这样生活一天比一天好。

回首我家70年的历史，外公宽厚、正义，每一根竹编都是对传统工艺的传承和坚守，每一次穿织都是对幸福生活的期待；爸妈看准时机，毅然决定转行创业，艰苦奋斗，终于迎来了小康生活。这些充分体现了新中国成立70年来翻天覆地的变化，是党的改革开放政策给我们带来了幸福的生活。我也不会忘记70年前那个物资匮乏的时代，品尝过辛酸才能更加珍惜眼前来之不易的甘甜。

不忘初心的服装人

袁 欣

1966年，19岁的外婆嫁给了在奉化江口镇做木匠的26岁的外公，并生下了3个孩子，为了减轻家庭的负担，外公托了关系，安排外婆去一家服装厂当学徒。在一位裁缝师傅的带领下，外婆开始接触并学习服装制作。"这一干，就干了大半辈子啊！"外婆对我说道，眼里闪烁着光芒。

外婆

刚进入服装厂时，外婆学习的是简单的制衣工序。到了新中国成立后的六七十年代，中山装开始流行起来，外婆便开始了中山装的学习和制作。"那个时候中山装很火嘞，我们忙得不得了，做完一件，拿走一件，有时候忙不过来，还要加班加点地赶。"外婆回忆道。中山装的热度一直持续到了20世纪80年代初，热度过去后，厂里开始制作西装，外婆就开始学习制作西装了。一件西装由前襟、后片、领片、袖子和衬里五个部分组成，外婆主要负责制作领子和袖子，合在一起便是"领袖"。似乎是命中注定，三十多岁的外婆开始出来自己办厂。外婆去江口镇里登了记，镇里给安排了房子。厂房是有了,但做衣服没人怎么行,外婆就去街上贴招工广告,这下,来报名的人络绎不绝。外婆举行了选拔考试。每个人都带着自己的缝纫机过来比拼缝纫技术,外婆从中选出了二十多个人,一组流水线就齐了,还招了个食堂师傅,外婆的厂正式成立了。

"刚开始办厂时,也没人找我们做,我就去上海找服装店,一家一家地问过去。那个时候也没有车,去上海就只能坐船,12个小时坐得晕乎乎的。"外婆边舞弄着功夫扇边对我说道。外婆从上海带回来了几个单子,大衣、工作服、西装能接到的都做。我问外婆办厂是不是很简单。"办厂难,特别辛苦,还会遇到各种各样的情况。我们的厂地势很低,下大雨、发大水的时候,就要把布料搬到楼上。五六十斤重的布料,需要搬到四楼。有一天夜里,突然打雷,我就睡不着了,想了想,就骑着自行车到厂里,赶快把布料搬到楼上,一个人搬啊,真是累。有时候,还要通宵带货,几个人一起打包、装箱。还有停电,停电是最头疼的。因为电不够用,需要让电。我们就白天睡觉,晚上干活,有时候干着干着,眼皮都会打架,那个时候真是苦啊。"外婆说到这里抿了抿嘴,眼里闪过一丝苦涩。

1995年的时候,厂由镇办变成了私营,外婆借了点钱,买了厂房,规模从二十多个人变成了两百多个人。流水线也从一条变成了四条。可是谁也没想到的是,厂子刚有点起色,就遇到了困难。"有一批裤子,做完以后预订商就没了音讯,这批裤子只能留下来低价卖掉。后来我们就吸取了教训,下订单的时候先付一点定金。还有一次,我们把货发过去了,钱却一直不给我们。不过好在这些也都是很少发生的,要是经常这样,我这个厂早就倒掉啦。"外婆放下手中的功夫扇,拉着我坐下,边看着老人们打太极边回忆道。

从外婆厂里出去的衣服得到了很好的评价,上海的服装公司也会来实地考察,下订单。通过上海办事处,外婆的厂也开始做外贸了,大部分都是外销到日本。听到这里,我惊叹着问外婆:"外婆,你的厂生意也太好了吧,还远销海外了呢!"外婆说:"那个时候运货过去只能用船,外销周期长,还是内销快。"厂里赚了钱先给员工们发工资、发奖金,还需要换设备,每年的利润都用来换新的设备。随着时间的流逝,厂里的设备也从最早的脚踏缝纫机变成了电动缝纫机。

外婆对服装质量的要求很高，这也是外婆一直坚持并很得意的一点。"有一次，我们被邀请去上海虹口区服装公司，参加服装质量评比。其中有一件女士西装获得了质量第一的称号，还给我们发了一面锦旗。"外婆说到这里，嘴角情不自禁地上扬了起来，眼里满是自豪。

参加服装质量评比时的外婆（左二）

外婆的厂经历了许多的风风雨雨。因为各种各样的压力，外婆办厂的这几十年，每天晚上都睡不好，靠安眠药入睡。这些压力折磨着她，但打不垮她。后来外婆的三个女儿一起帮着她管理厂，大女儿管生产，二女儿学技术，三女儿跑外勤。三个女儿变成了外婆的得力助手，在她们的管理下，厂里的生意蒸蒸日上。

忙着忙着，年底就到了。大家都沉浸在即将过年的氛围里，但货一定要在春节前发出。外婆想了个办法，做得多的工人多给钱，大家一下子变得积极了，终于在春节前把该发的货都发了，员工也拿着钱开开心心地去过年了。春节大约放假半个月，半个月后，新的一年又到来了，新的忙碌也开始了。订单一单接着一单，忙完一批又开始新的一批。

时光飞逝，外婆五十多岁了，制作衣服的手速也渐渐地慢下来了。外婆觉得她该休息，好好地享受晚年生活了。于是外婆将厂交给了技艺精湛的二女儿，二女儿扩大了厂的规模，租了比原来更大的房子，把厂里的事打理得井井有条。

刚退休的那几年，外婆还是闲不住，老往厂里跑，尽管只是剪剪线头，但只要待在衣服堆里，她就感觉很舒心。后来外婆买了条吉娃娃狗，很小巧，外婆特别喜欢它，每天都带它出去散步。有一天，外婆在遛狗的时候看见公园里一群老人在打太极拳，一下子入了迷，从此钻进太极拳的

打太极时的外婆

学习里,一发不可收拾。外婆每天早上5点就起来,收拾一下就出门打太极拳,一招一式,并非一下子就能学会的,需要坚持。刚开始学的时候,外婆的手里每天都会捏着一张拳谱,上面记满了招式,外婆天天都拿着背。"白鹤亮翅""玉女穿梭"等等,外婆舞弄着这些招式,不亦乐乎。我的外婆打了二十多年太极拳,这二十几年来,外婆的失眠也慢慢地好了,不再依靠药物入眠。除了太极拳,外婆还喜欢花花草草,家里的阳台上有各种各样的盆栽。每当我回到外婆家,她都会拉着我看她新种的花,外婆最喜欢有果子的盆栽,一颗颗红艳艳的小果子挂在小树上,为了防止鸟儿来啄,外婆拿了个网罩,罩在上面。有一次,外婆还带我看她种的蓝莓,摘了一颗让我尝一尝,酸中带甜。

如今的外婆卸下了一身的重担,左手拿着太极剑,右手拿着功夫扇。在花的世界里,翩翩起舞。

我的奶奶

郭冰玥

我已经很久未曾回过老家了。记忆里最清晰的乡下景观便是漂亮的夜空和点缀在黑幕上的一点点闪亮的星辰。

我从没见过凌晨的乡下,也从没到访过那些还未拆迁改建的土房子。父亲常常说我身在福中不知福,接着说起奶奶的故事,说曾经的日子有多艰难。

奶奶

凌晨,太阳还未升起的天空,模糊不清的乡间小道,一位年轻的小姑娘拎着农具在做活——父亲所描述的这一幕画面让我始终无法释怀。

于是在一个难得的假期,我带着相机回到了老家。

假期总是叫人格外倦怠。

从被窝里挣扎着起来的时候已经是早上9点多了,母亲在楼下喊着我的名字,让我赶紧下去吃早餐。我一边应着说好,一边急匆匆地裹上厚厚的羽绒服。早餐是东阳特色大饼，吃的时候油水沾了满手，味道却是实打实的好。那是城市里享受不到的地道小吃。

父亲去老房子里喊奶奶，我便先挑选好场地并摆放好器材。没多久大妈妈先回来了，笑着跟我说奶奶正在换衣服呢。她说第一次被孙女采访，要打扮得漂漂亮亮的才好。我搓搓手，有些局促地笑笑。很可惜我并不是位好的摄影师，但我想我会努力地将奶奶最美好的一面拍摄出来。等了大概半个小时，奶奶才走进新房子。她穿了件还算崭新的棉大衣，火红的衣服上还有几朵粉色的小花装饰。

我先拍了几张照片，还没等我问问题，奶奶就已经主动开口了。父亲之前说过，奶奶的故事三天三夜也说不完，原先我是不信的，现在我信了。

二

"1958年的时候，全国都在大炼钢铁。你的太外婆被分配去洗铁沙——就是把沙子里的铁块挑出来。你的太外公去了东阳南江水库，在那儿做堤坝。那时候我才读初一，只记得那是4斤玉米粉要吃一个礼拜的艰难时期。在吃不饱、穿不暖的时代，你太外婆提议让我去江西，那里有所学校招半工半读的学生，说不准还能在那儿打拼出一番事业来填饱肚子。

你太外公给了我10块钱，那时候已经是一笔巨款了，里面包括了生活费和路费，然后又把我的干粮、书本之类的必需品打包好。我穿着一身破土布衣服跟村里的另一个人一块儿上路了。车票费挺贵的，我们就选择一路走到金华，去找你的太舅公帮忙。当时你太舅公没能抢到前往江西的火车票，我们只能又一路走到衢州，这才购到了去弋阳的火车票。

到了弋阳后，那所学校却不招生了，我没办法，只能去找了个背毛竹的临时工作。那里吃饭倒是能吃饱，就是真的太辛苦了。我大概也就十六七岁吧，从早到晚地背毛竹，脚上、肩膀上都是水泡。一天也赚不了多少工分，仍旧还是一身的破袄。大概做了一个月吧，看见有卫生学校招护士专业学生的广告，我就想去试试看。报名的时候吧，招生办那边只认可初中毕业的人，我没上完初中，所以一开始是被拒绝的。好在那会儿初中毕业的人很少，招生没能招满，招生办就破格给了我一个面试、考试的机会。我考试成绩是第一名，就被录取了。

读了大概一年半，弋阳卫校通知说不招浙江人了，就叫我们这些学生自己出去找工作。我没办法，只能又去背毛竹。后来在那边遇见了你爷爷。你爷爷在江西做油漆工，收入还不错。也就在那一年，我跟着你爷爷一起回东阳过年，也算是结婚了吧。

哎，我还记得当时家里条件不好，你爷爷底下还有4个妹妹。在江西的时候我们买了7匹布，想做结婚的新衣的。结果你姑奶奶她们看见这些布啦，个个都很喜欢，四个人就分掉做成自己的衣服了。于是我结婚的时候还是穿一身的旧衣，少了喜气，心中多少有点沮丧。"

三

想到我姑妈，于是我便开口询问："那奶奶，你当时又是怎么收养姑妈的呢？"

奶奶喝了口温水，有些浑浊的双目里闪动着一丝光芒。

"1964年的时候，你大舅公在东阳县六石乡做裁缝生意。有次在江西进布料的时候被警察抓起来了，说是犯了投机倒把罪。我就带了点干粮坐火车去看他。在车上的时候正在吃粽子，旁边一个小女孩——就是你姑妈问我要吃的，我就分了一个小粽子给她。你姑妈那时候就一路跟着我不肯走了，她亲生母亲是做戏法的流动人口，基本上是过着吃了上顿没下顿的苦日子。她母亲跟我讲，孩子四处跑太可怜了，叫我带着走吧，好歹能吃上点东西。我当时很同情她们的遭遇，也就没多想，带着你姑妈一路回到了东阳。

你太婆知道之后非常生气，叫我把女孩子送走。那时候一家糊口都很困难，哪还有精力再去照顾一个孩子。我没办法，只能先送到隔壁邻居家养了几天，但是没多久就被送回来了。那时候多一个孩子都是累赘啊。我只能跟你太婆求情，好说歹说才又收养了你姑妈一星期。

之后我回娘家,挨家挨户问有没有人家想收养女孩子的。刚好有户人家没有孩子,又一直想要个女娃儿,就领养了你姑妈。我是哭着送给人家的,真的舍不得。

后来过了20年吧,你爷爷说我们一直没有一个女儿,就去村里头找你姑妈,找到了之后就认作干女儿。现在我们还是像一家人一样亲。"

奶奶过着缺衣少食的日子,没有新衣服,却有着一颗暖人的心。

四

"1980年分田到户,你外太婆去世了。我为了改善生活,为了添粮添衣,就去跟别人承包了两亩地,再加上自己家里的,一共7亩地。那一年你大伯伯跟你二伯伯一起出门创业去了。你大伯伯去青海,你二伯伯跟二舅公一块儿去了新疆,都是做油漆生意。那时候我们是油漆世家啦。我就跟你爷爷在家里干农活,你爷爷身体不好,所以很多体力活都是我干的。

新建的房子

地多嘛,农忙的时候就很辛苦。我要早上3点起床,烧好饭再去田里割稻、插秧,再用独轮车把稻谷拉出去晒晒,到晚上10点多才闲下来。整日里忙进忙出,只为三餐饭。

1994年的时候啊,你爷爷去世了。脑出血。然后到现在,前几年这里还是老房子,现在都重建过了,都是大屋子了。"

奶奶为子女忙活,从没想到为自己添件新衣,整日里除了干活就是干活,拉扯孩子长大,等孩子成家立业,不知不觉中自己脸上布满了风霜。

五

"唉,不说了不说了,现在生活好了,别说粮食吃不完,就是新衣也穿不完啊。休闲时间也多了。看啊，又有人喊我搓麻将了。"奶奶站起来，搓了搓手，"小冰冰拍的照片能不能给我看看啊。"

我点点头，父亲便替我大声喊了句："等这个照片洗出来之后，再给你看啦。"

奶奶连连点头，笑得像个三岁的小孩子。

她推开门走了出去。下午的时候天空飘起了雪花，纯白的像是纷飞的蝴蝶。奶奶穿着那身火红的新衣，慢悠悠地从乡间小路走到村委会去，那里有一群老人等着她一块儿搓麻将。

传 承

吴禹楚

母亲从一口红木柜中拿出算盘，泛黄发白的算盘看起来年纪比我大，但算盘的珠子还能灵活地滑动。母亲走近算盘，双手一落，指尖便在算盘上来来回回，嘴里念着一串串数字，算珠碰撞的声音像是在为母亲念的口诀伴奏。要不是这算盘上落下的灰尘，我都要怀疑母亲是每天都在用功练习打算盘了。

这是一个关于传承的故事。

外公的会计生涯

从年轻到年迈，外公一直是白白净净、高高瘦瘦的模样。村里的同志们都喊他"小官人"，母亲说，就是现在你们说的"小鲜肉"啦！外公爱喝点小酒，偶尔也和三五好友一起下下象棋，或者闲来无事练练书法，临近春节的时候写几张春联，再张罗着贴在门上。

20世纪60年代，那时候大家都到生产队参加农活，每到月底结算一次，当时是按工分计算的。一个青壮年算十个工分，一个妇女算六个工分。外公年轻时候腰不好，身体素质也比较差，挑担这些力气活着实让他够呛。好在外公读过书会算账，就做了村里生产队的会计。刚开始，外公是当时红光村第一生产队的会计，后来，外公就成了生产大队的会计，管理村里十二支生产队的财务。

一户人家两夫妻基本上是16工分，外公的会计工作就是每个月统计好生产队里每个人出勤的天数，一年结束的时候，累计每户人家做了多少工分，到时候分钱可是按照这个工分给的。年末整个生产队收获的粮要上交充公，交完公粮之后，余下的部分再卖掉换钱，卖掉的钱拿回生产队，按之前算的工分分给每一户人家。

外公做事仔细认真、一丝不苟，外公的会计之路看起来一帆风顺，但其中的坎坷和心酸，他却很少与人诉说。当时做大队的会计可不是抢手的香饽饽，反而是烫手的山芋，没人愿意去做会计，大家更愿意下田做农活，一家子都在田里，有个照应，妻子干不完农活，丈夫也可以帮帮忙。外公拿起算盘做会计的同时，外婆一人在田里做农活，干不完的时候也没人给个照应，所以外公的心里一直不好受。

屋漏偏逢连夜雨，在外公辛苦做生产大队会计的这段时间，有人栽赃外公做了假账，拿了公家的钱，要找外公麻烦。外公行得正坐得端，哪受得了这种污蔑，但说瞎话的人不肯作罢，还叫外公几天之内把账算明白给他们看。外公点着油灯打着算盘算账到凌晨，就是为了证明自己没有私吞公家的财产，给人家算得清清楚楚、明明白白，这事儿也算是过去了。后来在村里，没有人再说外公不好的，直到外公老了还有人叫外公"阿陆小官人"（外公名字里有个陆字）。

母亲的会计生涯

在母亲口中，外公的角色不仅是家中顶梁柱，更是她的职业导师。从母亲出生到外公退休，外公从始至终都是一名有责任心的会计，后来村里人也很敬重外公。从1992年至今，母亲追随外公的步伐，已经做了27年的会计了，非科班出身的母亲也已经从一名新手会计升级到资历深厚的老会计了。

母亲刚开始学会计时，凌晨三点起来学，借了外公的算盘，向外公和专业的会计学。功夫不负有心人，母亲考到了会计证。母亲先是在大队厂里做会计,那时候会计可不止母亲一个人,母亲只是其中一员,母亲是主办会计,做出纳,主要负责算算工人们的工资以及报销采购的钱。

母亲学会算盘做账没多久,计算器在市面上出现了,尽管学算盘花了她好多个日日夜夜,母亲只好放下算盘又拿起计算器。九十年代开始,母亲开始做报表,加上交税的工作,经常跑税务局和银行。到了1996年,开始流行在电脑上做账,在此之前,母亲可从未见过电脑,更别说用电脑做账了。母亲只好继续硬着头皮报了电脑班,白天在厂里上班,下班在家吃过饭就去夜校学电脑,从最基础的五笔输入法到专业的纳税软件,母亲一样一样学起来,又开始了她的学生生涯。

先是学五笔输入法,那时候家里到处是母亲的五笔口诀课本,我也刚上学,老爱跟着母亲念"王旁青头戈五一,土士二干十寸雨"。厂里工作要用电脑,但我们家里可没有电脑,母亲就自己画键盘,边念口诀边在键盘上填空,还经常听到母亲和同事讨论,某个字应该怎么打,正确的笔画顺序如何如何。晚饭过后,母亲会带着我一起去上电脑班,母亲上课的电脑教室和我们小学的电脑教室简直一模一样,一排排的台式电脑,连里面的游戏都是我熟悉的金山打字游戏。母亲上课学技能,我在一旁玩着青蛙过河的打字游戏,那段时光,我无比期待与母亲一起上电脑班。

2009年,母亲成为第一批淘宝用户之一,那时候大家还在谣传淘宝卖假货、二手货,许多人都不懂淘宝,抱着观望的态度,而我的母亲已经能够在淘宝上得心应手地购物了,甚至还帮同事们买这买那。现在母亲经营着公司的淘宝账号,从资深买手转变为金牌卖家。

自九十年代起,科学技术突飞猛进,各种新技术、新设备闯入我们的生活和工作,但母亲一直保持着活到老,学到老的积极态度,在时代快速发展的今天,为自己谋了一处立足之地。27年来,公司从原来的小工厂变成了外贸企业,母亲从新手会计升级到资深会计。现在经常会有小企业、小公司找母亲帮忙,母亲也做起了老师,带着她的小助手一起升级。母亲总是对我说:"祖国的未来是你们的啦!"

姐姐的会计生涯

母亲追随她父亲的脚步,姐姐也跟随母亲的脚步。跟外公和母亲相比,姐姐就不同了。姐姐是属于科班出身的,她从一开始的职业规划就是金融行业。经过大学系统的职业和专业教育,姐姐计划去银行工作。在被银行录取并成了正式员工之后,姐姐还经常请教母亲专业方面的问题。姐姐虽然走的是和外公、母亲不同的路,但最终也算是继承了母亲和外公的职业。

姐姐没有学过算盘,也没有学习五笔输入法,更没有去夜校上电脑班,她的这些专业技能都是大学里的专业课教给她的。这是她与外公和母亲最大的不同,姐姐多了大学这一学习阶段。在大学里,姐姐不仅有了自己的价值观和专业的知识体系,更交到了许多朋友,开阔了眼界,这对她现在步入社会工作有很大的帮助。作为新生代的会计,姐姐不是单纯地做一个公司内部的财务,而是在系统的银行管理制度下,服务百姓,为大家做着财务管理,完成存款、贷款、汇兑、储蓄等业务。她不再是小村、小厂的理财者,而是服务于整个社会,每一户小家,每一个老百姓。

虽然我的外公、妈妈、姐姐的职业相同,但他们并没有复制上一辈的生命道路。他们可能并不是世界上最优秀的那一群人,但他们却是我心中闪光的存在。

大奶奶的"咿咿呀呀"

张炫铭

听见屋里的戏曲声,我推开了半扇门,从屋里传出一声:"谁……谁啦?"我站在她跟前,太暗了她似乎认不出我,我只能告诉她我的名字,并顺手把房门打开,让屋外的光透进来,以便她能够看清我。她看清了,像全天下的长辈对晚辈一样,把着我的手臂,笑着说认不出我来了,长大了。

大奶奶

爷爷是个调皮的人

这栋房子是在爷爷娶奶奶之前才建起来的。听说有了安身之处,奶奶家的大人才同意她嫁过来。家中四下无人,我便走出了小屋,和屋外的大婶子聊了起来。往常都是父母领着我来的,因而她很诧异为何我今天会一个人来。在表明了来意之后,她笑了:"是个学生该干的活!"大婶子指了指我鼻子旁边的痣,"还真像你爷爷!村里人都说你爷爷小时候是个皮猴,经常带着隔壁的朋友下河捞鱼、抓螃蟹。有一次在河边滑倒,可把家里人吓了个半死。他后来参军去了,回来之后像是变了个人,说话不打俏了，做动作也不夸张了，说是当了个排长。当了兵回来就向你老太说要娶媳妇，说是队里的弟兄们这几年陆续都找到了媳妇，自己还没有，怕是要被他们耻笑。"婶子笑了笑，眼睛眯成了一条缝，眼角的皱纹更多了。"你奶奶那个时候是生产队的，不知怎么的他们俩就'勾搭'上了。你奶奶家要房子，不然不让嫁。你爷爷就选在这里，造了一间不大不小的房子。"随后大婶子的话语一转，叹息道，"可惜了，房子在，你爷爷走了……"爷爷在我懂事之初就与世长辞了，我留存着的记忆仅仅是他躺在床上，不停地咳嗽，以及附近大人们来来去去、双眉紧锁的身影和面貌。大婶子拂起她的围裙，擦了擦手，小声地提醒了我一句："你大奶奶还在这儿住着。"

戏曲迷的奋斗史

大奶奶是10岁左右开始喜欢戏曲的，那个时候戏曲并不是很流行，但是时常会有戏班子去集市那边唱戏，晚上干完农活偶尔会有皮影戏看。她说她最喜欢的皮影戏是《武松打虎》。那个时候她对戏曲就很有兴趣，觉得这种唱腔很独特，就学着在干农活的时候唱，帮忙烧柴的时候也唱，跑去山上挖笋的时候还唱。唱着唱着，像是突然出了名一般，村里人知道这家有个唱戏唱得不错的女孩子。慢慢地就会有人慕名来听戏，甚至戏班子也来找过她，邀请她跟着班子一起演出。但是她拒绝了，因为家中还有比她年幼的孩子需要照顾，家里不能缺少她这一份劳动力。大奶奶忙忙碌碌，奔波了十余年，期间她去过宁波工作，看到过火车站人们交易的场面——那个时候下了火车站，商人们就开始做买卖，相互交流的声音不大："怎么样，你有没有肥皂卖？""你有没有斗笠？"……大奶奶说那个时候上海的很多货都是需要从别的地方运过去才会有的，包括宁波制的肥皂和斗笠。她就在宁波编斗笠去火车站卖，第一次收入拿来买了墨鱼干。她告诉我，到如今她都没有忘记那股香味。后来她攒够钱，偷偷买了收音机，白天上班，晚上听相声或戏曲，也算是满足了她喜欢戏曲的小心愿了。后来那台收音机在搬家的时候给震坏了，她抱着收音机心疼了好几天。但是这件事情并没有减弱她对戏曲的热爱,她白天工作,晚上就自娱自乐,唱戏给自己听。有一年的秋天,她照常去卖斗笠的时候,遇到了大爷爷。当时大爷爷在路上看见她在卖斗笠,顺口说了一句:"孤舟蓑笠翁,独钓寒江雪。"那时大奶奶觉得他是个文化人,就对他产生了兴趣。后来关系渐好,便成婚了。可婚后才知道,这一句诗是大爷爷当初路过学堂,听到孩子在诵读诗歌的时候偷偷记下来的。这句唯一记住的诗,还把大奶奶给"勾"住了。大奶奶说到这儿,忍不住笑了。她说话的时候,会带动额头上的皮肤,显得皱皱的,一笑,又像一汪水,舒展开来。那时候,有才华的人是最吸引人的。

结婚以后,大奶奶对戏曲的兴趣有些减淡,也可能有了自己的家,没有时间再去发展自己的兴趣爱好了。她不再满足于为了一台收音机工作,她要为自己这个家庭做些事情。于是她开始学织布,在当地的一家作坊里,帮人做布匹。这工作的好处就在于,她可以在年末的时候织一块布带回家去。虽然工作有些忙碌,但如果集市有戏曲表演,她依旧会去看,偶尔也会忘了时间。等回家的时候,挨一顿埋怨是不可避免的——家中还有1个大人和3个小孩等着吃饭。

大爷爷生了病,很早就离开了大奶奶。大奶奶在大爷爷下葬那天,把之前搬家弄坏的收音机放了进去。她笑了笑说:"一个是我喜欢的人,一个是我喜欢的物。"她独自把孩子拉扯大之后,孩子分了家住了出去。分家那天,她把自己关在房间里没有出来,任凭三个小的自己规划。

年纪渐渐大了,和孩子住在一起也会有些许不便之处,她搬到了我爷爷住过的一间小房子里,一直住到了现在。当我问她住了多久的时候,她叹了口气:"老房子了,我在这里快15年了。这房子虽然看起来破,但是风刮不跑,雨下不漏,太阳晒不破,给我住住够了。电视机、冰箱我也用不上,就让他们买了台新的小收音机,能听听戏曲、相声,挺好

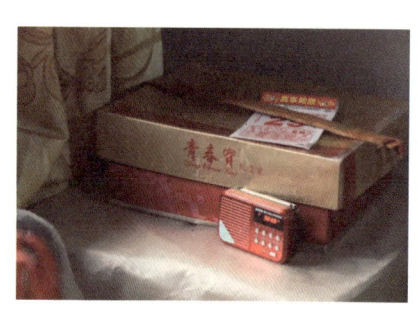

大奶奶的新收音机

的。新的东西也不是不喜欢,只是老的东西用惯了,更喜欢老的而已。"

大奶奶停顿了许久。突然站起来:"留家里吃个饭吧!你不常回家,我这儿也没什么菜。"我谢绝了大奶奶的好意,下午还有事要办。她便拿出了好多橘子给我,让我放在相机包里一会儿好带走。

临走之前,揣上橘子,大奶奶跟着送了出来。我想着,给大奶奶拍张照片吧。她推脱着,说都是老太婆了不费胶卷了,太贵。在我的坚持下,她就把围裙摘了,小心翼翼地放边上,指了指一堵灰墙:"就那边边上拍吧!"

"我是喜欢新的,但也不讨厌旧的呢!"这是大奶奶说过的,让我印象最深刻的一句话。

大山脚下四个家

林梦莹

老房子

"我们家共造了四次房子。"吃完午饭,爷爷戴着吸氧管,伴随着家用制氧机的"嗡嗡"声,坐在床上给我讲起了故事,"第一次造的是小屋,那时还没有现在的水泥、砖头,我们的房子就是用黄泥糊起来的茅草屋。第二次是石头屋,用一块块大石头堆起来的,用瓦片做的屋顶。第三次是你小时候住过的平顶屋,两间两层,你爸妈结婚的新房就是那间平顶屋。第四次就是你现在住的三层楼了。"

旧石头屋

"对,差不多就这么几次。"奶奶靠在床尾,掰着皱巴巴的手指抬起头看了看爷爷,继而转向我说道,"你们现在的房子我们没有经手,都是你爸爸、叔叔和伯伯他们自己弄的。以前的平顶屋是你爷爷张罗造起来的。"

我爷爷是在19岁的时候跟着我的曾祖父、曾祖母从浙江嘉兴搬到了浙江台州,从此便在村里的一座大山脚下安下了家。爷爷今年73岁,至今已经过去54年了。爷爷和奶奶有三个儿子,所以在造房子方面需要多费心,基本上,农村人家总要给儿子备着一套房,好为将来娶媳妇做准备。

泛黄的全家福

"你爸爸他们那时候穿的衣服都好着呢,别人家里都没有的。"奶奶有些许骄傲地指着电视桌上的照片说着。

爷爷奶奶家的老电视桌有另外的功能,那就是框照片,桌面与透明的玻璃板之间密密麻麻放了很多照片。这里面掺着几张灰色的照片,都是爷爷奶奶年轻时照的,它们的边也与其他彩色照片不同,是有规则形状的花边。

全家福

电视机后的窗户缝因外面的大风而发出"呼呼"的声音,我一缩脖子,走回爷爷床边,拉了个小板凳坐下。我低头看了眼手机,感慨道:"时间过得真快呀,一年又过去了,马上要迎来猪年了。"

舍不得杀掉这几头猪

厨房那头传来锅碗瓢盆碰撞的"交响乐",是奶奶趁着爷爷给我讲故事的空隙,先去洗碗了。爷爷望了眼厨房的方向,点了点头,说:"对,我们以前也养猪的。"我知道爷爷耳朵已经不太好了,大概只听到了最后那几个字。我点点头说:"嗯,我就记得小时候我看过奶奶喂猪。"

"那个时候呀，村里大多数人都养猪，等到养肥了，过年时就杀了吃。我们家建了四栏石板屋，三栏用来养猪，每栏养个一两头。现在嘛，没见过别人养猪了，都是养殖场里养。"爷爷挠着头说。

在我小时候，我们村口的右方有个养猪场，那个时候因为家里也养猪，就没怎么注意，现在已经荒废了，留下的只是一座红砖露在外面的小房子，印象里它是红色的，只不过现在颜色更暗了。

突然，我耳边仿佛响起以前路过养猪场时会听到的，猪低低的叫声。对于城市里的人来说，可能一辈子都没有见过活的猪吧。奶奶告诉我，它们也是一日三餐，偶尔还会有点心。主食是土豆、南瓜、番薯和糠，混着吃。点心是爷爷从田里拔的草。家里种农作物，根据收获时间，家里的猪在一年里先吃土豆，再吃南瓜，最后吃番薯，糠一年四季都会供给它们吃。那个时候番薯等作物，大人们要挑个几十担回来，就盼着它们多长点、长快点。

"每天给它们吃很多，把它们养肥，过年宰了供家里人吃。不过这样几百斤的猪就自己吃，有些人家也会不舍得啊，但养老了就没那么高价钱了，只能忍痛拿整只猪去卖掉换点钱。"奶奶说着，搓搓手去厨房继续忙活。

宰猪也不是个省力活。几年下来，猪这几百斤的肉不是白长的，横冲直撞，要抓住它还要费点力气。四五个人上去一起抓，再让请来的杀猪师傅用剪刀先把猪给捅倒下。据说手法快准狠，一下捅到心脏，那头猪就不动弹了。再用准备好的开水烫猪皮，还要用管子把它吹胖了吹紧实了，这样才好褪毛。我印象里就那么一次，小时候在房间里听着外面"呼呼"的风声和突如其来的几声猪叫，一问，是大人们在宰猪。我怕看到那红色的水泥地和老人家带着些许不舍的脸，于是没有走出房间。

箱子柜子也是中年人

电视响起了声音，是爷爷正在看《回家的路有多远》，我看着那斑驳的电视桌，问起它的年龄。

奶奶走过来，依然靠着床尾，看看手心，又望望爷爷。爷爷也看看奶奶，薄薄的嘴唇动了动。"三四十年了吧。"奶奶先打破沉默，"是你曾祖父他们带你爷爷从嘉兴过来之后买的。"

"那旁边的衣柜也是一起的吗？"我指着那暗红色的、中间因为镜子破掉而被布蒙起来的衣柜问。

"是啊，差不多时候一起做的。"爷爷奶奶一起说着。

那时候家里没什么地方放衣服和鞋子，原本都放在几个箱子里，但那样不方便，索性就一起做了些家具，除了衣柜、电视桌，还有两张床和一个橱柜。爷爷坐着的床就是其中一张。那两张床不像现在的床，不仅床头有靠背，连床尾也有，三边都被围着，空出一边上下床。橱柜从上至下有四扇门、四个抽屉和一个大空格，四扇门上依次刻着"山""珍""海""味"四个字，代表着家里人对美好生活的憧憬和希望。四扇门里奶奶通常放些干货，抽屉里通常放些鸡蛋、鸭蛋，大空格就用来放碗盆。

我起身往厨房走去，路过储物间，醒目的红色吸引了我，我指着那几个红色的箱子问奶奶："奶奶，那是什么？放东西的吗？"

奶奶说："那也是放衣服的，下面那几个抽屉拉出来放鞋的。"

"也是一起做的吗？"

"那倒不是，它们是我们家里目前最老的东西了吧，我嫁到你爷爷家也就19岁吧，这些东西是从娘家拿来的。"奶奶的脸颊有些泛红，朝这边走过来，没关上的卧室的门带着风"咿咿呀呀"地响起来。

我恍然大悟："是嫁妆吧。"

奶奶点点头就走开了。

爷爷奶奶的照片一起放在照片桌上，照片中的奶奶望着右边另一张照片里的爷爷。我想起之前隔壁伯伯说的话："你奶奶的爸爸妈妈呀，是看你爷爷朴实勤劳，就把你的奶奶嫁给了你爷爷。"只记得当时奶奶哈哈大笑，一只手握着葱，另一只手不停地在空中挥着遮挡泛红的脸颊。

爷爷奶奶的辛苦造就了我们现在的幸福生活。每个人可能都需要这种时候，聊聊过去的人和事，会发现自己变得更加宽容，有时候自己遇到的烦恼相较之下是多么小的一件事。无论何时，自己都要怀有一颗感恩的心。

东洓橡胶鞋底创业史

汪勤慧

我爸爸经常在我抱怨现在的生活不好的时候，对我说："你们总说现在的你们多苦多累，是因为你们没经历过我们那个时代，要不是你爷爷，我们现在的生活可没有这么好。"

自我有记忆以来，我就没有见过爷爷，除了奶奶房间里他的一幅画像。爸爸常说："你的爷爷，长得很帅，而且也很有经商头脑。我们现在的生活，很大一部分功劳都是爷爷的。"

爸爸和我说起了他们以前的生活，那时候的他们，为了能吃饱肚子，天天要去山上砍柴，然后捆起来拿到街上去卖，一大捆柴火只值两块钱。所以那时候，他们经常都是咸菜配粥或者是把酱油倒进饭里，一顿就这么过去了。但为了这么两块钱，他们的身上每天都会留下一道又一道的伤痕。他印象最深刻的是，一天，他下班回家后，带着哭腔和爷爷说："这可怎么办，我这手指里有枚木刺，都好几天了，我一直弄不出来，

奶奶房间里挂着的爷爷的画像

碰到就痛!"爷爷瞥了他一眼,淡淡地说:"这种东西,你等它在里面发炎了,然后长脓包了,一挤,它就出来了。我们之前上山砍柴的时候,常常和木刺做伴,习惯就好了。"都说十指连心,到底是经历了多少次,他才能习惯这种痛。而我们家的生活开始有变化,还是要从爷爷说起。

说起温州,大家第一个想到的肯定是温州皮鞋,而温州皮鞋的橡胶鞋底的加工业是从我的老家——白石镇的东涂村开始的。

1965年,在供销社工作的36岁的爷爷,特意从温州市区请来了陈新梅师傅,由12个人合资在祠堂创办了我们东涂村的第一家橡胶制品厂。但也正是因为这是第一家,那时候大家对橡胶还不了解,厂子发展起来十分困难。当时,厂里只有一台9寸小型压机,生产最低档的橡胶鞋底。质量过低,导致许多商家对其不满意,订单也随之减少了许多。

1966年,"文化大革命"开始后,在强大的政治压力下,不少地方因强调"学大寨不走样",出现了照搬照套大寨某些"左"倾做法的现象。如:割"资本主义尾巴",取消社员的自留地和家庭副业;在生产关系上实行大队核算;分配上实行"大概工分";搬山造田,毁林、毁草、种粮食等。爷爷正是这场运动的受害者。由于备受"割资本主义尾巴"运动的打击,爷爷他们的橡胶鞋底工厂奄奄一息,但他们还是努力坚持着。可不久后,他们的工厂就名存实亡了。但在办厂过程中培养的那一批生产工人,为后来爷爷的工厂复兴奠定了技术基础。

中共十一届三中全会结束后,全党的工作中心转移到了经济建设上。

爷爷重操旧业,办起了家庭橡胶鞋底加工厂。爸爸说,那时候的工厂一般都是一户人一台压机,有的是两户人一台压机。家里有多少人就有多少劳动力,妇女操作压机,老人、孩子称料或修边,男人购料、"打胶"和把产品运出去卖。但爸爸心疼妈妈操作压机辛苦,便经常去帮忙,而妈妈就会在家里做好饭,送过去给爸爸吃。之前办厂过程中培养的那一批生产工人,他们出身农家,都吃苦耐劳,生产不计工酬。

正是他们和爷爷、爸爸、妈妈的辛苦劳作,加上橡胶鞋底本身成本较低,在市场上很有竞争力。当时温州的鞋业还处在兴起阶段,而我们的橡胶鞋底价廉物美,特别符合个体鞋业户的需求,因此销售非常顺利,销量不断增加，获利颇丰。也正是因此，我们家的生活得到了不小的改善。

但是事情不可能永远那么顺利，总会有曲折。

据爸爸回忆，那是一个下午，他像平常一样，在压机房里工作，妈妈在家里做好饭给他送去。爸爸看到妈妈来了，就伸出左手和妈妈打招呼，右手放在压机上，压机没关，事故就这么发生了。压机压在了爸爸的右手上，爸爸一时呆住了，没有反应过来，多亏旁边一起工作的同事，把压机关掉，拿出了爸爸的手。我还记得妈妈和我说过，那个场面真的很血腥，爸爸的手被压机压住，血喷了出来，从压机下拿出来的手，血肉模糊，她当场就哭了，眼泪像是开了闸的水，怎么都停不下来。爸爸也因为失血过多，晕倒了。爷爷他们马上把爸爸送去了最近的医院救治。

妈妈曾满怀愧疚地跟我说："我永远也忘不了，那时候在门口等结果的心情。你爸爸他是一个男人，是我们家的顶梁柱，失去了一只手，对他来说是一件多么残酷的事情。我很后悔当时自己的出现。"

可爸爸却跟我说："不怪你妈妈，是我自己不注意，忘了关掉压机，或许一切都是命吧。"幸运的是爸爸的手保住了，但他的手指却再也直不起来了。每每看到爸爸的手，妈妈的心里都很难受。爸爸云淡风轻的样子，让我们更是心疼。其实我们知道，爸爸只是嘴上不说，他心里肯定是难过的，毕竟自那之后，他的生活因为这只手遇到了不少障碍。

从那之后，爷爷就禁止爸爸使用压机了。后来，爷爷让爸爸经营制作橡胶鞋底的化工原料。

鞋底的制作都是从化工原料开始的，先是把这些化工原料混合放入密炼机，将其揉成一团，然后用压片机将它们压成一片片，接着压机就出场了，将那些一片片的化工原料放入模具，通过压机，使其成型，最后经过修剪，就成了我们所看到的鞋底了。而爸爸所经营的就是鞋底的源头——化工原料。

化工原料分为很多种，例如丁苯、白炭黑、硬脂酸、碱式碳酸锌等。

刚开始的时候，爸爸不懂这些，通过亲戚的介绍，认识在金华的叔叔，他们两个办起了白石镇第一家橡胶鞋底化工原料厂。那时温州的鞋底产业十分兴盛，爸爸和叔叔的工厂生意也还是不错的。他们的产品销往宁

压机

波、上海等不同地方。周边的很多人，看到他们成功后，纷纷效仿。

随着时间的推移，家庭橡胶鞋底加工厂日渐增多，出现了"家家有压机，户户做鞋底，女人在家做，男人运出卖"的繁忙景象，并且加工厂的规模不断扩大。原本一户一台压机的，增至两台、三台甚至十台以上，户主一跃变成橡胶鞋底加工厂的老板，雇用劳工。

我还记得，在我读小学和初中的时候爸爸的厂子生意最好，那时候，他们的生意是真的好。一个仓库都放不下他们的产品，还得重新寻找一个新仓库。而且，他们几乎隔一段时间就要出差，去宁波、金华、上海等地方销售自己的产品。我们家的许多东西都换了新的。我们的电视换了，空调换了，生活品质得到了提升。

但，就像我上面说的，没什么事情是一帆风顺的，总会有曲折。

2014年的时候，爸爸的生意开始没有那么好了。同行越来越多，价格竞争越来越厉害，于是，我们的订单开始减少，备货开始减少。2015年，爸爸把仓库卖了出去，叔叔也提出不再合伙，从那以后，爸爸开始一个人做这个化学原料生意。但是，慢慢地，生意越来越淡，爸爸的收入也越来越少。

2018年，除了还有很少的订单，爸爸其余的收入就是靠收取房租。

但其实，钱，这个东西，只要够用就好了，一家人开开心心地生活在一起才是人生中最大的幸福。

我慢慢长大，开始懂得爸爸的辛苦，白手起家的爸爸和爷爷为了我们现在的生活付出了太多太多，他们也是时候该享受一下悠闲的生活了。时间还在走，我们的脚步也不会停。

翻过这一页

俞菁霞

新中国就要成立了

阿太，是我爷爷的妈妈。1929年出生，嫁人前是东吴镇童一村人。说起新中国成立前的事，老人记不太清了，"那么早的时候我早记不得了，我们小时候就放牛啊，那时候能有什么事情啊。"

阿太在她的小屋子里做针线活

"菁菁，你让阿太跟你讲日本人的事情啊！"姑婆在一旁和我说，"你阿太见过日本人咧！"

阿太看我满眼期待地看着她，慢慢悠悠地开了口，"那时候东洋人来这里扔炸弹咧，小时候好奇啊，家里人哪给看的，肠子什么的都炸开的，觉得太晦气，看完回来被我婆婆骂了一顿。""那个炸弹啊黑黢黢的，一个一个从天上砸下来，炸弹的样子和热水瓶一样，天童那边炸了四个，东吴这儿炸了一个，就在你姑婆家门口过去那条河边。"阿太还和我说，那时候还有日本兵拿着刺刀巡街找共产党的，阿太她们几个姐妹在家里吓坏了，日本兵在门外敲着门，里面的人哆哆嗦嗦连鞋子都穿反了。

姑婆和我说那是1945年了，日本人已经快要签投降书了，可能是因为宁波这边有港口，所以还在往这儿扔炸弹。1945年之后抗日战争算是结束了，之后是四年解放战争，1949年10月1日毛主席在天安门城楼上正式宣布新中国成立了，战争这才真正结束。

阿太带着我去了董阿太家，董阿太比我阿太小两岁，俩老太太又讲了很多她们婚嫁的事情。"我像你这么大的时候就嫁过来了，之后1947年不就土地革命啊，大儿子增平刚好也赶上了分地。"阿太说，"那时候从岙里都是靠花轿子抬出来的，前面两个人后面两个人，翻过一个山岭一会儿就到西村夫家了。"讲这些老底子的东西，两个老太太一直都笑呵呵的。董阿太说以前过的可都是苦日子，还得拉扯几个孩子长大，后来新中国成立了日子才稍微好些了。

跨过鸭绿江　赶赴朝鲜战场

外公当兵时的照片

我的外公傅龙标在老五乡人那儿是一个口碑很好的同志，我记得小时候人人都叫外公"龙标师傅"，因为外公以前从宁波被下放的时候在煤气瓶厂里做过，那时候外公也算是个知识分子了。

"你外公家以前很穷的，后来家里着火了没办法了，你外公才15岁啊，那时候家里就一个儿子是不让去当兵的，你外公只能偷偷摸摸去当兵，那时候你阿太哪里肯的，哭哭啼啼的就给送去了。"外婆和我说道，"我和你外公第一次见面是在我9岁的时候，他已经有18岁了，还在部队里呢。那时我在我姑姑家，看到一个身穿绿军装的小伙子，那军装前面还有四个口袋，腰里还别着支枪，你外公啊站得和笔杆子一样咧。"说起初见外公时的场景，外婆掩盖不住内心的欢喜，笑得眼睛都弯了。

外公是1950年至1953年去当的兵，也正是国家准备去抗美援朝的时候，外婆告诉我外公赶去战场的时候其实战争已经快要结束了，1952年10月上甘岭战役结束后，中国人民志愿军还发起了一次攻势，外公是要赶去参加之后的金城战役的，但是才刚要跨过鸭绿江去战场上的时候，抗美援朝战争就结束了。"回来之后你外公被部队派去党校学习了一年，党校毕业之后去了宁波动力机厂工作了八九年，后来1964年就下放到五乡来，开始在五乡公社里办厂。"外婆还把外公抗美援朝带回来的三等功奖品拿给我看，外婆和我说那个勋章的挂带子在一次着火的时候给烧没了，杯子也没保护好，字都看不清了。

外公抗美援朝回来后的三等功纪念品——一枚勋章和一个搪瓷水杯

"你外公和另外三个人一起最开始办的是打火机厂，后来他们四个人就去煤气瓶厂了。"外婆说这段话的时候，大拇指跷得高高的，"可以说这个煤气瓶厂就是在你外公的带领下火起来的，那时候谁不知道五乡的煤气瓶厂啊。其实后来有49个人被分配去宁波压力厂了，但是你外公没去成，不然我们这一大家子就是城里人了。"外婆还告诉我外公在1993年快要退休的时候还办了永兴五金厂。

老党员转行记

都说远亲不如近邻，我家隔壁就住着个和我爷爷年纪相仿的爱讲故事的奚爷爷。奚善根爷爷和我们家成为邻居已经有30多年了，这位64岁的老党员有许多故事可以讲。"改革开放之前，每天吃的都是地里产的土特产，荤的也就鸡蛋了，鸡都不舍得吃的，母鸡都是要下蛋的。"奚爷爷说着改革开放前的苦日子，1955年出生的他过了23年这种苦日子。

奚爷爷看着手机和我聊以前的事

"那时候穷啊,结婚能有什么东西,就那么几床被子、热水瓶、洗脸盆,你奶奶(邻居奶奶)她倒是带过来一台三五牌台钟和一块上海牌手表。结婚之后,1982年我去了亭下水库带领民工,做五乡民工连副连长负责生产,在那儿待了一整年,那时都没电话啥的,放假回来的时候才知道儿子都出生一礼拜了。"奚爷爷笑呵呵地和我说他从奉化亭下水库回来之后还在村里当了四年的民兵连长,那时候民兵连长也算个不小的职务了呢,主要就是负责民兵连的后勤工作。

"后来村里开始分组了,我和我老婆的姐夫一起被分到了村民阿道一组,我29岁的时候开始正式分田到户了,这下子就全部分开了,连着库房、农具什么的统统都分给村民,每家每户都有份。"1978年安徽省凤阳县小岗村的村民就开始实行"大包干"的形式,而在我们这里1980年左右才开始实行分田制度。

"分田到户的第一年收入就立马增加了,来钱快得很,第一年收入得有个千把来块,我们把三亩田的麦子割了卖了还去买了个广州产的8080收录机。"奚爷爷和我说那时候他们种的大多数都是经济作物,什么茭白啊、西瓜啊之类的,什么卖得贵就种什么。"原先哪里给种这些东西啊,那时候都是以粮食优先,人饭都吃不饱哪想着吃什么西瓜啊,我们能吃饱就蛮好了,哪像现在啊要讲究吃得好、营养要全。"

奚爷爷大概种了两年多的田,刚开始的时候还好,钱是真的好赚,但是过了一年左右也赚不到钱了。后来奚爷爷就进社里办的企业去了,去厂里工作,厂名叫双业设备厂,做的还是车间主任,奚爷爷在工厂里干了三年左右。"之后啊,那应该差不多是1988年了,我就开始自主创业了。我创办了一个家庭猪场,那时候我这猪场规模虽然小,但是镇上也是很支持的,我老婆她们一家几个女婿也和我一起办这个猪场,我和我老婆的小姐夫负责养猪和猪场的管理,我老婆她大姐夫一家就帮着在菜场摆摊卖猪肉。生活也过得蛮好。"

那时候的人上过学的本来就没几个,奚爷爷9岁上的学,14岁就去看牛了,还算认得几个字,写写画画没问题,但关于养猪的知识是没有的,都是到处去问人家养过猪的,去隔壁村庄看别人怎么养猪,一点一点自己学起来,那时候奚爷爷什么都要靠自己,买猪崽、选母猪、配种啥的全都是几个兄弟一起弄。"后来慢慢地人们的生活水平越来越高了,也注重生活环境啥的了,市里区里要求各个乡镇综合整治环境,浙江省要开始搞'五水共治'了。2005年的时候,镇上就不让办猪场了,把我先前的合同啥的都收走了,不给续了,我就把猪都卖了。卖完猪只留下了大片的猪场厂房,留着也不是个办法,就问村里借了2万块钱,建了一片出租屋做包租公了。"

养猪创业结束之后奚爷爷就进了村里的拆迁办,开始帮着村里进行旧村改造。奚爷爷笑着说虽然没有编制,干的活既多又忙,但是每天倒也忙得踏实,后来由于职务调动,他又被调到农业负责人的岗位上,一直到现在还在做着这份工作。"改革开放之后生活条件是真的好得不得了啊,一日三餐不用愁,出门就是地铁

奚爷爷自己也有一小块田,平日里有空也要去田里做做农活

站,看病有医保,养老有老保。"奚爷爷感叹着改革开放之后的好生活,"想想以前家里的院子里哪有花啊树啊什么的,以前院子都是野草稻草。"

一个家,一个国,各自都是一本历史书,这共同的记忆都被印在了一页纸上,现在这个时代已经被翻过去了,接下来的就是新的时代了。

风风雨雨都见证

朱 玥

外公

  1951年，我的外公15岁，他离开家乡宁波，前往杭州讨生活，"那个时候，十五六岁你还在家里，别人都要讲闲话，怎么你的小孩还在家里混吃混喝，不出去赚钱啊。"天蒙蒙亮，他就坐上了前往余姚的船，尔后乘坐汽车，到达上虞，再过曹娥江。"你知道怎么过江的吗？把汽车摆在摆渡船上，人站在汽车边上，就这么过的。"过了江，就到了杭州，他就在站边的旅馆里度过了在杭州的第一夜。出发时天没亮，到达时天已黑，那个时候，从宁波到杭州，需要整整一天。

  那也是他第一次乘坐火车。"火车准时鸣笛发车。由于三号车厢离车头太近，不提防的我被这一声从未遇到过的、振奋的、突袭的吼声吓了一大跳。耳膜被震得响了许久许久。乃入世以来听到的最大声响。"外公在日志中写道。

  他的第一份工作是在福盛烟行做学徒工，工资22元每月。每个月寄一半回家，剩下一半自己盘算着用。不久，随着烟酒专卖制度的普及，私人

老照片

烟酒行纷纷倒闭，我外公才十七岁，就失业了。但是年轻就意味着机遇，1954年，他又在勾庄竹器社找到了工作，社里为他提供了去省手工业局学习会计知识的机会，但是外公说，他不怎么喜欢会计这份工作。同年，竹器社与三墩铁器厂合并，他前往三墩生活、工作，也正是在那里，他遇见了我的外婆。

我外婆是家中长姐，家里八个兄妹，她十五岁就在杭州市中苏友谊馆担任讲解员，随后在中城区补习夜校担任辅导员。她之所以会前往三墩，是因为政策扶持边疆建设，她的父亲不希望她去远方，特地安排她去投靠在三墩卫生所工作的堂姐。我外婆在三墩混合社做会计工作，工作之余去培训班学习会计知识，她的老师，就是我的外公。

我的外公和外婆都是进步青年，自由恋爱，因性情相投、日久生情开始交往。

1957年，我外婆调往临平工具厂。同年，我外公离职，在他舅舅的资助下，为上大学做准备。他在马市街租了一间房屋，开始为期一年的学习，一年后，因无常住户口而无法参加考试。我外公又到杭州炼焦厂工作。尽管没有上大学，外公依旧是个文化人，他酷爱学习，退休后自己练习毛笔字，陶冶情操；闲暇时会写写日志。从小他就带我看百家讲坛，会做笔记，写心得。直到今天，83岁了，他仍然保持着这个习惯。他喜欢紧跟潮流，在今年学会了如何使用支付宝。从外公身上，我知道，学习这件事，在哪里都可以做，在任何时候都不晚。

外公、外婆的结婚照

经过四年的恋爱，我的外公外婆于1960年1月1日结婚。结婚前我外婆的父亲不同意，要介绍一个飞行员给我外婆，我外婆没去，她说："人都不熟悉，我不去。我熟悉你外公，觉得性格很好。"

也是在结婚这一年，外公到笕桥化工厂工作，当时他乘坐火车上班，从五里塘过上塘河，步行至艮山门乘坐火车回家，火车票只要三角钱，比公交车便宜。

当时的结婚证酷似奖状，一人一张，每张收工本费一角。我外公外婆的婚礼很简朴，在我曾外祖父家办了一桌喜酒，邀请了一些近亲；我曾外祖母在家乡向亲戚们分发喜糖，他们各自在单位分发喜糖，这桩婚事就算是办完了。

我外公在日志中写道："尔后，我们生儿育女，敬奉长辈，张罗操办子女婚事，喜滋滋迎孙辈出世。渐渐地两鬓染霜。"我的外公外婆一起经历风风雨雨，到现在也很恩爱，走路时依旧会牵手，外公鼓励外婆吃好的、用好的，我外婆生病时更习惯于我外公的照顾，两人相互扶持、照顾近六十载。过往我观看爱，阅读爱，想象爱，回头一瞥，爱情就这么自然而然又确确实实地发生在我身边。

我外公和我外婆结婚时，租住在马家弄一间十来平方米的厢房里，每月租金三元，房内唯一的新家具是在解放街百货商店买的，一张在当时看来款式有点超前的不带床头柜的床。两人将工作时从家里带出来的两只半旧小箱子放到了一起，这就是新家里的全部家当了。厢房里没有厕所，需用马桶，烧饭用的是公用厨房。

接下来的三年间，我的大舅舅和小舅舅陆续出生。

1969年，我妈妈出生。

1971年，我的外公向单位申请住房，一家人搬进了史家埭街的平房中，没有浴室，需在房内用大木盆接水洗澡。条件虽艰苦，但是电影院就在附近，我妈妈每周都可以去看电影，也是那个时候，我妈妈拥有了她的第一个玩具娃娃，是我外公去上海出差买的，"那个时候物资匮乏，生活用品都凭票供应，除此之外，泡泡糖也要托人去上海买。"我外婆精打细算，节省下来的一些粮票会去和农户换鸡蛋。

那个时候我外公回宁波乘坐火车，到余姚转乘汽车，路上需要五六个钟头。春节回家人多，会临时加几节车厢，叫作"棚车"。车票便宜一半，车厢内没有凳子，只能席地而坐，也可坐在自己的行李上。棚车与其他车厢不连贯，车门是移门，有一个临时列车员，负责拉动移门、报站名和清点乘客上下车。这些人非铁路部门正式职员，有点儿像现在的志愿者。棚车的一角拉着一块布，里面放着一只粪桶。车门不会关紧，而是留着一条缝隙，一来可以放进一些新鲜空气和浑浊的室内空气交换，二来列车员可以看清楚火车开到哪儿了。我妈妈回忆说，她每每回老家过年坐火车，都会吐。

1984年，妈妈上高中，外婆得到工具厂分房，住进了楼房，家里有了彩电，"那个时候看电视，需要用单位的公用天线，每天定时定点播放两集，类似于租录像带放，主要播的是港台电视剧"，也有了浴室，最重要的是，我妈妈拥有了独立的房间，夏天的时候，她喜欢关灯躺在竹席上听收音机度过夜晚，收音机是她少女时代离不开的伙伴。

1987年，妈妈参加工作。

1996年，我出生，我妈妈成为一名政府办公人员，同年，我外公退休，我的童年在外公外婆的怀抱中开始了。我外公说，他五岁就开始上小学，学的第一篇课文是：小小猫，小小猫。跳跳跳，跳跳跳。先生让抄课文，他写"小"字时，第一笔钩朝右，后来我也到了学写"小"字的年纪，我一钩竟也朝右，他在日志中写道："万事开头难，最难这一钩。"

2002年，我的外公外婆赴香港旅游，又一次亲自见证了祖国的日益强大。

现在，两人已过上幸福的晚年生活，日子清闲，我的外婆还在社区担任居民小组长一职，帮助居委会进行治安维护，协助举办社区活动、传达政策通知，我们常常劝她注意身体，"让贤"给"新人"，但是外婆说：

"社区干部信任我,这就是我的职责所在。"

随着市场的繁荣,经济也较以前稳定,"以前用钱都要精打细算,柴米油盐酱醋茶,一分一厘算清楚,衣服基本不买的,打补丁。"在饮食上,外公说,以前谁过生日谁碗里放个蛋,现在他每天都可以吃鸡蛋;从我出生的20世纪90年代开始,过生日可以吃奶油蛋糕。以前家里基本以吃素为主,现在顿顿讲究营养搭配,有荤有素,海鲜也屡见不鲜;以前胡萝卜和西红柿就是水果,现在四季都可以吃到来自世界各地、各个时节的水果。生活娱乐上,以前方式单一,时间都流逝得很慢,现在不愁没地儿玩,就怕你没空闲;学习上,以前上学难,大学生是"珍稀动物",现在遍地都是大学生,经济条件好的,还可以选择出国深造,去国外学习知识。

外公15岁那年,离开他的家乡宁波,孑然一身开始漂泊。他落地杭州,遇见我的外婆,组成家庭,拥有了爱情结晶;工作几经变迁,却依旧守护彼此,伴随着改革开放政策的实施,日子也慢慢好起来。大国小家七十年,风风雨雨都见证。

过去与未来的模样

方　怡

那些艰难的岁月

我的外公与新中国同岁，可以说是和新中国一道成长起来的人。说起新中国刚成立那段时间的事，他就感叹道："我小的时候很苦的啦，十二三岁就出去干活了！"1953年"一化三改"之后，所有土地收归国有，农村里的人都进入生产队工作，每年的收入用工分来计算，当时一个成年人做一天劳动是10个工分。我的太外公是"管山的"，也就是现在所说的护林员。他每天都需要在山上巡视，却得不到10个工分。家里只有太外婆一人在生产队里工作，她一个妇人，一天下来也难拿满10个工分，而家里还有5个孩子等着吃饭，单单靠他们夫妻二人完全没办法支撑起这个家。我的外公是家中长子，为了减轻父母的负担，他只读了四年书，五年级就

四五十年代家里的老房子

辍学了，到生产队里帮忙，二外公也是如此。那时的他们只有十二三岁的年纪，很多活都不会做也做不了，到了收割的季节，他们能做的也只能是帮大人们把秸秆铺到田地里，给来年的水稻当肥料，同样是整整一天忙下来，身为孩子的他们，每日却只能得到2个工分。全家老小一年工作下来，只能得到1000多斤的稻谷（最后能得到的大米只占70%）。那时的油也是稀罕物，每家一年只能分到七八斤，荤菜就更少了，一家人全年大多数时候都只能吃烫熟的蔬菜。当时家里孩子多，粮食是不够吃的，大多数时候只能吃粥，有的时候甚至吃米糊，外公说："那时候，只有吃下去的那一刻是饱的。"

1959年，那是让老一辈人闻之色变的"三年困难时期"，"那时候，能有树皮啃都算不错的了。"外公说道。当时生产队搞起了大厨房，全生产队的人都聚在一起吃饭，"你太外婆当时就在大食堂里工作，那时候家里若是有人在大食堂里干活，就是天大的喜事，那意味着自己家可以多分到一些吃食。"外公说，"可你太婆实诚啊，她总跟我们说，'是咱们家的就是咱们的，不是咱们的一分也不能多拿！'"这一点像是烙印在我们家骨子里的，无论是我的外公还是母亲、舅舅都是最老实本分的，从不会占小便宜，更不会动歪心思。但就是这样品行高洁的太外婆，也没能抵抗住命运的冲击。

1956年，我的大姑婆出嫁了，家里的日子却没有丝毫的改善，反而更加艰难，日子实在是过不下去了。第二年的正月里，看着家里瘦得皮包骨的孩子们，太婆狠下心来，放下身段，去生产队里想要借些救济粮。同我讲到这里，连生病住院疼得全身颤抖都没有红过眼眶的外公竟落了泪："当时大队里管事的不肯给，还奚落你太婆说，'你们家都少了张吃饭的嘴了，怎么还好意思来讨要救济粮！'你太婆性子烈啊，加上日子又难过，回来之后哭了一个晚上，到了五更天的时候，就没了。"当时家里只有两间面对面的平房，孩子们住一间，大人们睡在灶房那儿，谁也没能见上太外婆最后一面。这是外公心里藏着的很深的愧疚和遗憾。

日子好起来了

在我外公那个年代,还没有自由恋爱这一说,都是做媒的,我的外婆外公也不例外。那年外公24岁,外婆20岁。到了第二年,我的妈妈出生了,一直在生产队工作的外公,第一次决定改变现状。当时村里附近的山里发现了矿源。外公听人说,去矿上工作,每个月能有8块钱的补贴,便同人家去了。"那时候他每次回家都跟黑炭一样,矿里黑,工作量又大,那会儿人都瘦了许多!"外婆心疼地说道。

到妈妈五六岁的时候,因为每个月都有了补贴,家里也就有了一些积蓄。外公便在老房子旁盖起了三间平房,家里漏风漏雨的日子才算是过去了。但那时舅舅刚出生,二外公、三外公还有小姑婆都还未成家,家里的日子依旧过得很拮据。当时外婆的表哥在东关和别人

外公打工挣钱盖的房子

合作,办起了联营厂。他们在当时已经算得上是过得很好的人家了,年幼的妈妈就常常和外婆一起去他家借米,来解决"燃眉之急"。

那时大伙都在公社里工作,干多干少一个样,干好干坏一个样。到了年终,各家的收入又一样,因此大家的生产积极性都不高,种个田都需要好几个月的时间,一直要拖到快过了播种的季节才勉强完工。直到1982年,中央出台了家庭联产承包责任制的相关文件,大伙儿的积极性一下就被调动起来了,往往十天半个月就能在自己分到的田地里插好秧,家里的日子也就宽裕了些。等到了妈妈十三四岁的时候,村里又兴起了进城打工的热潮,清闲了些的外婆也随大流去了杭州打工。说起这事儿外婆还挺得意,自己成了家里第一个走出去看看的人,可外公还是泼了她一盆冷水。

"她出去工作了足足两年，到头来也就赚了700多块钱回家！"而这时的外公也去了镇上的砖窑厂工作。他拼命干活攒下了些许积蓄，将家里的三间平房改成了三层楼房。那时候，外婆也赶回来帮忙。等房子盖好了，再去杭州打工的人就变成了外公。

20世纪80年代末，一个村子里能出一两个高中生便算得上是大喜事了。而从八九岁开始就需要跟着外公外婆去田里干活，每天放学回家就得烧饭拔草、喂猪喂鹅的妈妈和舅舅，显然不是那样的高材生。16岁初中毕业的妈妈跟随着外公的脚步，也去了杭州谋生计。两年后，舅舅也选择了同样的道路。

奋斗啊，奋斗

比起只想平平淡淡过日子的外公和妈妈，我的舅舅从来都不是个束手束脚、循规蹈矩的人。

江南的孩子，常常自小就学会游泳，舅舅6岁那年和村里的哥哥们在池塘里学游泳。看着哥哥们一个个扑通扑通跳进水里，嬉闹得好不畅快，当时还不会游泳的他，居然也径直跳进了池塘，这可吓坏了同在船上的妈妈和岸边的大人们，可他胆子就是要比寻常人家的孩子肥，有了一次溺水的经历，他居然丝毫不后怕，"一朝被蛇咬，十年怕井绳"在他身上一点都没有体现，之后很快就能跟着哥哥们打水仗了。又过了一两年，到了春天，外婆上山采茶时带上了舅舅，可又因太忙碌，一直都没有照看过他，等到采完茶叶，才发现，他居然同初次见面的管茶园的老人家聊天吃东西好不过瘾，吃完正在躺椅上呼呼大睡呢！

舅舅自小就很勇敢，又有着出众的人际交往能力。16岁刚到杭州，人生地不熟，就央求当时的老工匠收他做学徒，学做铝合金窗的手艺。他学成之后便开始尝试承包小工程来做。总算是皇天不负有心人，舅舅的努力和坚持得到了回报。2004年，舅舅自己开起了装修公司，这让他了解了很多与装修、家具相关的知识，并且烂熟于心。虽然后来因为和我的爸爸合开公司关掉了装修公司，但在我高三毕业后，家里装修新房的全部事宜，

全家福

都是由他一手操办的。

就这样，家里的日子越过越好。舅舅买了车，又在村里的另一处新盖起了三层小洋楼。一家人再度搬离了过去的老房子，生活蒸蒸日上。直到2014年，我的父母因感情破裂而选择了离婚，舅舅也因此从公司里独立出来，在桐庐开起了自己的公司。舅舅离开公司时并没有带走客源，经营的又是原先的产品，因此公司的状况一度陷入困境。但舅舅并没有放弃，一直努力寻找解决的方法。公司逐渐改进工艺，提升产品质量，慢慢的客户越来越多。到如今，除了老家和杭州的房子，舅舅一家又在桐庐置办了新家，买了新车。舅舅这艘大船，在经历了大风大浪之后，战胜了困难，重新扬帆起航了。

2019年元旦，我提议为许久没有碰面的一家人拍张全家福。当我在门前架起相机时，向来衣着随意的外公特意换了一身衣裳，时不时扯扯衣角整整衣领。外公说："等你春节回家了，再给大家伙儿都拍张照吧！"

这70年间，我们家困苦过、伤心过、分离过，但一家人的心一直紧紧地联系在一起，同舟共济，面对生活的一切苦难。我们一定会越来越好！

胡家人的拆迁记

胡班喆

一切的开始

　　事情的最开始，当然是在我出生之前。改革开放前的舟山，是真的贫穷，也很混乱。在这么一座小岛上，人们想要找到一份合适的工作，都十分不容易。就在这样的大环境下，我们胡家开始了这段故事。当时，曾祖不想让爷爷去工厂上班，而想让爷爷去做当时最热门的木匠和泥水匠，但思来想去，又觉得这份工作太辛苦，于是就给我爷爷造了一间小小的房子，让爷爷去学美发这门手艺，曾祖当时说："无论是刮风下雨，该剃头的时候，人们还是都会来剃的，这是一份不会失业的工作。"当我爷爷求师回来之后，曾祖就把店交给了爷爷。

　　当时爷爷店旁边是一所规模很小的小学，当时，岛民们并不富裕，能够支付

爷爷的第一家店

现在的舟山小学

得起上学学费的只是少数。随着岛城的发展以及教育的普及，每个人都有了让自己的孩子上学的想法，这么小的一间学校已经无法满足附近居民孩子上学的需求了。政府出台了新的规划，决定把我爷爷的店面和附近的房子拆了，把地基划给小学用来扩建，这就是我们家第一次经历的拆迁。当时，摆在爷爷面前的有两个选择，钱还是房，爷爷选择了极少数人赞同的后者，因为这样，他才能继续他的美发人生。如今那座小学，成了我们舟山最好的小学，我也曾在那里就读呢。

故事在继续

第二间房子位于医院的门口。虽然医院不大，但也算当时岛上最好的了，这个特殊的地理位置也足以让这家店有着比先前更多的人流量。这个时候，妈妈也加入了美发行业，帮爷爷分担业务。爷爷是个喜好游山玩水的人，有了空，他总会去家附近走走看看。已经可以独当一面的妈妈经常一个人看店，爷爷就对妈妈说："你不用担心，我不在店里的时候，只要你有困难，在店门口用红纱布招一招，我就会回来的。"一次，妈妈真的遇上难题时，照爷爷的话做了，可是爷爷并没有回来，妈妈只能硬着头皮自己上了，就这样被爷爷训练了一阵子，妈妈的美发水平就有了很大提高，多亏了爷爷那独特的教学方式呢。再之后，医疗方面的保障得到了完善，去医院的人更多了，很多都是开着新买的轿车去的，这使得医院旁的停车位根本不够。医院决定扩建并且还要造停车场，爷爷的店，又被划到了规划之中。就这样，爷爷的店又一次被拆迁。

代代传承

这一次，爷爷的店搬到了闹市区。旁边也都是清一色的店面房，有做餐饮的、卖水果的、卖零食的等等，当然还有爷爷的美发店。而且家里的美发店搬到这里时，我已经出生了。在我的记忆中，到了这家店，已经很少见到爷爷亲自给客人美发了。随着爷爷年纪越来越大，妈妈的手艺越来越

爷爷的第三家店

出色，爷爷也就将店交给妈妈去打理了。我小时候，可喜欢在妈妈的店里玩了，见形形色色的顾客，看川流不息的车流，附近还有美食可以享用。

但是我渐渐发现了一件事，这店前面的路越来越拥堵。随着社会经济的发展，车流量的增多，这路就太窄了。之后，妈妈自己租了一家更大的店面来充分发挥自己的实力，就这样，我对第二次拆迁后店面的记忆也就告一段落了。但听家人说，那间店面房的租金收入，让我们家的经济压力缓解了不少。直到最近几年，有规划说要扩建道路了，随后，那一条街的店面房都被拆除了。道路变宽了，但那条人来人往的店面街再也看不到了，有点可惜呢。

之后政府答应了我们这些店主，以后一定在新道路边上，给我们建更大的房屋。这么看来，重现那条街的繁华，未来一定可以做到的吧。

还未停止的拆迁之旅

爷爷店面房的未来，是逐渐稳定了，但是又听说，舟山要开始大规模城中村的拆迁改造了，我们家也在规划内。这次"城中村改造"工作规模巨大，如果顺利实施，会让舟山城区的面貌焕然一新。听爷爷说，有好几个村相关材料都已经签署完毕了，签约率甚至高达100%，我想，这其中，一定也有一些人家，有着和我爷爷一样，一次次拆迁店面房的故事，所以才会对政府的决策那么放心吧！

这么一想，我们家人可是遇到了好几次拆迁的事了，之前是拆店面房，这次还要搬家了吗？对我们家来说，这次也算是第三次搬迁了。爷爷说，一开始，家里住的是简陋的土房子，生活质量堪忧。我出生之后，家已经搬到了一般的民建别墅,生活水平有了很大的提高。虽然不知道下一次会去哪儿,但即使再不安,我也相信,未来一定是更加美好的,就和我们家的店面房一样,每经历一次搬迁,就有一段美好、值得回味的记忆。

我们胡家的拆迁记,还将继续!

我家七十年

蔡浩婕

午睡过后,已是下午2点过半,我坐到了客厅听爷爷讲过去的故事。我咬着霉干菜饼,爷爷喝着茶,七十年的画卷就在我们两个眼前徐徐展开了。

一杯清茶谈奋斗

1944年,爷爷出生于一个破旧的茅草屋中。说是屋,其实讲棚更为合适,那是爷爷的爷爷搭起来的。听爷爷讲,太太公当年因为家被烧了三次,钱财俱空,再也建不起屋子,最后只能用茅草凑合搭了房子。

1957年,爷爷跟着村里人去做了木匠,帮人做家具、造房子。他说当时也没有师傅,都是别人在做的时候他在旁边瞅一眼,自己摸索着学会的,这也为他之后的工作打下了基础。

在爷爷二十出头的年纪,大队以爷爷的名义办了一个粮食加工厂,爷爷就担任了厂长,一直待在加工厂里负责粮食加工。"当时2角钱就能加工100斤的粮食了。"爷爷讲到这里开始有点兴奋,在厂里他的手艺是出了名的好,他人也好,能理解远的村庄运输粮食不易,会先安排这些人家进行粮食加工。就这样,爷爷的好名声开始在附近的村里传开了。

1977年,爷爷为了尽快还清造房时的债务,就离开了生产队,到了离村较远的新昌茶厂打工。刚去茶厂的时候爷爷是去造房子的,每个月拿着

45元的工资。等房子造好后，爷爷就在厂里做起了包装车间主任，主要负责茶叶的包装。爷爷曾遗憾地讲："要不是我没有文化，当厂领导也是够格的！"

之后的时间就像装了滚轮一般向前滚去，爷爷51岁了。那年，爷爷突然晕倒在了田里，被爸爸和大伯用担架抬着送到了县里的医院。当时医院下的诊断是胃出血，需要动手术将整个胃切掉。就这样，爷爷被送进了手术室。手术完成后不久爷爷又一次晕倒了，这一次是大出血，爷爷在县里的医院住了九天后就因为盐水挂不进去被送到了杭州专科医院。

就这样折腾了两年后，爷爷也从新昌茶厂退休了。

但退休后的爷爷并没有安分在家休养，他仍奔走在工作的路上。因为爷爷当年过滤各级茶叶的丝网做得好，他就凭着这门精湛的手艺先后去了宁波等地的茶厂工作，一直做到了今天。

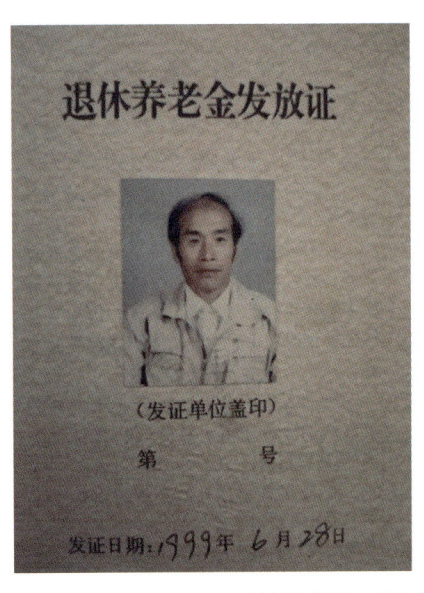

爷爷的退休养老证件

爷爷最后摇了摇头又喝了一口茶，开始准备起今晚难得的家庭聚餐。

饭后静坐话坎坷

晚饭过后，在收拾碗筷的"叮当"声中奶奶向我讲起了她的经历。奶奶是8岁上的学，读了一年后就去看牛了。对于读书，她的爷爷是这么说的："女儿读什么书，反正要给别人的，书就不用读了。"之后就买了一头大水牛给奶奶看着。

十四五岁的时候奶奶就开始织布，到沙滩挑水浇田了。到了十七岁她穿着草鞋开始挑修建水库的材料，连出嫁时的嫁妆也不过是两床土布纺的被子，再无其他。

在娘家过得苦，嫁给爷爷后奶奶的日子也并没有比以前轻松。奶奶生完爸爸两天后就独自去了生产队里挣工分，把爸爸扔给了太婆。她说："那时候苦了你爸爸了，一出生就只能待在背篓里，要不就是睡摇篮，一睡就是八个月。"讲到这里，奶奶的声音有些哽咽。

对于奶奶在生产队的时光，她是这样说的："做工刚回来，晚饭还没吃，外面就'嘟嘟嘟'地叫起来，要去割晚稻了；早上三四点钟，哨子又吹了起来，又要种田拔秧去了，一直拔到天亮，吃了饭后还要去割稻。"

后来爷爷去了茶厂，每月用30元抵了300个工分，奶奶在生产队的日子就更难熬了。样样工作都要自己去做，还要用大皮桶去拖几百斤的氨水，有时还需独自拉着车跑到城里各个角落去翻垃圾灰用来盖早稻。这样辛劳的她每天也才仅仅拿到6.3个工分。

"奶奶这一代人真的是再苦不过的了，一直是在用肩膀担着什么。"奶奶总结道。爷爷就在旁边说："我和你奶奶两个人，一生中现在算是快活的了。"奶奶点头称是。爷爷接着说："说忆苦思甜，我和你奶奶是连戏都能唱一出的。你们现在真的是天堂啊，吃穿用都不要担心了！"就这么短短的几句话似乎道尽了他们的一生。

坐家望远讲求学

由于太外婆早逝，妈妈从出生就是外婆或外公背在肩上的。到了7岁，妈妈就开始背着两个月大的小阿姨上学了。一间教室，一个老师，二十几个孩子，一年级到六年级都在其中。那时候的小阿姨很会哭闹，妈妈就只好带着她站在教室外面的窗户边听老师讲课。

妈妈的初中换了两所学校，初三时学校离家有几里远，妈妈就和几个小伙伴一起结伴出门，走的都是山路。她说："尤其到了下雪时节，山上的雪都能没过膝盖，一只脚踩上去拔也拔不出来，到最后都是你拉我踩，有的时候没站稳，好几个人就一起滚了下去，滚到了山下。"

高中时妈妈是在离家四十里远的拔茅中学就读的。那时候她还是靠走路去上学的，一走就是好几个小时。在妈妈的记忆里她刚好是高中两年制的最后一届，那时候的高考录取率是40取1，而她不幸落榜了。高中毕业以后，她就去了一个较远的农村做代课教师，之后又自学考上了卫校。不过在去体检的时候，因为身高、体重达不到要求差一点没被录取，后来还是因为笔试第一被破格录取的。

小学时代的我与母亲在西湖边的合照

但命运总是喜欢跟人开玩笑，妈妈刚松一口气终于考上了，有一次在学校看到了一具被抬进来的尸体。在问过医生后发现这是以后让学生练习解剖的，母亲就因为克服不了内心的恐惧而放弃了这次机会。

后来外公又让妈妈去上了一年的补习班，但妈妈离录取线差了1分。同年，二阿姨中考落榜了，家里承担不起两个人同时复读，所以妈妈作为老大放弃了求学。

不幸中总会有一丝希望，刚好那年齿轮厂来妈妈学校里招一个成绩好的代培生，妈妈报了名就被招走了。交了1000元的押金后，齿轮厂就将妈妈送到了新昌技工学校做定向培养，读了两年的齿轮专业。

在我十几岁的时候，妈妈通过成人高考考上了杭州电子科技大学经济管理专业，之后就去新昌党校读了大学课程，终于在2009年，也就是妹妹降生的那年，拿到了属于她的大学毕业证书，圆了她的大学梦。

璜山一家人

蔡 珏

2019年伴随着大雪悄悄来临,和往年一样,我们又爬上了村边的小山坡,那里有我的爷爷。

我们的年复一年

父亲和小姑父拿柴镰刀熟练地清理着坟周围每年不断长出的新竹与杂草,我和小姑就这么提着纸钱静静站在一旁。柴镰刀每一次落下,都伴随着"啪嗒""啪嗒"的声音,在我们每个人的心间泛开点点涟漪。

爷爷坟的周围有一个小庄园,这次我们遇到了这个小庄园的主人——一个70多岁却看上去仍然健朗的爷爷,他手里拿着烟,看着我小姑,"这是美泉家的小女儿吧?"他口中的美泉是我去世了33年的爷爷。小姑笑着点了点头。老人吸了口烟,缓缓回忆道,"那时你们的阿爹刚去世,可怜你们一个个也就和我儿子差不多大,就要到田里去种田,蚂蟥盯在你的脚上,你从田里逃出来,大声地喊着痛。现在一转眼孩子都已经这么大了。唉,时间过得真快啊。"爷爷手里的烟越来越短,有一茬没一茬地说着些他对我家的零碎记忆。

坟前都清理干净了,父亲抛了一些新土在坟上,我们熟练地点烛、上香、烧纸,末了说一句,"阿爹(爷爷)我们走了,下次再来。"我们年复一年地重复着这些事，寄托着我们对他最深的思念。

雪越下越大，小姑还要急着回杭州，和我们匆匆告了别。小姑家的车越开越远，我和父亲就这样提着祭品在雪中慢慢走向我们8年前在镇上买的小楼房。

父亲口中的并肩岁月

"爸爸，你想爷爷吗？"20岁的我小心翼翼地向父亲发问。

父亲轻声说："我都要忘记他的样子了，13岁失去他，如今33年过去了，我有时候都怀疑，我现在见到他还认得出来吗？挺难过的，原来阿爹的样子也是会忘记的。"

"你爷爷是个地地道道的农民，对土地是有感情的。我们以前不是这里人，1958年国家规划建造'石壁水库'防洪蓄电，刚好赶上了我们祖辈住的地儿。你爷爷当时刚退伍回来，看了很多地方，走到璜山朱家的时候，说了一句这地方山近水足地广，一看就能出很多粮食，是个好地方。1962年水库开始蓄水，下了三天三夜的雨，房子都淹没了，你爷爷就带着村子里的人来到了这里。"

从此蔡家人在这个朱氏村庄开启了新的生活篇章。

"你爷爷一直是村里的生产队长。"父亲的语气里充满自豪，"不仅管生产，也管算账，把村里的账目做得一清二楚，当年家里经历过一次大火，当时你奶奶在家，爷爷大喊'拿账簿！拿账簿！'就这样全家值钱的东西啥都没拿，就保住了村里的账簿。也正是因为这样，村里人都很佩服他，家里平时进进出出都是人。"

那些父亲描述的画面都在我眼前一帧一帧地滑过。

"还有放电视呢，我还清楚记得我二年级时，你爷爷为村子买进了第一台黑白电视机，上面的天线捆着长长的竹子，村里的人都对这电子产品新鲜极了，不敢乱摸乱按。你爷爷特意去别的地方学习怎么用，回来给大家放电视，信号总是不好，你爷爷就守在电视机旁，摇啊摇、摇啊摇。我跟着你爷爷天天看电视都坐第一排。"父亲扶了扶眼镜，"那时候一村子的人看电视可热闹了，时间一到全在祠堂外等你爷爷去放电视，迟一点全村都来我们家门口喊，'放电视了、放电视了！'。那时电视里放《血疑》，全村都认识山口百惠，还有《排球女将》《大侠霍元甲》，多着呢，每天放到12点，电视屏幕上出现大大的两个字'再见'，大家就自觉地拿起自己的板凳，各回各家。我和你爷爷，就像我和你现在这样，收拾收拾就走回家了。唉……"

我不知父亲和爷爷这样并肩前行的日子有多久，可从父亲渐渐黯然的神色中，我知道这一定很少很少。

奶奶泪下的艰难岁月

改革开放的春风在1984年吹进了这个小村庄，我的家却在发生着巨变。讲到这里，我们刚好跨进了家里的大门，话题转移到了奶奶身上。

"那年，你爷爷说要去镇上开个会，想着也是大场面，我就让你爷爷去理个发，这一理发就发现你爷爷颈部有块地方特别的亮，还肿着，你爷爷也说，有时候感觉气闷。我们估摸着事情不对，赶忙叫在杭州工作的侄女回来，领着你爷爷去杭州半山看看是怎么回事。"就这样，小山村里的爷爷，第一次进了城，爷爷从村子走到镇上，乘着大巴绕过弯弯折折的小道才到县城，坐上了开往杭州的火车。

医生确诊为鼻咽癌。

奶奶说："那天我在村口看你爷爷，从远远的路上走回来，走起路来还是那么有劲，走到家门口的时候，隔壁方梅奶奶问：'美泉佬，身体怎么样，医生怎么说？'你爷爷斩钉截铁地回答：'是人总会死。'"

正值村里落实分田地，每家每户都在祠堂前欢呼着，可我家里却异常安静，谁也不敢打破这样的平静。爷爷对奶奶说："碗定啊，你快去祠堂分田地，去迟了好签都被别人给抽了。"奶奶出门后，爷爷叫来了年轻能干的伯伯商量病情。

第二天，当整个村子都还沉浸在拥有自己的一亩三分地的喜悦中时，爷爷和伯伯带着被褥再次去往了那个大城市——杭州。

去的时候是春天，回来已是夏天。爷爷健康地回来了，奶奶哭了。这个村子里的电视机又开工了。这一次不再是黑白电视，而是"彩色"电视了。爷爷在杭州看病的时候，估摸着好不容易进次城得买点新鲜玩意儿回去，就在市场里买了彩纸，小心地贴在电视机上，从此电视剧变得有了颜色。

这个璜山朱家的小家又恢复了以往的平静。爷爷白天下地，晚上放电视。

可岁月并没有就此安宁。那一年，我家盖新房，浇筑阳台时用了当时着火剩下的砖块，邻居说这砖是他们家的。爷爷是个很正直的人，决定上楼看一看这砖究竟属于谁家，就这样和水泥一起从二楼坠落。终于人们再也不用争论这砖块属于谁了。奶奶轻轻说了一句，"癌症就这样扩散了。"她的眼泪就落了下来。

救护车载着爷爷、伯伯、小姑一起去了县城的医院。奶奶被人从田地里匆匆叫回来，这个只有一米四五的女人，镇定地整理好了所有东西，去了县城。当时医院晚上只能有一个人陪床，奶奶给了15岁的小姑2毛钱，叫她去医院外买点东西，找个凳子坐。"你姑姑就拿着2毛钱站在那个病房的铁栅栏外看着我们。"讲到这里奶奶已经泣不成声。

九天九夜以后，奶奶带着"痊愈"的爷爷回了家。爷爷高兴坏了，带着锄头去了自己心爱的一亩三分地上耕种，连续去了三天，终究是倒下了。

"阿爹，今天我们开运动会。"那个13岁的男孩出门的时候对他说。

"加油，我们家军军。"爷爷笑着说。

谁曾想这竟是父亲与爷爷的最后一次对话。

苦尽甘来的日子

那个人说和爷爷长得最像的大姑，就这么一声不吭地接过了家里的重担，挣钱供弟弟读书，奔波在田地里。在大姑自然地做着这些工作时，小姑也渐渐加入她的行列。她们心照不宣地做着一些事情，给了我父亲最好的爱。

幸而她们都在最美好的年纪里遇到了自己最好的爱情，可她们的家庭什么也给不了她们，大姑出嫁的那天什么都没有，奶奶躲在阁楼上哭。奶奶担心这个家里的小儿无着落，而俩姐妹都嫁人在夫家又无娘家人支持。

今年"十一"的时候，我帮小姑家的网店打包一些快递。小姑与我站在27层的高楼上眺望，小姑指着远方有亭子的地方告诉我那是半山，那个爷爷曾待过的地方，独自承受痛苦的地方。那天晚上，是小姑第一次对我说起她出嫁的事情。小姑说，她记得出嫁的那天，就从家里拿了衣服，灰溜溜地走了，就像是出逃一样，奶奶无助害怕，爸爸年轻气盛，什么都不知道。"就这样我走了，没有任何人相送，也没有祝福。"小姑哽咽了。

从此家中，只剩我45岁的奶奶和我18岁的父亲。

父亲一直是班里的尖子生，高三毕业时老师说可以保送他上大学，可父亲却毫不留恋地离开了学校。有时候并不是人选择道路，而是命运早就帮他做了抉择。父亲骑着自己那"吱嘎""吱嘎"响的自行车从县城的高中回到了家里。

1998年的冬天，璜山小镇的医院里，有个小女孩来到了这个家。一家人又围坐在一起，他们一起翻阅着一本1989年版的《新华词典》，讨论着到底取什么名字好呢，大姐说就叫"珏"吧，意思好，两块美玉合在一起。

这个家又有了生机。

此后家中，有了奶奶、爸爸、妈妈和我，其乐融融，共相伴。

全家都是踏踏实实的农民出身，没有动人的创业故事，只会用双手创造财富。大姑家靠着承包食堂起早贪黑在杭州有了自己的房子；小姑家靠着日夜颠倒地织布，织进了杭州城里，后来做了钢材生意，日子才有了真正的变化；我家靠着爸妈长年在外地拼搏，在小镇买下了三层小

我与妈妈

楼房。

奶奶总会摇摇头说:"我们家美泉佬真是没福气,都过不上这么好的日子。"

是啊,我的爷爷知道吗?诸暨到杭州有了高速公路——诸永高速;诸暨到杭州的高铁开通了好几列,20分钟就能到;大姑小姑我们都有了新家;大姐姐在杭州的大医院里救死扶伤,小姐姐有了自己的网店,我考上了大学。

根在石壁水库的璜山一家人,从未在生活面前低头。死亡可以面对,困难可以克服,只要我们足够坚强与勇敢。

谨以此文献给我世上最好的家人们。

记 忆

周宇琦

隔壁房间传来了声响,我从午睡中惊醒过来。

"妈,你又在拖地了吗?"我喊道。

"是呀,这地隔几天不拖就会落上很多灰,家里干干净净的,人也住着舒服不是?你快过来帮我搭把手,柜子太重了我挪不动。"

母亲的声音从墙的另一头传来,我知道她又在拖地了。母亲有一个习惯,那就是每隔三四天就一定要拖一次地,我曾经想过她是不是拥有什么奇怪的能力,因为不管多干净的地板,她总能拖出灰尘来。

伸了伸懒腰,我从床上爬了起来,趿拉着拖鞋挪到了隔壁房间。不用想就知道母亲叫我挪的是那个又大又笨重的铁制保险柜,保险柜里头应该装了很多东西,不然不至于要费好大劲才能把它搬动。从我开始记事起到现在,不管是在老房子里还是之后的好几个新家,家里似乎一直都有一个保险柜。

"妈,难不成我们其实是隐藏的大富翁?等到某个合适的时候你就会给我保险柜的钥匙,让我见一见里面的宝贝?"刚从睡梦中醒来就能这么油嘴滑舌,我不禁觉得自己有点可笑。

"那可不,这里面藏的可全都是你妈妈的宝贝。"母亲显然被我的玩笑给逗乐了,眼睛眯成了月牙儿。"过来,给你看看这里面都有什么。"她边说着,边把手中的拖把放到一边,坐了下来。

厚重的铁门缓缓开启,我第一次看到了保险柜的内部:里面并没有散发着灿灿金光的金条,也没有闪着美丽光芒的宝石,躺在黑黑的保险柜里面的似乎是数不清的纸张和各式的盒子。

"珠宝首饰之类的东西我都放在外面,那些东西哪比得上这里面的重要。"仿佛看穿了我的心思似的,我正准备开口,母亲又接着说道:"这些东西对你妈妈来说可比珠宝钻石什么的重要多了,不过你不知道也正常,毕竟我也从没和你说过这些是什么。"

我带着疑惑,从里面拿出了一叠包好的包裹并打开。躺在里面的是已经破损发黄的几张文件。

"小心点,这几张是我外公,也就是你的太外公经商时候的文件。"看到我拿出的东西,母亲说道,"这是那时候的工商执照,那是卫生许可证,你肯定没见过吧。"说完,母亲小心翼翼地从我手中捧过了文件,接着用手指了指工商执照上面写着的开业日期:一九三零。

"你不知道,我长辈那一代其实并不是浙江人。妈妈的外公是江西的商人,糖、盐、酒这些东西他都卖。妈妈的爷爷则是徽商,靠着卖食品积累了一些财富,一路经营下来才在浙江扎的根。后来呀,买了几块地,因为自己忙不过来,就雇了几个人来种田,你外公他待人很好,在整个县

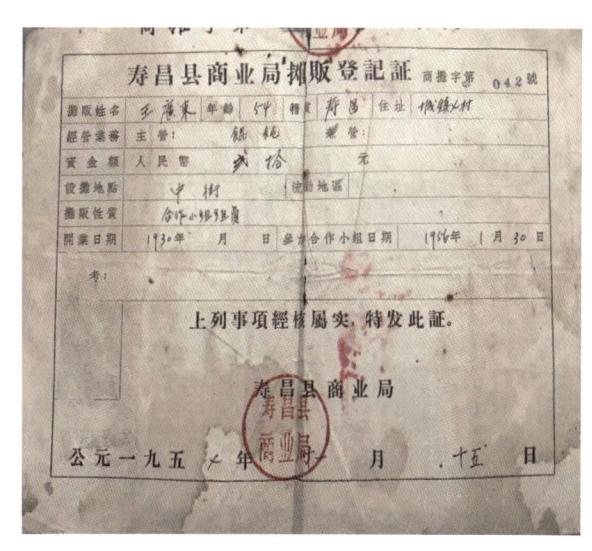

太外公的摊贩登记证

城都小有名气,也是因为这个,后来在"文革"的时候他才没有被抓去批斗。"母亲抬起头开始了她的回忆。

"妈妈的大伯还是个英雄呢。在新中国成立前就已获得过多次军功。

母亲大伯牺牲后家人拿到的光荣纪念证

之后到了抗美援朝时期,大伯当上了侦察连的连长,也立过数不清的战功。"

母亲顿了顿,继续道:"但是在抗美援朝战争取得胜利之后,回国路上的一次侦查行动中,大伯他不幸踩中了一枚地雷,光荣牺牲了。现在我们市的市志上也记载着他的事迹,纪念碑上也刻着他的名字。你看,我这里还放着毛主席亲笔写的讣告和授予他的奖章。因为大伯为新中国做的贡献,你太外公和外公在我大伯牺牲后每年都会收到慰问品和抚恤金,晚年他们也一直享受着革命烈属的待遇,你太外公在去世前的几年一直都有人伺候在身旁。那时候出了这种事,谁家受得了啊。"

放在一旁的用来装烈士遗物的布袋上沾满了血迹,我不知道这早已成褐色、发黑的血迹究竟是谁留下的。接过泛黄的纸张,我的视线轻轻扫过。

"亲爱的烈士家属们:你们不要难过,应该引以为荣。他的逝世,正显示了中国人民优秀儿女对祖国,对人民和平事业的无限忠诚。他的丰功伟绩,将万世流芳。烈士的英名,将永远记在中国人民,朝鲜人民及全世界人民的心上。"

"你外公他读书的时候成绩好,毕业了之后直接进了水电部十二局工作,那时候我们国家正在造新中国成立后第一座大型水力发电站,"妈妈说完笑了笑,"和造核弹的时候差不多,苏联老

寄至家中的讣告信

大哥帮到一半的时候又撤走了,但是那时候外公他们坚持了下来,最后终于建成了新安江水电站,这里就有个你外公那时候留下来的纪念品。"

母亲小心地拿出了在保险柜里的一个盒子,递给了我。

从战争时期的往事中挣扎了回来。我回过神,小心翼翼地把盒子打开,取出了被小心保护在里面的东西。那是一个白色圆形的陶瓷盘子,略微凹陷的盘底印着丹青色的新安江水电站的图案。

"外公外婆他们都是寿昌人吗?"我用指尖轻轻地抚摸着盘底的纹路,抬头看向母亲。

母亲笑着说:"是的。他们都是土生土长的寿昌人。你外公年轻的时候人可好了,只要周围的人一有什么困难,他就一定会去帮忙,这么一来街坊邻里就都认识了他,当然也包括你外婆他们一家。你外婆的妈妈那时候可喜欢外公了,觉得他人又好,长得又俊俏,工作也很有前途,很想让他做女婿。尽管你外公也有那个意愿,但是因为外公大了你外婆七岁,所以你外婆并不喜欢他。外婆的妈妈着急呀,劝来劝去都劝不动外婆,于是最后自己和外公去了民政局,替外婆登的记。办理登记的人问为什么本人不来,你太外婆就说她女儿比较害羞,不好意思自己来。就这样,外公和外婆就成了夫妻。"

"竟然是外婆的妈妈代替外婆去和外公登记的吗?那时候不是本人来都能办理结婚手续?"

"是的,不过好在你外婆并没有特别抗拒,就这样,外公外婆就慢慢地好上了。"母亲笑了笑。

"之后的生活就好了很多,一九五几年的时候因为是居民户,也就是现在所谓的城市户口,外公外婆一家每年都能拿到一本购粮证,像盐、油、鸡蛋、豆腐、肉什么的票都有。你也知道那时候不像现在,想要的东西只要有钱了就能买,那时什么东西都是要凭票兑换的,因此让街坊邻居羡慕得不得了。再加上外公他喜欢无线电,在家里也喜欢捣鼓这个,所以在那个时代,县里屈指可数的有收音机的人家里,就有一户是你外公他们家。你外公他人好,偶尔还会帮邻居们做几台呢。"

母亲得意地晃了晃脑袋,露出了灿烂的笑容。

"但是后来到了'文革'时期,家里有人捣鼓无线电可并不是一件好事。那时候撤退到台湾的国民党军队每天晚上都会向大陆收音机播放广播,其中也夹杂了滞留大陆的特务才能破解的加密信息,因此你外公在那时候被扣上了特务的帽子,被剪了阴阳头,抓去游街批斗。"

说完母亲笑了笑,仿佛并没有什么关系一样。我对此感到非常不解,因为在我印象中,凡是提到那个时候的事情,人们总是会沉默下来,然而母亲似乎并未受此影响。

"坏事总会过去不是吗?好在那时候他们没有什么证据,外公他们一家坚持了下来,最后成功平反了。在这之后经历了改革开放,国家的经济状况渐渐好了起来,大家的生活开始不再那么困难。再加上你外公能干,之后我们家的生活过得其实也有滋有味。你外公通过工作赚了钱之后给我们家里安装了电话,后来又慢慢地买了电视机、自行车,也给妈妈我买了一台缝纫机。那台缝纫机你还记得吧?就是以前我们家的阳台上放着的那台,小时候你的好多衣服都是我帮你补的,你没事还总喜欢去踩缝纫机的踏板玩。"

"我们那时候'三转一响'是多少家庭追求的目标啊,'三转'是自行车、手表、缝纫机;'一响'就是收音机。外公因为喜欢搞无线电,给你舅舅、你小姨还有我一人做了一台收音机,我们家可是不止'三转一响'呢。"

"后来呀,妈妈我到了杭州读大学,毕业之后分配到了市旅游局,还被评为了'建德十大优秀杰出青年'。也被杭州的著名记者采访过。你爸爸那时候在金华当兵,很偶然的,在我一次出行中,我们相遇了,两年之后就有了你。那时候我们都住在军分区的大院里,

母亲接受电视台采访

记 忆

你小时候可喜欢哭了,部队首长都管你叫'八点半',因为每天晚上一到八点半你就开始不停地哭,像个闹钟似的……"

接下来的故事我从小到大早已听过了许多遍,但我不忍心打断母亲的回忆。温暖的阳光透过阳台的窗户洒在地上。望着母亲满足的笑容,我不由得感慨万千。从新中国成立到现在,不知不觉已有七十年。我们这个小家族也像祖国一样,从当初的坎坷到现在的富饶走过了数不清的道路,历经了各种磨难。只希望以后我们也能沿着祖辈开拓出的道路,继续繁荣幸福地走下去。

外公一家的合照

家的变迁

袁嘉峰

爷爷的砖瓦房

爷爷可以算是年轻有为，1966年22岁的他就成了中共党员，1970年26岁就当上了余杭县的农办主任。爷爷在余杭县里的工作主要是抓农业生产，管理农药保管分配等相关工作。那时候村里（生产小队）大家住的都是茅草屋子或者是黄泥砌的屋子。1970年爸爸出生了，爷爷在攒了好几年的积蓄之后，造起了三卫村里的第一间砖瓦房。那时候的人们辛苦工作，勤俭节约，就是为了能翻新或新建房子。那时候在农村里，房屋的建筑材料和大小是一家人的门面。那一代人有属于他们时代的特色，他们朴实，吃苦耐劳。劳动的人是最可爱的人，是值得我们尊敬的人。

也许真的是有天妒英才这一说法，爷爷在1984年的时候就身患癌症去世了。那时候农村里盛行的还是土葬，并不是火化，但爷爷作为共产党员，是当时县里第一个进行火葬的人。爸爸是无心提及，可我却真的被党员的这种身先士卒的精神所震撼到了。

他们所处的年代，离我真的有一点遥远了，这一时间的差距让我并不能感受他们所处时代的饥寒交迫，为房子发的愁，以及生活的拮据困苦，但过去的并不代表会被我们遗忘，正是有了他们这一代的辛苦劳作，他们见证了新中国的成立，他们也深处改革开放的浪潮中，却又有多少人没有好好享受到当今的幸福生活而早早离世。

爸爸的三层小高楼

爸爸一路的拼搏更是不容易，十四五岁的年纪，就失去了父亲，作为长子更是要肩负起家里的责任。他先是在村里干了两三年农活，在1987年那时候还有子承父业的说法，爸爸就去九堡乡政府顶了一个职位，做了两年，生活还是难以维持。那时候都盛行"搞承包"，多劳多得，个体户反而赚得更多。为了让生

爸爸的三层小高楼

活条件变好，爸爸自己出去承包了一个建筑材料公司。生意确实不错，爸爸也小赚了一笔。在这之后，爸爸也开始考虑起了自己成家立业的事，他开始建造属于自己的房子，那时候砖瓦房已经蛮多，但都是矮矮的二层楼房。爸爸造了三层的小高楼，那是村里第一栋三层的小高楼。爸爸对于他自己亲手监督建造的房子非常自豪，因为这是他付出心血，用心去做的事情。

房屋迁　感情变

2013年，在德清读高中的我，因为是寄宿制，再加上交通不方便，基本半个月或者一个月才回一次家。对于家里的情况了解得并不多。记得2013年春节放假的时候，村里就陆陆续续有传言说我们村要拆迁了，就在几个月后我们家收到了拆迁通知。那时正准备高考，对于家里的拆迁情况我也不闻不问，家里的事情都是爸爸妈妈操心着。以至于后面住进了新

新建的回迁房

房，我都不知道自己家的具体位置在哪儿，也确实闹了个笑话。高考完的那个夏天，妈妈不放心我去太远的地方读书，选了一个离家很近的学校，因此回家的次数很多，见到新邻居的次数也多了，但是邻里间的感情却远不如在老房子时来的亲切，大家都是早出晚归，没有了以前街坊邻居的串门、聊天，除了家里有什么喜事会分享一些喜糖之外，难有交集。都说商品房像鸟笼，把现代人关在了房子里，阻隔了感情的交流。通讯的快速发展，房屋的变迁，拉近了交流的距离，感情的距离却越来越远。

回家

2018年6月，时隔五年，社区的回迁房终于建造完毕。以前的老邻居又能住在同一屋檐下了。回社区的时候，既陌生又熟悉，那毕竟是我长大的土地，但这又是新的故事的开始，是新的阶段的开始。在抽签的时候，我见到了许多熟悉的老邻居，不禁感慨，时间果然是不可抗力，当初稚嫩的我，现在已然是个大小伙子了。以前那些强壮的中年大叔，他们的儿子女儿也都结婚或出嫁。那些曾跟在我屁股后面的小屁孩，在不经意间也都纷纷考上了理想的高中。我们被时间催赶着，时间是见证成长最好的证人，生活在向前走，岁月催人长大！七十多年来，翻新重建拆迁，家经历了多次的变迁，但是家风的传承我不会忘。父辈脚踏实地，一步一个脚印的精神我将永远铭记，家风的传承会一直继续。

见证七十年

方雨虹

外公的前半生

1943年9月17日,在杭州市萧山区一个叫闻堰的小镇上,外公出生了。外公在家排行老大,下面还有三个弟弟和两个妹妹,人口多且物资匮乏,再加上抗战刚刚结束,家里非常贫穷。外公8岁就开始一边在父母的早餐铺帮忙做油条,一边替父母带弟弟妹妹。由于医疗条件落后,其中一个妹妹1岁不到便因病去世了。16岁时外公去了武汉水电技校读中专,随后开始跑全国各地工作,"你外公去新安江装过汽轮机,去北京、天津都工作过……"谈起外公的经历,外婆一脸崇拜。后来为了响应国家号召,外公返乡就业,在绍兴市华舍机械厂当了一名机械工人,在那里,外公遇见了外婆。

1968年1月20日,23岁的外婆和25岁的外公结婚了,外公外婆都调到了杭州萧山滤清器厂工作。1969年9月25日,舅舅出生了,外公外婆意识到再与父母、弟弟妹妹一起住不太方便,他们决定自己搭房子。于是,他们开始比较哪里买材料便宜,研究房子该怎么建,最后,在外公外婆不懈的努力下,一栋二层小房子建成了,"这房子一砖一瓦都是我和你外公亲自盖起来的。"外婆说这话时,眼中充满了自豪。之后一年,外公另一个妹妹因白血病去世,全家都悲痛万分。1971年3月19日,妈妈出生。"家门

外婆

口的路以前是一条河，小时候我和你舅舅去家门口的河里摸螺蛳，外公急坏了，把我们打了一顿。"妈妈看着照片也回忆起小时候的事来。在妈妈小的时候，外公因为工作努力，攒下了一些钱，于是他买了这个镇上第一台电视机。"那时候傍晚就把电视机摆到外面，附近的人吃完晚饭后都来我们家门口一起看电视。"妈妈说道。后来舅舅高中读到一半便不想读书了，妈妈高考失利，但她没有选择复读。1987年，外公当上了杭州萧山汽车滤清器厂的书记，这无疑是极大的荣誉，家中至今还有他的名片。外公当上书记后，帮弟弟们安排了合适的工作，也帮一些邻里介绍了工作岗位，所以外公人缘很好。"外婆，这个外国人是谁呀？"我指着照片问道。"这个是斯塔尔汽车的人，专门来你外公厂里考察的，他们要订厂里的配件。"外婆笑眯眯地回答。看着照片里年轻有为的外公，我心里也涌起一股敬意。

1989年7月，外公去中央党校参加领导科学与思维方式讲习班。1994年，我舅舅和舅妈结婚，隔年我表姐出生。1996年，我爸和我妈结婚，隔年我来到了这个世界上。外公外婆也从父母成功升级为爷爷奶奶、外公外婆。

外公的后半生

1998年1月，大部分集体转化为承包制，外公的滤清器厂改制了，外公外婆随即也退休了。退休后，外公外婆担任起了带小孩的重任。先是带我表姐，再后来是把4岁的我从奶奶家接来一起带。记忆里儿时的夏天是外公摇着蒲扇躺在草席上，左边是我表姐，右边是我，我们认真地听外公讲故

外公参加会议

事,直到睡着。或是一起玩办家家酒、跳牛皮筋,或是拉着外公走斗兽棋,那时我们很小,笑容很甜,时光很美。幼儿园时外公便一直接送我和表姐上下学,早上天蒙蒙亮就要起来,傍晚三四点钟又要准时在门口接我们,门口会有卖油灯儿的,我们经常缠着外公买给我们吃。后来我们开始上小学了,上小学接送又是一个难题,为了让我获得更好的教育,我要去城区上学,父母工作忙没有空,于是又只能麻烦外公,小学早上7:30就要到学校了,外公每天早上6点就会起来给我做早饭,一碗暖暖的豆浆加一碗蛋炒饭,这是常见的早餐,外婆不爱吃油腻的食物,外公还会烧一锅粥给外婆,为了使我不吃腻,菜泡饭、炒面、拌面、甜豆浆、咸豆浆……外公每天都会变着法子做给我吃。在6:40左右就要出门了,外公会用他的自行车载着我来到车站,把自行车停在

外公的名片

附近,再陪我坐公交送我去学校。虽然现在这趟公交车已经改了路线,但是当时公交车站的站名我还清楚地记得:K16路的三江码头站。到放学时,外公又会出现在校门口,接我回家。外公对我的爱,是温柔的、无微不至的。这张照片拍摄于我小学寒假的时候,照片中从左到右依次是我妈、我、外公、表姐和外婆,我从小个子就比表姐高。初中时学校也在城区,刚好班主任顺路,所以每天都由班主任接送,但我外公依旧要早起为我准备早饭。

高中是寄宿制的,那是我第一次离家这么久,一周才能回家一次。外公知道我爱吃红烧肉,每到周五放假就会做红烧肉给我吃,"外公我要吃

我与家人的合影

红烧肉!"已经成为我每次回家必说的一句话。那时候外公看到报纸上感兴趣的新闻,就会剪下来,等我回去与我分享。后来高三时我改为走读,每日需早出晚归,外公就像以前一样,早早起来为我做好早饭,在我晚自习下课回来时,外婆已经休息了,只有外公还在等我回来。"回来啦?饿不饿,要不要吃东西?"这些温馨的岁月都将成为我宝贵的回忆。大学时,妈妈给外公外婆买了智能机,给他们注册了微信,教他们玩手机、聊天、发朋友圈。外婆是会使用电脑的,她一直用电脑炒股票,外公不太会用电脑,所以学用智能机对他来说有点困难,他们学用手机不仅是为了跟上时代,更重要的是能与晚辈联系。一段时间后,外公外婆都学会了使用智能机。我在上学期间经常收到外公外婆发来的语音和公众号的分享,与他们聊天也方便了许多。假期回家的时候,外公会神秘兮兮地问我:"你知道红烧肉怎么做最好吃吗?"然后掏出手机,点开文章给我看,那一瞬间，我觉得外公就像是个孩子。

外公外婆非常节约，也很勤劳，镇上有些地方拆迁了，留下一些荒地，外公带头去开垦，在上面种一些蔬菜。外公很爱钻研，所以他种的菜往往要比别人种的菜个头大、味道好。蔬菜多得吃不完时，外公就把它分给关系好的邻里。回家吃饭时，外公总是把蔬菜夹我碗里，"这个小青菜我们自己种的""这个番薯自己种的，外面的哪有这么好吃""这个秋葵我种的，你尝尝看好不好吃"……外公是个富有爱心的人，我从小就喜欢养小动物，与其说是我养，不如说是外公替我养。从兔子、仓鼠、松鼠到荷兰猪，都是外公替我把它们养大的。不仅如此，外公对摄影也充满兴趣。大学时妈妈托人从日本买了个佳能的70D，因为是触摸屏的，操作简单，外公经常拿来在家里拍，但是外出时他大多都用我初中时买的摄像机或者智能机拍摄，单反在他眼里太贵重了，拿出去不安全怕摔了。外公珍视一切东西。我小学时逛小卖铺，看到一个生肖羊的挂件，想起外公也属羊，就毫不犹豫买了下来，虽然只值五毛钱，但外公一直挂在床头，直到我高二时老房子要拆掉了，才不舍得地拿下来。大学时，想到外公经常在寒风中还要去种菜、遛狗，就通过网购送了外公一顶真皮帽子，外公很开心，戴上去说真暖和，不到十分钟，就拿下来小心翼翼地放好了，我知道外公舍不得用都是因为小时候太苦了，知道一切都来之不易。而家里的这些老照片，正是因为有外公的悉心保存，才得以留存到现在。

离世

2017年2月7日，外公患胆管癌去世，从发病到离世仅仅40天。这个噩耗让我们这些他亲手带大的孩子们措手不及。虽然直到最后我们都紧紧陪伴在他身边，但依然不愿意相信这是真的。我不愿用过多的篇幅叙述那时的场景，只是这让我明白了，真正的离别，是不会给人机会说再见的。

2018年的最后一天，我拿着相机来到外公外婆曾经的老房子所在地，虽然这里已经被拆除，只剩下一片废墟，但仍有人在上面开垦，种了蔬菜，想必是和我外公一样舍不得地荒废的人。

外婆见证了外公的前半生,我见证了外公的后半生,而外公见证了这个时代70年来的变化,从电话到智能机,从电视到互联网购物,从黑白照片到彩色视频,从大杠自行车到小轿车。外公虽然走了,但他的血脉仍在传承,这个家的故事仍在继续。

脚下的土地

孙懿琳

"苦，我们那时候太苦了，是真的苦，现在和以前没法儿比。""苦"，是我从奶奶嘴里听到次数最多的一个字，也是她那代人一生的写照。奶奶的一生似乎都有一个离不开、斩不断的情结，那便是脚下的土地。她的一生，与土地相伴，与土地结缘，从懵懂少女到为人母亲，乃至白发苍苍，土地成了她一生的故事，一生的羁绊。播一粒种，洒一壶水，施一把肥，精心灌溉，春华秋实，又是一年，这便是生活，至于苦，她早已将其播入土中，苦尽甘来吧！

土地从哪儿来

奶奶生于1943年的秋天，生在了一个不那么普通的家庭，她的爸爸，也就是我的外太爷爷是当时的国民党，毕业于黄埔军校第六期，曾经担任过营长、师长。

后来新中国成立，奶奶的爸爸因加入过国民党，去参加劳动改造了，说是去了新疆，这一去就是好多年。奶奶的家里富庶，有十四个大皮箱，里面装满的金银珠宝、首饰、衣服，全部上缴了。就这样，家里变得空空如也，啥都没有了，为了能让弟弟妹妹们吃上饭念上书，奶奶和她的哥哥决定去工作，供这一大家子生活，所以奶奶这辈子没读过什么书，也不认

银行发行的纸钞　　　　清朝各个年间的铜板　　　民国年间的银圆
　　　　　　　　　　　　　　　　　　　　　　　外太爷爷给奶奶的嫁妆

得几个字，一生都在辛苦劳作，就是个普普通通的农民。

　　而爷爷是个知识青年，毕业于地质学校，学的是地理，在那个年代小地方读书的人不多，能读好的人就更少了，爷爷是村里唯一一个念上书的人，是个实实在在的知识青年。爷爷毕业了以后就在地质大队上班，可是好景不长，没多久就被下放到农村，参加农村的生产劳动改革了。那时候的知识青年都要下放到农村接受教育，做农活、干农事，爷爷在农村劳动了三年。

　　就因为这样，才有了爷爷和奶奶的相遇。奶奶和爷爷是通过别人介绍认识的，那时候爷爷25岁，比奶奶大5岁。据奶奶说爷爷对奶奶一见钟情，决心娶奶奶回家。当时爷爷家里的条件并不怎么好，在土地改革时被划分为中农，那时候农村阶级成分主要分为贫农、中农、富农、地主这几个等级。贫农可以当干部什么的，比如队长、组长之类的，中农是不能当队长的，大队里如果要开什么会议，富农和地主是要自己搬凳子去开会的，所以在当时贫农的地位最高。

　　爷爷家原来只是个草房子，照奶奶的说法真是穷得很，奶奶说这不行的，得盖个泥房子，爷爷就用烂泥巴

年轻时的爷爷在下象棋

一层一层地把房子砌起来,造了两层楼,奶奶又出了点钱,在房子顶上盖上了小瓦片,这才有了屋顶。

到了爷爷27岁的时候,他们两个人终于结婚了,结婚的时候家里办了九桌喜酒,每桌九碗菜,就一碗红烧肉,其他的都是素菜,饭是糯米饭,没有早米可以吃,和现在的婚宴根本没得比,那时候很苦,能办上九桌也还算不错了。

汗水里的土地

再过了几年,上头发文件下来,说是要外太爷爷的家人去新疆,因为外太爷爷在新疆发展得不错,在厂里会修修电器,做做其他的活儿,日子过得挺好的,上头就同意他把儿女都接过去过活儿,奶奶选择了不去,把名额让给了弟弟妹妹,自己就依旧在地里干活。

奶奶的菜地

爷爷是个知识青年,一双手根本没沾过泥土,也不会劳动,下地插秧这种农活根本做不了,干得不利索,还被数落,后来就找了份轻松的活儿,帮人家收收米,别人一天能有12分工钱,爷爷呢,只有7分工钱。

爷爷和奶奶一共养育了四个子女,三个女儿,一个儿子,爷爷觉得无论男女都得读书,所以他的四个子女都上过学、念过书。奶奶回忆她生孩子时候的场景,她说那时候生孩子不像现在,还要去医院,她们都是自己在家生的。那天，奶奶正在地里干活，突然肚子疼了起来，奶奶赶忙回到家里，花了两块钱叫了个婆子，烧了点热开水，就自己躺在床上把孩子生了下来，哪需要什么麻醉剂、止疼剂，第二天就下床继续干农活了。奶奶说这话时脸上很是轻松恬淡，还有一丝骄傲。

就这样，奶奶和爷爷的第一个女儿出生了，也就是我的大姑姑。奶奶说姑姑是一个很懂事的孩子，那时候去上学，要坐车去，来回要4分钱，奶奶就给她5分钱，还有一分钱刚好可以买根棒棒糖。到了盛夏，天气炎热，太阳晒得人满头大汗，可是奶奶还在地里干活，姑姑捧着顶白草帽过去，给奶奶戴上，奶奶就感到奇怪了，你哪来的钱买草帽呀？原来是姑姑攒起来的钱，她每天上学都从家里早早出发，走路去学校，每天都省下这5分钱，日积月累，也就能买顶草帽了。

再后来，也就是十年之后了，地质大队来村里招工，领导下村来找知识青年，爷爷是地质学校毕业的，就被招了去，那时候爷爷已经34岁了。爷爷询问奶奶的意见，奶奶说去吧，挺好的，家里我会照顾的，几个小孩什么的你放心。就这样，爷爷又回到了地质大队，开始上班了。

可是上班的地方远，离家有三十六里，家里就一辆破脚踏车，爷爷骑着去上班，每天早上5点就要从家里出发，最迟不能超过5点20分，要在7点前赶到。有一年冬天，雪下得特别大，地上被雪堆得挪不开脚，脚踏车也被冻得死死的，要在这雪地里骑车去上班简直不可能，爷爷只能冒着风雪走去。每到中午爷爷就拿出酱油，兑上热水泡开，混在饭里，算是吃上一顿饭，那时候是真的只求吃饱，有了力气能干活就好，好不好吃根本不重要。

当时搞的是生产队，整个村子的人都要去参加集体劳动，别人家有两夫妻在干活，就能够支付得起生产队里要交的口粮，可是我们家就奶奶一个劳动力，无法支付队里需要上交的口粮。村里的其他人家完成目标之后可以去小队里称谷子，我们家因为完不成任务所以称不了谷子，也就没了口粮。口粮要去小队里面拿，劳动力都要去小队里干活，工资只有两角一天。后来奶奶想了个办法，在家里养起了猪，一年养六头猪，通过养猪赚来的钱来补贴因为劳动力不足而交不起的生产队里所需的口粮，交了口粮

行走的新闻：国是千万家

奶奶在炒茶叶　　　奶奶在晾笋干　　　奶奶在准备午饭　　　奶奶摘的豆子

之后，生产队才能够把谷子称给家里，一家人才能吃上饭，解决基本的温饱问题。为了能够保证生活，奶奶还去队里做毛纸来贴补家用。

还是这片土地

就这样，又过了很多年，小队里的集体干活取消了，提倡家庭联产承包责任制，大家自己干自己的。爷爷去地质大队上班的工资也高了起来，这时候他已经是工程师技术员，家里的生活条件慢慢好了起来。

在爷爷54岁的时候，被医院查出了患有气管炎、冠心病，后来他慢慢地退养在家，也不怎么去上班了，所以每个月只能拿到基本工资，奖金什么的也就没有了，但是到了他退休后，工资开始慢慢上涨了，差不多有3000元一个月。

在20世纪90年代的时候，爷爷还发明了一个地月运转模拟仪，并且获得了专利证书；爷爷还是一个作家，写过很多故事，其中《夏冻庙的传说》还得过奖；爷爷也研究过族谱，将孙氏族谱清清楚楚地罗列出来；爷爷极具爱国心，了解中国被侵占的领土面积，调寻日寇杀人罪证。和很多知识青年一样，他的心里装着国家，装着天下，以一个普通人的身份用尽一生，奉献一生，为国效力。

2007年，因为要修建新的国道，所以家里的老房子得拆了，爷爷舍不得，毕竟住了几十年了，而且这一园子的花果蔬菜都将不再，实在有些可

 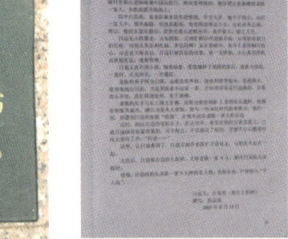  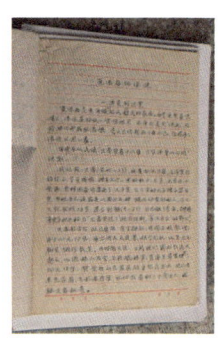

爷爷的专利证书　　　爷爷的文学创作　　　爷爷粘贴的报纸　　　关于日寇的罪证

惜，可是也没法子，只能服从上面的安排，拿了拆迁款，然后就造了现在我们住的这个房子。

又过了几年，也就在2012年，爷爷因病去世了。在我眼里，我最敬佩的人就是我的爷爷，爷爷的存在就代表着知识、儒雅和文化。从我有记忆开始，每次见到他，他都是在看书、看报纸、看新闻电视，只要身体好一些，他都在学习，即使已经70多岁了，每时每刻都要靠吸氧机活着，他依旧放不下、忘不了的就是学习。他喜欢把报纸复印了剪下来，贴在白纸上，用订书机装订起来，做成一本本小册子，用文件夹夹起来；他喜欢评论国家大事，所以每天都盯着新闻看，看看国内外发生了什么大事，用颤抖的手记录到纸上；他要跟上时代的步伐，不愿意落后，要求我们给他买一部智能手机，教他打字，发短信，他自己去学习拼音，学习怎么发文字，打电话。

对于新事物，他总是学得比我们都快，他的年纪大了，身体也不好了，但是在他的身上我总能看到一颗不服老、不服输的心，我敬他，我爱他。我的爷爷，在不言不语中教会了我许多道理，他是我敬仰一生的师长。

爷爷去世后，家里只剩下了奶奶，奶奶就在家旁边开辟好几块菜园子，种着各种蔬菜，有南瓜、冬瓜、葫芦、土豆、大豆、豇豆、毛豆、绿豆、辣椒、茄子、番薯、玉米、蒜苗……这似乎成了她生活的乐趣，看着种子在地里生根发芽，长出花朵，结出果实，这也是人生的意义吧。奶奶还养了不少鸡，最多的时候有60只，她说可以卖了赚钱，鸡生的鸡蛋也是，刚下出来就被别人买走了。

"这几年，生活条件越来越好了，我们老年人坐公交都不用付钱的，只要办一张老年卡去哪儿都免费，连中饭都可以吃……"

这就是奶奶现在的生活，围着一堆蔬菜和几只鸡，过着农耕生活，奶奶一辈子都过的是这样的生活吧，她从没去改变，或者她也根本不想去改变。

我家的七十年，是小家的七十年，也是大家的七十年。七十年，看国之初建，看国之长成，看南方谈话，看时代变迁。家是最小国，国是千万家，万家灯火明，举国同欢庆。一个个小家组建成了国，一个国里包含着千千万小家，国是家，家是国，有国才有家，有家亦有国。何以为国，有家，何以为家，吾国！

叩击时代,静听回响

黄佳璐

冬至起,也就进入了"数九"寒天。近来的天总是阴沉沉的,一连几天都很少见到阳光,大街上也少有人来往,下午开始变得安静。

"馅好了,快去洗手,我们开始包嘞。"回神起身,望了望钟,才发觉自己已经呆望这街上好一会儿了。"来了来了!"我赶忙应答着外婆。

这天可是冬至呢,俗话说"冬至大如年,皇帝佬倌要谢年",老一辈人可重视年年如此做这"冬至尖"。

虽然同在宁波市慈溪市,但是不同地方的风俗也不一样。关于冬至吃什么,慈溪东部、中部、西部的风俗就有差别。有些说吃汤团,有些说吃"尖"——一种类似于清明饺一样的食物,有些说就吃自己包的水饺等等。

龙山镇这边的习惯也是一直保留着,那便是做这像水饺又比水饺大许多的"尖"。

外婆娴熟地摆好面团、各种馅料,还有盘呀碟呀。

冬至节年年都过,可是食物的数量却一年年地少了。以

"尖"

前外婆都会做个两层的蒸屉，给后院的婆婆，给街边店里的阿姨，给舅舅一家，给爸爸妈妈，还有给我这馋嘴的小外孙女。小小节气过得好不热闹。

我揉搓着手里的面团，"外婆，今年怎么就两种馅儿呀？"我瞅着那两个碗问道。"你不是上次和我说了今年喜欢咸味的嘛，那外婆再给你炒个芝麻的。"外婆说着便搓搓手准备离开座位。"不用不用，挺好的啦。"似乎这节开始只为我一人过了。

大家都奔向了各自的时代。

外公外婆的农业时代

外公外婆，务农一生。如今的外公已过七旬，偶尔会去地里劳作一会儿。和许多农民一样，他们勤劳简朴，一辈子就守着这些田地。

外婆的家很小。当时代催促着所有建筑慢慢拔地而起时，外公外婆的家似乎并没有"听见"召唤，街边的房子一再翻新，它们变成了琳琅的商铺，变成了高大的居民楼。大家都开始华丽丽地变身，唯独这小房子一直守着它的朴素。到我初中时，它才"被迫"翻了新。房顶坍塌的消息，让我们全家人都揪紧了心，所幸运气好，赶到时见到老人家们都安好，只是外婆有点擦伤，房子是没法住了，这才想着重新盖。一个夏天的时间，外婆的小房子又回来了，没错，它还是那个小矮房，到现在依旧是那模样。

爸爸和我说，他和妈妈交往那会儿就帮着外公出来卖西瓜，那会儿年轻，人机灵，也爱闯。带着外公就来到宁波市里卖，有时也会去市里的慈城镇，外公说城里人买得多也不会太计较几毛几分的，钱赚得舒坦，到了街边喊就是。"卖西瓜咯，卖西瓜咯，一毛二一斤，一毛二一斤。"下班归来的人们很快就把这些西瓜给买走了。数着一叠皱皱的钞票，吃着筐里剩下的西瓜，虽是些因为路途颠簸震碎的"破烂货"，外公却觉着这日子好不舒服。

后来镇上的农户开始兴起大棚种植，那会儿我也长成个小小人了，只是嘟囔着喜欢吃草莓，没想到外公就种了十余年的草莓。早些年的大棚都是用毛竹做骨架，隔个两年就需要去山里砍来新的替换，有时爸爸也会叫上我去挑，只是我不懂，就坐在石阶上等他，看看云看看山下农户养的鸡，也挺有趣。后来我长大了，这大棚也换上了铁架子。

再大些，等我上高中了，外公的年纪也上来了，这时候镇上统一改革，说农户们可以把这些土地卖给村里然后统一处理使用，这些地多半都是像外公这样的老年人种着，大家都想着自己老了，村里这么一做反倒是好的。

外婆的家

"这个馅装太多啦，要合不上的。"走神间，外婆叫住了我，眼瞅着萝卜馅都快要溢出皮了，我赶忙拿勺子拨开了些，外婆拿着个破塑料袋来到桌前，眼见是里三层外三层地包着，正好奇呢，待外婆打开才知那是捧芝麻，外婆说，"这些还不错，装得严实，虫子都没吃着。"她乐呵呵地笑，"你妈小时还吃不着呢。"

父母的工业时代

外婆家不富，早年沿街的房子都卖了，又养着一双儿女，妈妈18岁就去了厂里做活。不同于外公外婆的务农，妈妈成长于工厂。

每天酱瓜咸菜的生活，早已绑不住一个女孩的心。妈妈说她少了些读书的天赋，只待初中毕业就去了工厂，她向往时髦的打扮，向往高飞的自由。似乎那个时代的青年都是这样，爸爸的年轻时代也投奔了远在北仑的工厂。

到了25岁，妈妈早已从叔父倒闭的厂里出来，来到现在家边的工厂，此时的爸爸也过了轻狂的年岁。因为曾被钢板伤过腰，他就找了对象，开

行走的新闻：国是千万家

妈妈工作的工厂

始安安稳稳地做起了铝合金店里的师傅。他虽然依旧做了些疯狂的事情，但是也开始琢磨着成家立业。父母的爱情走过了三个年头，迎来了他们的结晶。

动荡飘摇的年轻岁月已过，他们开始了很长一段时间的安稳生活，安逸地陪着我长大。

2011年，我上初中了，因为是私立中学，爸妈的压力一下子大了不少，长久的安稳也开始被打破。爸爸因为不满意店里给的工资，转而换了他家，那是在隔壁的镇子，因为路远早上也就起得更早了。他依旧是做着铝合金制造的师傅，常年和切割机打交道，他的听力慢慢差了，手上的伤也是旧了换新的，只是做一行换起来哪有那么容易。

晃过了父母的青春，"偷"走了他们的半生，工业时代带给他们工作的飘摇，也让他们走过了不同于上一代的人生道路，远离了耕田喂鸡的童年，在工厂生涯里，他们抹去了年少时的轻狂，组成了家庭，为下一代更加拼命。

工业时代也曾辉煌过，如今它依旧是镇子里很多人早出晚归的活计，它创造着更多的财富，只是时代似乎走进了新的纪元。

我们的新时代

收拾好碗筷，看着整锅的成品我心里早就乐开了花。"外婆，我去洗手啦，去房里玩会儿，你烧好了叫我。"说着正准备走开。"阿璐，我的手机怎么老是接不到你妈的电话啊，你顺便给我看一下啊。"外婆在厨房喊道。

跨世纪的我们似乎对科技有着与生俱来的敏感。

家里买电脑是在读高中以后了，算是同龄人中较晚的。其实关于电脑，从小时起就难免会有接触，学校或是朋友家，粗粗了解的我很快也就上手了。如果说之前的操作都是小把戏，那2018年我就读网络与新媒体专业，则是我与互联网结下的更深的缘，学习Adobe软件，了解Office软件，2018年11月参加并通过了省级计算机二级考试。不管是作业，还是平时的休闲娱乐，我们似乎都很难再与计算机脱节。

当代青少年一出生就置身于互联网浪潮中，互联网是我们放眼看世界的必经之路。

过年时的家总是格外热闹，从宁波市慈城镇驱车前来拜年的妹妹一家也有了新花样。"呐，来给连个网，你妹妹的课程就要开始啦。"第一次看到在线一对一辅导，确实让我惊奇。视频里面的外教，不论是沟通还是课程教学，都相当出色，这样的老师在镇内是找不到的，而现在有了互联网，一切都变得便捷起来。

"外婆这个你按到静音啦，这哪还听得见呀？上次不是让你别按这了嘛。""这两尖还堵不住你的嘴啊，快拿去趁热吃啦。"

总结

每个时代都有各自的记忆，农业时代的简朴纯真，工业时代的飘零自由，科技时代的创新未知。这些凝聚了三代人的回忆，是外公外婆的一辈子，是爸爸妈妈的前半生，是我生命里的小半段。时间的车轮依旧往前，它在催生着下一个时代的来临，也许是更加精彩未闻的故事。我伏在历史的案前，静待回声。

苦难是块垫脚石

曹宇轩

我的家在浙江省台州市椒江区白云街道花园新村,我的祖辈世世代代都在这片土地上生活。新中国成立70年以来,这个并不起眼的小渔村发生了翻天覆地的变化。我的外婆出生在新中国成立前,是家乡变迁的亲历者。我跟随着她的回忆,重温这几十年的风雨变幻。

外婆在温州

在与外婆的交流中，我注意到她提到最多的就是"以前太苦了"，这是老一辈亲历那段时光发出的感慨。听完她的描述后，我似乎对那段岁月有了些更深的理解。

外婆在自家院里

"我很小的时候就参加田野劳动了，十几岁和太公一起种稻，你们哪里见过，在机器播种以前，只能靠人力，一株一株地插秧，田里经常有蚂蟥贴脚上，血吸得很猛，最怕的就是这个。"光是听外婆描述就已经够恐怖的了，蚂蟥一扭一扭，口很小，圆的，我无法想象我亲眼看见会有什么反应，外婆打趣道："你们（年轻人）现在见了可能会逃跑吧！"

那就没有办法能治住这个怪物了吗？当然不是。太公自制盐水，涂在竹棍上，下田时把竹棍系在腰上。要是大腿有蚂蟥在爬，就抓过来放竹棍上，蚂蟥碰见盐就死了。回家吃饭时，把它们倒在石板洞里，能倒满满一洞。

以前的石板有洞，石板路不像现在的水泥地，一块块石板大的小的都有。"像水井上面盖的那种？""现在水井上不盖了，以前都有的。以前在上辇有石板仓，从山里一块块开采出来，再砌上去。"偶尔我还能看见，一些山留下的开采的痕迹。

以前没有楼板，就去买石板，请石匠把缝都铸牢，一块块磨好，大石头打平，铺上去，踩着很扎实。"现在还能见到吗？""乡下小路还有的，外面铺路的石板小一点，在家里的石板一块一块都很大的，四四方方大概四五尺那么宽。"

外婆小时候都留在家里和太公一起干农活，她的两个姐姐都出嫁了，一个住西山，另一个住东山，还有一个小六岁的弟弟，便是我的舅公。因为舅公当时年纪太小，只有外婆帮着分担一些家里的压力。在比我还小的年纪,她就承担着给田里运水灌溉的重任。

脚踏水车放河堤边,外婆才刚够得着水车上方的横杠,抓着一脚一脚踩踏板,把水运上来。"冬天特别冷,鞋和袜子都不能穿,光脚泡在冷水里,脚都冻硬了,有时候没踩实滑倒了,竹杠拉不住,整个人掉下来,摔得身上全是泥。要是运到路远的地方,就需要三个人,这边一个,那边两个。车身很长,有一个小房间(四五米)那么长。""自己家没有,只能找别人,人家休息去了,大中午的和太公一起去借工具,很辛苦,再热也没办法,那时候还没有抽水机,全靠这样取水。它是一节一节,有板的。"现在一些山里还有的,外婆上次去横店旅游,路上坐汽车里看到过,踏板滚着滚着,水都到挖好的沟里,顺着水沟流到田里。

外婆十三四岁的时候,父母不让她读书,家里要种田,农活都来不及做。老师过来劝都不行,那时候书是免费读的,但是那时候衣服都穿不暖。"只有布鞋穿,踩湿了干不了,要被太婆骂,现在家里还有两三双,拿来给你看看。"

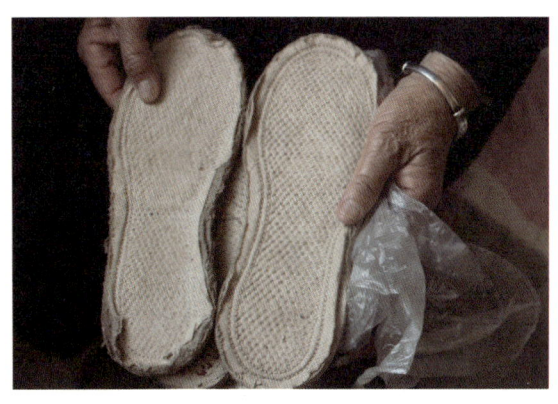

外婆亲手做的鞋垫

"以前你妈和你阿姨小时候过年,都是一个人穿一双外婆做的灯芯绒的鞋。一层一层用破衣服填起来,四周一针一针缝好,这种鞋留到现在还没扔。"冬天一人一双暖鞋,也是这样鞋底缝起来,再叫别人加工,里面水绒的,特别暖和,孩子们都高兴得不得了。"灯芯绒的棉,你妈以前都这样穿的,哪像现在的鞋这么好。"我翻看了下鞋带,发现鞋带因为年代久远变得十分坚硬。"小时候都是这样做起来穿,还放抽屉里,鞋底磨成这样了,都可以扔了。"

"以前太苦了,真的苦,你们现在享福。"外婆说以前自己种麦,没有小麦，饭没得吃，只有大麦。麦芒很尖扎到很疼，麦子要用石头压好，铺着晒干，不像现在都用机器。

"那时候太婆生病，我才12岁，要去晒麦子。"

簸箕放肩上，双手握住，面向风，下午东风吹来，麦在里面，谷也一样的，往下倒，糠皮慢慢被风吹走，麦芒也吹走了。"麦晒干的时候，你不出去都没见过，在做糕的地方，所以说要多出去走走，乡下有，放在磨上磨成麦碎，洗好和米混合来烧饭。"

外婆说大麦最难吃，小麦最好吃，但是不舍得拿出来，产量低，种不起来，外地种得好，产量高，现在电视上整片都是小麦了。"是不是大麦更好种？""大麦产量高，麦饼当饭吃，以前都这么苦，有钱人家吃白米饭。往麦里掺一点米，家里不够吃，没钱买，先向富农借一包，以后还给他，一包谷大概一百斤。壳剥了，米放稻臼里磨，米秕糠最好，给猪吃，谷剥的农糠，烧火用的，米拿来自己吃，'大跃进'的时候连米秕糠都没

外婆在扬州

有，很多人饿死了。田里要是有川豆都是惊喜，做饼嫩滑筋道，山里的柏叶用锄头挖来洗好，浆沉淀下来，烩好马头兰，做饼糊，加点麦粉，揉成麦糕来吃。'三年困难时期'不知道饿死多少人，以前的人多苦，现在人还没胃口吃不下饭，都说会吃就吃下去，以前真的苦，饭都吃不饱。"

舅舅阿姨小时候都这么过来的，大姨十七岁下放。别人开采完石头，大岩石掉下来，舅舅十四五岁去山里，把小点的石头一块块挖来，倒进碎石机里去压碎。然后坐着用榔头敲，把粉末除掉，一车一车送到收石子的地方卖钱。"以前都这么苦，你们这一代最享福，能读书，以前都没得读，现在苦完了，什么都很先进，种稻有插秧机，以前都是人来插，五四青年节那会儿青年一个个比赛谁插秧快。"

据外婆介绍，更早时候插秧还是单干户，之后每家人分到几亩田，自己种。后来有了合作社，都到大队里去了，整个大的公社分为几大队，大队再分小队，十几个人一队，田都集中起来。外婆十六七岁开始在生产队里，接下来"大跃进"，一个个比赛哪个队产量高，家里东西都卖完了，交给国家，没得吃只能吃食堂。麦磨好熬糊，一人一勺，饭桶里剩下的，都用手指弄起来舔干净。

"大姨出生那时候去食堂买饭，当时住在城里，现在叫海门老街，老街前面算城里。姑姑家在下街，原来叫吊桥头，外公家在上街，我们在马路南，算城里。""那边现在还有很多老房子。""最前面还有老房子，原来我住的地方都盖新楼了。"我之所以对这块比较了解，是因为它就在通向我高中的那条路上，每天上下学经过，记忆总在脑海中浮现。

听外婆讲，那时候吃食堂，国家分配几十斤粮食给居民户，农民全靠自己种来吃。饭都集体烧的，每户人家都不让做，饭点去食堂买，二两半米，半斤都不到，没有菜，清汤饭就不错了。

"你妈和你一样也很瘦，那时我生病，全身浮肿躺在床上，脸上肿得眼睛都看不见，她才一岁不到，还不会走，只能整天坐在窗户下的椅子上。阿姨们要读书，外公因为'文革'住警卫营去了，给你妈一顿一份鸡蛋羹拌饭，我吃不下饭，舅舅阿姨们把嫩的茭白丁给我吃，他们自己吃咸菜。那时候油条三分钱一根，两根油条四个人分，一个人分到一截蘸酱油吃，高兴得不得了，现在一块一根。外公在水泵厂车间，锉好零件做机器卖，一个月36块钱工资，要养这么多人，吃得饱就满足了。"

那时候外婆在做花，就是衣服上的花，用绸缎做的。我指着枕巾上绣的花问，"类似这种吗？""以前的花更小，手修的，四五毛一天。另外还要去运泥。你妈一岁，她身体不好我抱着到医院看，问杜医师怎么办，杜医师说，你还愁小孩怎么办，她是小孩长大抵抗力会好的，我愁的是你怎么办才好，身体这么差，这样下去会变尿毒症的。"在当时的医疗条件下这病很难治好，我妈住院时候，外婆亲眼所见，隔壁床是尿毒症，后来没救回来。

医生都叫外婆别干活了，"想起我十二岁，太婆生病躺床上，家里的田都是我在管，谷子在很远的地方晒，再一簸箕一簸箕搬到二楼。"拖了挺长时间，幸运的是外婆最后奇迹般康复了，重新回到水泵厂。

后来外婆在水泵厂幼儿园带小孩，还负责烧茶送到水泵厂里面给车间工人喝，每天早晚来回，加起来有十几公里，全靠走。"那时候有钱人才

外公外婆在南京中山陵

能骑自行车,工程师都靠走路上下班,现在社会发展多快,自行车没人骑了。"水泵厂周围都是农田,中山路小学(水泵厂幼儿园对面)原来也是田野,最前面是宿舍,给在厂里的外地人住。老街到水泵厂这一片田地肥力最好,现在都盖楼了。

"外公在警卫营向上面反映家里没房子,费尽周折才在南山殿分到一间公房,后来房子分到这儿,那边的公房给别的人住。当时家里连两千块钱都拿不出来,姨夫问表兄弟借钱给厂里,这房子现在才是自己的。这一单元住的都是水泵厂的工人,前面的菜场还没建,幼儿园这块原来是条河,种着大片茭白,还能经常听见蛤蟆叫,一眼望到北岸(几十公里远)。西边一眼能看到葭芷(四五公里远),中间都是田野。"

外婆生活的年代,物资匮乏,条件艰苦,无论吃穿住行都是现在的我无法想象的。外婆这代人一辈子经历了太多苦难,即便是在连温饱都不能保证的日子里,他们还是积极乐观地面对生活。苦难是块垫脚石,踩过它才能登上人生更高的台阶。现在的我不用再为基本的生活发愁,有条件也有能力像外婆说的那样,"读万卷书,行万里路",在生活中尽可能多地涉猎、挑战并突破自己,才不算枉费这个好时代。

劳动最美

李 欣

爷爷本姓张

"爷爷本姓张，后到李家来改姓，名为李邦友，是标准的'张冠李戴'。"这句话我常在茶余饭后听我爸说起，"我的爷爷是个地主，被批斗，直到去世。他有四个孩子。"我爸有个特点，一回忆起往事就从这段开始，"之前啊，整个县城有一大半的土地都是我们家的，全家老少都因此得以享福。后来土改，田地都被分，我的奶奶身材矮小，干不了什么活，也不算是个有头脑的人，无法继续维持这个大家庭，只好将两个孩子送出去，自己带着另两个孩子改嫁。"我的爷爷排名老三，被送到了现在的李家，在邻水县长安乡新华村五组，只换了五斗二升米，便达成了这笔"交易"。一直到爷爷结婚以后，人们还在叫他的绰号"五斗二"，嘲笑爷爷是被家里用五斗二升米换来的。

在爷爷被抱养之前，李家是没有儿子的，李家太奶奶生了三个女儿。

爷爷在田里干活

后来抱养了爷爷之后，又生了儿子，子女便很多了。李家对爷爷很好，视如己出，太奶奶脾气很温和，有了自己的儿子后还是会优待爷爷。

奶奶本姓刘

"你的奶奶本姓刘，后跟着外太婆改嫁到陈家，改姓陈，名为陈友兰。"说到这里，我爸微微变换了姿势，挪了挪他发麻的双腿，又侃侃道来。刘家外太公有四个孩子，三个女儿和一个儿子。外太公人高马大，靠干苦力活来养家糊口，常常自己没吃饱就出门干活。灾荒年间，一次外出帮人做挑夫，饿死在半路上。外太婆是个老实人，她一个人根本养不活四个孩子，于是改嫁到二十里路以外的陈家。但当时陈家不许她带着所有孩子改嫁，她只好忍痛将大女儿和小女儿留在本家，带着二女儿和小儿子改嫁。陈家的外太公本身有两个女儿，加上外太婆带过来的两个，就有四个孩子了，还有一位年长的婆婆要赡养，后来外太婆又生了两个孩子，多少也有九口人了，不管在当时还是现在都算是个超级大家庭。

日子就这样过得非常清苦，外太公虽然能干，但家里吃饭的嘴实在太多，他自己也常常食不果腹。当时他们住在山区，只能吃野菜草根、芭蕉树根，连黄泥巴也挖来吃过。从前的床头会有咸菜缸，里头泡着的咸菜是当时全家人仅有的下饭菜之一。外太婆的婆婆带着两个亲生孙女睡，半夜饿得睡不着，爬起来抓咸菜吃，嚼的声音很响，隔壁饥肠辘辘的我奶奶听得辗转反侧，敢怒不敢言。

婚后的艰苦生活

爷爷奶奶结婚前没有见过面，说媒的人夸爷爷为人忠厚老实，勤劳肯干，外太公看了一眼后，便定下这门亲事了。爷爷奶奶于1969年结婚。太爷爷太奶奶去世后又分了家，两兄弟（幺公和我爷爷）一共四间小小的老房子，两间作卧室，其余两间一个作厨房，一个作客厅。当时所有的家具也就两张床，几个咸菜缸，一个放衣服的箱子。

我们一家人为奶奶七十周岁祝寿

1978年改革开放后,爷爷奶奶拼命下地干活挣工分。爸爸说:"从小我们家就有点受别人欺负,同村的都姓李,我爸是抱养的,爷爷奶奶又已去世,没有说得上话的人。别人家孩子还有老人可以照顾他们,而我们仨只能关在家里,特别是冬天,只在家里烤火,并无其他活动了。"爸爸皱了皱眉,而后又舒展开来,"但也有好人,你的姑姑在家帮着养猪,够不到猪栏,也会有邻居或路过的好心人过来帮忙。"姑姑五六岁就学会烧饭,爸爸十岁就替家里放牛。爷爷奶奶挑木板、煤炭去工地,二十多里路,一来一回就是一天,午饭常常是扁担头上挂两个包子,

爷爷家自制的板凳与笤帚

行走的新闻：国是千万家

爷爷奶奶

但也舍不得吃，晚上还是带回来给小孩吃。

爷爷奶奶刚结婚的时候，就筹备着建房子，到我爸12岁左右，才开始造。那时，买木材是一笔大开销，家里很难完全负担，只好决定在劳作之余，上山偷一点树木。爷爷下午四五点上工回来又要走十几里路上山，天黑了才能回家，也不敢点火和用手电（怕叫人家看见），只得摸着黑走。么公也结婚了，却从不去砍树，奶奶心疼爷爷，让么公好歹到半路去接应下让爷爷换口气，么公却根本不听。于是奶奶只好天黑后一小时，摸黑到半路去接爷爷，给他送点吃的，路上陪着说说话。所以几乎是爷爷一个人东拼一根西凑一根木材，才慢慢把这新房子给盖起来。后来抓阄分房时，又是么公抓到了新房子。爸爸说仍记得那天的场景，爷爷一个人跑到厨房里，坐在黑黢黢的堆满厚灰尘的灶台前，不开灯，捂着头生闷气。爷爷觉得自己很可怜也很委屈，房子明明是自己亲手造起来的，到头来却还是落到别人手里。奶奶硬是劝说了好几个小时，爷爷才渐渐平静下来。

爸妈的前半生

1990年，爸爸带着200元钱，坐了两天三夜的火车从四川省到温州市打工。到了温州，表叔的厂刚好要人，爸爸就此开始了城里的打拼生活。第一年去了机械厂，是做车床的。"我还记得那时第一个月赚了140元，高兴得不得了，第二个月收到220元，把我给开心坏了。"爸爸回忆起往事，脸上明显多了一抹笑意。做了一年多，又换了一个厂，在机械这行差不多干了三四年的光景。"后来听同厂的工友说，皮鞋厂的工资很高，估摸着有七八百，听说他们那儿的员工天天都不吃饭，只吃西洋参和太阳神（一种保健品）呢！"孩子般语气的爸爸越讲越激动，声音也越来越高亢。"当时我就有点心动，刚好有个朋友决定不干这行，就这么一起出来了。"我爸接触的第一个皮鞋厂叫凯里，只在那儿做了四个月，厂子就倒闭了。不得已，一分工资也没拿到的他只得灰溜溜地再去找厂。虽然工资没拿到，但技术学到了。1994年爸爸进入水心皮鞋厂工作，老板还有另一个皮鞋厂叫东方红，1995年两厂合并成为华德皮鞋厂，于是便有了后来的故事。

一旁叠衣服的妈妈也被爸爸高涨的情绪带动，回忆起了青春往事。"当时的农村落后呀，1990年，我才19岁，就来到了温州。"从小到大都成绩优异的她，却执意要从家里出来，到外面的世界打拼闯荡。妈妈是家里最小的一个女儿，家里很宠着她，让她带着500元踏上了外出的旅途。

妈妈第一次到温州，是去瑞安星光村的小加工厂做皮鞋车包，当时一个月有200多元工资。第二年，妈妈来到了这个改变她命运的地方——东方红鞋厂，她有条不紊地过着日子，直到1995年两厂合并，两个年轻人初次相遇了。"那时我以为你妈是温州本地人，穿的衣服都很大气，长长的风衣及脚踝，放到现在也是极其时髦的。"说到这儿我爸忍不住插上一句，带着褶子的脸上还浮现出骄傲的神情。那时我妈是车间主任，属于管理职务，手下有一两千名员工，而我爸只是那一两千分之一。爸爸很文气，做事情很认真，稳重利落。厂里也有好几位适婚年龄的女工对爸爸有好感，但爸爸却还是一眼认定那个穿着长风衣的车间主任，认为妈妈才是他想娶的人。"其实呀，我当时是另一个组的，身边有个从家乡一起过来的

爸妈在四川老家

好朋友，我们俩无话不谈，直到有段时间，我发现她嘴里总是不离那个叫'李家培'的小伙子，还总是把他夸得天花乱坠。"说着，妈妈的脸颊上浮现出两片红晕，叠衣服的手也慢了下来，"我只觉得好奇，什么样的人物可以这样让好朋友挂在嘴上念叨个不停，其余的我可啥也没想！"

这个刚过完46岁生日的女人也有傲娇得像少女的一面，我和一旁的爸爸都忍俊不禁。缘分最终还是无法阻挡，谁知道从此这个车间主任会与当时的优秀员工组建家庭，并默默地从一位女强人变成了贤妻良母呢？

忆苦思甜，今非昔比，只有经过严寒的人才明白太阳的温暖。爷爷奶奶的艰苦奋斗，抚养了子女们健康安稳地长大成人；爸爸的踏实能干，给予了我们温暖美好的小康生活。新中国成立70周年，爷爷奶奶已达70岁的高龄，爸妈的婚姻生活也迈入了第22个年头。我与小妹还在读书，还没有真正懂得劳动的重要意义，只能将长辈们讲述的可贵的人生经历如实记录下来，然后在漫长的人生中，慢慢地品味和思索……

老底子的旧时光

潘 越

"那时候我们家算是中等家庭,爸爸是银行职员,所以生活条件还算比较好,一个月有一两次鱼肉可以吃,但鸡一定要等到过年才能吃。那时候过生日最好的礼物也就是一个鸡蛋,七八十年代小孩子有块糖吃都不得了了。那时候赤豆棒冰几毛几分钱一根,你妈妈他们有时候放假特地走到卖棒冰的小贩那里,买一大碗冰就坐在那儿慢慢吃。"

现在的饮食讲究营养均衡,粗细搭配,口味要吃得清淡,多吃蔬菜水果。以前用来充饥的野菜粗粮,现在却摇身一变成了健康食品。

"以前我们家是租别人的房子住,房东要用房子了就得搬家,那时候房子也就六七十平方米吧,我们家十个人住,里面也没什么家具,只有个床,一个做作业的地方,一个炉灶,挺简陋的。后来参加住进平板房,家里稍微干净了一点,再后来就住大院了。到了后来参加工作了,干得好的公司才会分房,这样才有了自己的房子住。现在这个房子上下两层大概100多平方米,有可以看电视的房间,还有自己的书房了。"

"一开始老百姓的衣服、学生装都是简单的一排扣,也没什么款式,后来渐渐有了人民装、列宁装,双排扣之类的,领子也变大了,翻领立领也慢慢出现了。以前男的也不可能穿什么粉色的紫色的,那时候拍集体照大家穿的都差不多,没什么新鲜的。"

"当时的衣服都是新三年旧三年,一般我都是穿我大哥二哥的衣服,新衣服非常少。在厦门当时大家都习惯打赤脚，到了初中才开始穿球鞋、布鞋之类的。能拥有一双回力及其他帆布鞋已经是非常了不得的大事了。衣服颜色也是简单的灰白黑，每个人的衣服款式都一样。有件黄色的衣服穿已经非常时髦了。现在什么材质的都有，以前都是便宜的麻布。"

"我记得我的小学老师有天骑了一辆自行车到学校来，大家看到都非常稀奇，跑出来围在车边上，老师还一直提醒我们别碰坏了，可神气了。那时候只有华侨一类的有钱人才有自行车。马路上只有黄包车，自行车很少，一般都是靠走路，公交车都很少的。

2000年以后私家车才开始流行吧。以前都是领导公司才会给你配车。2006年有个局长同事来杭州玩的时候，我说过去接他，他还很吃惊地问我们退休了怎么公司还有配车啊？我们说是自己买的私家车他还非常不相信。现在车都多到没地方停了。"

随着我国教育文化水平的提高，读大学已经成为一种普遍的人生规划，而不是一件非常不容易、在邻里间能引起轰动的大事了。

"当时靠我爸爸一个月30多元的收入，供我们这8个子女生活。1956年上大学的时候，20个人只能有一个人有机会考上大学，可以说是非常困难的。各大报纸还会登载考上大学的学生名单，这在当时是一件非常骄傲荣光的事。我们家考上大学就我一个。"

都市越来越繁荣，人与人之间却越来越远。

"最大的变化可能是人和人的关系吧。以前的人都是一家人挤在小小的一间房里，厨房、卫生间都是一层楼几户人家公用的，邻里关系都非常好。经常这家烧菜，我们去蹭一点吃，我们家烧的时候他们来分一点吃，烧饭时少点什么调料都可以互相借。不像现在的人都比较冷漠，邻里之间不要说打招呼了，可能住了多年互相都不认识。"

说话间，老人的手机微信提示声响起，一看是战友群里在商量聚餐的事，"这两年买了智能手机，微信、支付宝也学着用，出去和战友们聚餐都不用带现金了，用支付宝就可以付钱，也安全。手机还可以视频，像我大哥他们住得远平时很难见到的，现在都很方便了。电视也是，以前直播都要不时去调一调天线，现在画面又清楚，都可以点播各种电视剧了。"

"变化真是太大了。"

随着老人的回忆,我仿佛看到老底子的大院里,几个孩子光着脚在院中扔沙包,三三两两聚在一起跳皮筋、踢毽子……老底子的旧时光随着阳光的出现渐渐散去,新时代的曙光仍然照耀着大地。

老街三代人

周钇伲

老街的入口

我是台州黄岩人。我家的历史，由黄岩沙埠的一条老街贯穿而成。老街具体建于什么年代，已经没有人知道了。老街曾是我们镇上最繁华的地方，也见证了我家三代人的成长。

老街很长，大概有几十户人家住着，我们家是街上的其中一户。记得我小的时候，很喜欢去老街溜达，那儿有我们小朋友最喜欢的小卖铺，里面有许多奇奇怪怪的玩具和美味的小零嘴。街上的邻里们关系也很融洽，我们家逢年过节聚在一起吃饭的时候，有邻居路过，奶奶都会很热情地招呼他们一起进来吃饭。

我家的历史，从这里开始。

我的太爷爷

从太爷爷开始，就住在这条老街上了。

太爷爷年轻的时候是个卖菜的小贩，除了菜还有一些海鲜干货。台州算是个沿海城市，人们的日常生活离不开海鲜。吃不上新鲜的海鲜，鱼干之类易于储存的食物便特别受欢迎。老街离菜场很近，走路也就五分钟不到的时间。爸爸说："你太爷的海鲜都是从椒江进的，那时候哪有什么汽车摩托车，一辆自行车，骑得飞快，走小路，两个多小时就到了。每次进货四五十斤，都是鱼干之类的，还好，不会很重，自行车两边绑得满满的。"爸爸年轻的时候也帮过太爷一起去进货，他骑着自行车，太爷拎着货坐后头。后来，20世纪50年代的时候，手工业社会主义改造的出现，合并了水泥工、木匠、包括太爷爷这种自营个体户。所以，太爷爷被分配到了隔壁院桥镇上的水产商店。虽然说是隔壁镇，放在现在开车也要十多分钟，所以太爷爷很多时候都是住在商店里，偶尔得空了才回家。

我的爷爷

爸爸说，你爷爷这辈子就没有什么特别大的事儿，也没有怎么离开过这条街。

爷爷年轻的时候帮太爷爷一起卖海鲜，照顾生意摊子。合作社出现的时候，田地合并，村里二三十户人家组成一个小队，大家一起干活，种萝卜、芋艿、青菜等各种农产品。那时候会评工分，干得越多，工分越高，反之，工分越低。大家每天干完活后，都会聚在爷爷家，算工分。然后到年末的时候，工分最多的人，拿到的钱也最多。工分低的人，要把钱拿出来给队里买粮食。因为以小组为单位，所以大家的积极性都很低，粮食的产量也很低。大约一亩地只有两百多斤，更差的只有一百多斤。而且没有像现在这种化肥，肥料全部来自牲畜的粪便。猪、牛、鸡等家禽的存活率也很低。那个时候的中国，工业几乎没有，只有农业的发展。

老街往前走是菜市场，菜场对面有一座小庙，那里也是老人协会。因

老街随处可见的标语

为爷爷很喜欢打麻将,所以那会儿他的日常行程就是上午四处溜达,下午准时去老人协会报道,为此奶奶没少和他吵过。最有意思的是,那会儿爸爸老说奶奶,都六七十岁的人了,还天天吵着要和爷爷离婚。

我的爸爸

爸爸从小在老街长大。高中毕业后,选择了当模具学徒。他跟着师傅,在隔壁的院桥镇学模具。学成之后爸爸开始走南闯北,湖北的沙市、武汉这些地方,他都去跑过业务。那时候坐着绿皮火车,"咣当咣当"的,他对于绿皮火车的情怀很深,小时候出去旅游总听他说起在火车上啤酒配烧鸡的故事。而且直到现在,他也很想坐着绿皮火车去旅行。接到了订单后,爸爸就回家做。我们家在菜市场后面有块地,爸爸买了台机器,就在那里生产产品。做好了东西之后,托运过去,然后自己再搭乘火车去找对方收钱。"一点都不亏的,一单能有两千多呢,那时候两千多真的很多了,谁能赚个一万都是件大事了。"爸爸骄傲地说。然后,慢慢地有了本金之后，爸爸开始雇人加工产品。一开始做的是模具，后来也做过橡胶产品、缝纫机产品、衬衫、塑料……尝试过很多，但都不是很成功。因为当时舅妈的亲戚是吉利公司的副总，走投无路的爸爸就让舅舅帮忙，从吉利接了点业务，就开始做现在的公司。早期的吉利并不是从事汽车行业，做过冰箱，也做过摩托车。

"八几年那会儿是真的苦，你小叔叔以前住的房子，就是我之前做模具的地方，是我亲手建起来的，是我用赚来的钱盖的。还有以前的老房子，你小时候住的老家，都是我建起来的。"爸爸缓缓地说。记得小的时候我姐和我说过，九几年那会儿我还没出生的时候，我们家条件不是很好，直到我出生的那年，爸爸的生意才慢慢做了起来。爸爸买了第一块地，建起了厂房，在我有印象的时候已经是在建厂房前的大楼了。我在这里度过了小学和初中时光。台州有很多的市场、五金市场、摩配市场、服装市场之类的，起初父亲是雇人在市场里卖产品，扩大业务和销量，偶尔也会去广交会。有一年我在读幼儿班的时候，父母去广州待了一个月。那时候家里生意越做越好，爸爸很忙，每天早起检查车间，监督产品，很少有放假休息的时候。我印象很深的是，父母出去跑业务或讨账，经常一出门就是好多天，我和姐姐两个小人儿就挤在车后排睡觉，高速和各个服务区应该是当时我最熟悉的地方。

因为工厂做大了，业务需求也大了。爸爸开始寻找需求量大的公司，但是大公司的进入门槛高，对产品的质量要求也高，因为爸爸自己就做过模具学徒，所以对产品了如指掌，知道哪里该改进。爸爸经营了一家小有名气的公司，收益也颇丰。2007年的时候，爸爸看中了一块新的土地，通过竞拍的方式拍下了它，然后接下来的好几年时间里，他都在忙与这块土地相关的大大小小的琐事，批土地证、图纸规划、土地翻土加厚、起厂房、和周围的村民、村书记打好关系。也有眼红的人在边上说着风言风语："哎呀你们家真有钱啊，都建了那么大的厂房呐。""哎呀真是潇洒啊，有这么多厂房以后就不愁了。"这些话我都没少听，相信父母一定听得不比我少。但我想说的是，我的父母在你们还没起床的时候工作，在你们放假的时候工作，在你们抱怨的时候工作。没有什么是大风刮来的。

现在爸爸也是年过半百的人了,他经常说自己闲不下来,一放假在家里就很难受,总想给自己找点事情做。作为一个年轻时经常在外跑业务的人,父亲也十分热爱旅游。2003年、2004年,我们一家去过北京、内蒙古、西藏。后来因为我们要学习,父母忙事业,直到我上了大学,一家人才又开始出去旅行。美国、西欧的一些国家和俄罗斯都去玩了个遍。

太爷爷在我很小的时候就去世了。我对他唯一的印象是有一年他颤颤巍巍地来我家给我过生日。

七年前奶奶去世了,我读高一。爸爸把我从学校接出去见了奶奶最后一面。奶奶虽然脾气不好,但是对我一直很好。

三年前爷爷去世了。那会儿我们都在美国,买了第二天的票赶回老街送他老人家。我最喜欢爷爷,每次见到我的时候他都像个顽童一样逗我开心。

老街上的居民越来越少了。

七十年时间说长不长,说短不短。

老宅里的新兴事物

王湘彤

老宅

我老家在黑龙江省依兰县的一个小乡镇里,我一半的童年时光都在老宅度过。老宅占地约120平方米,分为东屋和西屋,天蓝色的外墙,朱红的窗户,前后都各有一个菜园子,一年四季种着瓜果蔬菜,岁丰物茂。东屋西屋格局左右对称,可容下我家大大小小13口人。

我与爷爷在老宅前

1948年,太爷爷靠帮别人种地养活家里人。起初他们在县城住,因为交不起水电费,就又回到了农村。"后来赶上'三年困难时期',粥都喝不上,只能吃山野菜。"爷爷回忆着往昔岁月。当时才13岁的爷爷就得去生产队参加劳动,因为他年纪太小,在生产队参加劳动时就会比别人少挣一半的工分。但是后来爷爷凭借自己的努力当上了生产队队长,又因为表现好进了粮库工作。1971年,奶奶初中毕业后,为了响应毛主席号召,作为知识青年上山下乡,到农村去接受贫下中农再教育,在插队中遇到了爷爷,然后两人订婚结婚,抚养了我爸他们兄弟三人。

爷爷说:"改革开放之前,咱家住在离老宅不远的那间小草屋里。""全家五口人,每个月才一斤油。"奶奶愤愤地说道,"只有春年、端午节、中秋节这三个节日才能吃上肉。"爷爷奶奶为了挣钱,就把家里的蔬菜拉到犄角旮旯里偷摸着卖,还不一定有人买。因为穷,所以过年给爸爸他们做一件新衣服的钱都要存一年的,衣服外面的皮是新的,里面的棉花面儿是旧的。"一般都是我穿完给你二叔,你二叔穿完给你三叔,破了就缝,衣服上都是补丁。"我爸对小时候的日子记忆深刻,"当时面和米都是过年才有,一年365天,200天吃苞米荏子。有一年中秋节前后,你爷爷拎回来几斤大米,这大米煮的米饭,我和你二叔三叔觉得真是好吃,我们在屋里面,菜没好,饭先吃了两大碗。你可能不相信,我11岁才吃上桃。那时候,北方的桃要从南方运过来。你爷爷上依兰回来时买了一兜桃,我去接你爷爷,不知道那是桃,还以为有这么大的杏。我后来再也没吃过那么好吃的桃。"爸爸说道。

爷爷说:"当时家里为了买老宅隔壁的那两间草房和这片宅基地,卖了新买的电视机。""那是1982年,电视机在当时算是一个非常稀有的大件了,你爸爸他们兄弟三人都哭了,不舍得电视,但是没办法,为了买下这片宅基地以后建新房子。"奶奶补充道。"那后来呢,咱家有买些其他大物件嘛?"我问奶奶。"后来家里又买了一台缝纫机,用一头猪换的,162块。"奶奶记得清清楚楚。

生活的苦不是没有尽头的,日子也会一天天好转起来。

1989年,老宅开始打地基。1990年,建好了毛坯房,后来因为爷爷奶奶要供我爸兄弟三人上学,没钱装修,就这样放了三年。直到1993年,我爸21岁,从佳木斯学校毕业,开始工作补贴家用了,家里才开始装修老宅。

老屋的设计也是出自爸爸之手。"首先要多看别人家设计得比较好的装修,特别是装修的细节,结合自家的实际,进行相应调整,其次是多画图纸，记得咱家老房子我画了好几稿图纸，让大家提出意见，最后综合大家的意见进行施工。"爸爸回忆起设计的细节。

1997年，爸爸妈妈经人介绍相识相知，1998年结婚。

老宅新生

1997年，互联网兴起。

1998年，妈妈怀上了我。那年，她和我爸开始练五笔，去哈尔滨学习电脑知识。11月，爸爸去哈尔滨买了台电脑，花了7000多块钱。当时在镇里电脑都是公家办公用的，我家是全镇唯一拥有私人电脑的家庭。

如今的老宅

为了更好地掌握电脑技术，爸爸又去哈尔滨买电脑教学书以及其他软件，他说："当时电脑是一个新鲜事物，全镇没有人会，遇到问题他们还经常来问我们，所以必须要提高自己的水平，才能讲给别人听。当时下载软件不像现在这么方便，软件都是刻到光盘里卖的，一个光盘8块10块都有，大部分是盗版，甚至还有病毒。"

刚买电脑的时候还没有接入互联网，碰到电脑和网络问题爸爸可以去找资料和书籍，但是硬件软件更新太快了，原有的资料用不了多长时间就淘汰了，所以当时迫切需要到互联网上去寻求解决问题的方法。爸爸回忆起当时印象最深刻的事："记得有一次我在重装操作系统的时候分区

我与父母在老宅前

我与父亲和家里第一台电脑

删除错误,把原本4.3G的硬盘删除成了1.6G,当时傻掉了,因为这样相当于1200块钱买的硬盘变成了三四百块钱的了,那时候爸爸每月的工资也才300多元,幸好后来通过买工具书、工具光盘,自己修复好了,同时也学习到了经验。当时没有相关工具软件,只能坐长途车去哈尔滨电脑市场买软件,后来有互联网了,需要什么下载什么,这些问题就都不是问题了。"

2000年,由于互联网的兴起,需要在网上查询信息的人越来越多,我家电脑联网后,爸爸单位的同事、朋友、周围的邻居都要用我家的电脑来上网查询或者上网交流。大家说爸爸最好开一间网吧,这样大家不仅使用方便,还可以分摊高昂的上网费用,同时,我家也可以增加收入。就这样,爸爸妈妈先自学网络知识,再借些钱买几台电脑,向工商局报备过后,网吧开起来了。

2000年底,我刚学会走路,为了开网吧,妈妈回娘家借了1万多块钱,买了几台3000到4000块钱一台的电脑,后来网吧挣钱了,就又添置了四台。"那个时候上网一个小时要7块6。"我爸一直没忘,"4块钱是网络费,3块6是电话费。上网是要计算时间的,网速也很慢,只能收发邮件,下载一般图片都要好久。当时用的是56K的'猫'拨号上网,实际上传输速度也就7-8K。那个时候百度、谷歌都没有,只有网易、搜狐和雅虎,腾讯QQ也才刚刚推出。" 我问妈妈开网吧是不是要经常熬夜,我妈回答:"只要有人来上网,随时都得开电脑,有时会通宵,我和你爸轮流看管。"那个时候电脑经常出现问题,可能是自己设备的问题,可能是运营商的问题,爸爸就排除各种情况来找出原因。

爸爸妈妈开网吧期间还培训了我们镇上的小学和中学老师们,大约有60多位老师。因为当时所有老师都需要考教师证,其中有一项考试是使用

Word和Excel上机操作处理文档编辑和表格运算，当时好多老师电脑都没接触过，更别说用Office了，而且有一部分是爸爸的老师，年龄较大，学习电脑比较吃力。爸爸利用晚上时间为这些老师上机讲解培训，分期分批培训了一周时间。后来这些老师都成功通过了这项考试。

三岁的我与电脑

2002年6月16日，因2名未成年少年点燃了北京蓝极速网吧门口的红地毯，最终烧毁了42台电脑，25名年轻人不幸火海遇难。"这个事件，蔓延到咱们小镇上，波及了我们，消防、公安、税务、文化稽查等部门一波波来检查，那一年我们生意也减少了很多。2003年3月初你爸爸就停薪留职来杭州了，就剩我和你在东北老家管着网吧，不会装新的游戏，也不会升级电脑软件，所以5月份左右就关了网吧，6月份把电脑卖了，8月份我带着你来到杭州，一来就是这么多年。"妈妈有些感叹时光的飞逝。

寻常岁月　温柔相守

"当时对杭州的印象就是南方的繁荣城市，有美丽的西湖。"爸爸对我说，"以后你在这儿读书吧，肯定比在老家要好。"来杭州那一年我不到5岁。

因为之前开网吧时学习过电脑和网络技术，爸爸很快就找到了工作。之后他边工作挣钱边自学电脑知识考证书，凭借扎实的电脑知识基础，爸爸成为一名网络工程师，然后又成了高级工程师，再后面做了网络项目管理。我问爸爸："那你开网吧的时候有想过将来的工作会与电脑有关吗？"爸爸想了想："其实当时的目标就是做这一行，所以一直也没有中断学习。"

每个人心中，都有一座老宅，有人看到它的破败萧瑟，有人看到它的荒芜蒙尘，而我只看到它雍雍穆穆的身影。花开花落，物是人非，它是城里人的根，是我儿时的回忆。老宅在四季中安详，门帘虚掩，锁住了旧日画面，院门"吱呀"的曲调，见证着新事物的诞生，有我爸妈第一次接触互联网，有我的童年，有我爸的网吧，有更美好的未来。

平凡中的闪光

刘思莹

我们家和现在的大部分家庭一样,生活比较平稳,没有经历过太大的风浪。普通的小日子也可以充满温暖与感动,关于我们家的故事,也在这飞逝的岁月中慢慢发生。

一辈子的农民

我的爷爷出生于1949年,是个老实巴交的农民。爷爷的父辈在新中国成立之初租赁了一些地主们荒废闲置的土地进行生产播种。土地多了以后劳动力不够就雇了一两个农民一起耕种,后来也因为这件事情影响到了我家的成分。我的太爷爷也因此被戴上了"土豪"的帽子。爷爷说:"那时候村里要上报土地数量,很多数目都是虚报的,当时不知道会有这么严重的后果。"随着时间的流逝,国家政策的不断拨乱反正,1978年改革开放以后,取消了阶级成分,爷爷终于可以抬起头做人了。

和爷爷聊天的时候,他说起了1959年开始连续三年的"困难时期"。那时候是粮食最紧缺的时候,农民的粮食产量受到了严重影响。爷爷说那几年最困难的时候只能吃吃树皮、草根,原来这种电视情节在现实生活中也是真实存在的。"改革开放以后,我当上了村里生产队的小队长,领导别人进行粮食的播种、收割,提高生产产量。"爷爷说起来满满的自豪感。

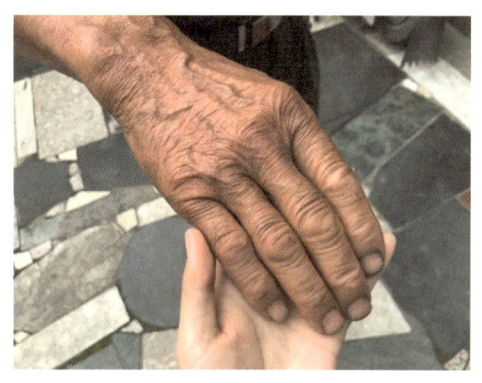

爷爷被晒得黝黑的手

"爷爷,我想起来别人说那时候电视很少,那你们家里有买过吗?"我脑中突然蹦出了一个问题。

"我们那时候买电视,在村里算是最早的了,好像是1986年的时候。那会儿托在上海的亲戚在上海总厂组装好了用轮船带过来的,是个14寸的黑白电视机,花了三百块钱哩!"

"那电视机拿回来后村里人是不是都很羡慕呀?"我好奇地问爷爷。

爷爷抽了一口烟,说:"当然了,村里那会儿就只有我们家这台电视机,看电视的时候,屋里屋外都坐满了人。那个时候流行《射雕英雄传》,大人小孩都跑到我们家里来看呢。不过有的时候信号不好,看到一半还得去外面转信号接收器,跟现在的电视是没法比的嘞。"

爷爷做了一辈子的农民,村里人一提到我的爷爷,都说他是个热心肠,谁家有事情只要请他去帮忙,他都会尽力去帮助他们。虽说是平凡的人儿啊,"能做一些帮到别人的事情这辈子也就没那么遗憾了。"爷爷扶了一下自己的老花眼镜说道。

未被送养的小孩

奶奶是家中五个孩子里的大姐,我的太姥爷之前在南京总统府做文书。新中国成立后又回到了小村庄里。70年代的时候,生产队是凭劳动力吃饭的,一般的男主力是十分的劳力,女主力是六分的劳力。太姥爷是个文化人,和农民们的劳动力比起来还大有欠缺。由于太姥爷在生产队中的劳动力付出较少,一年下来分到的粮食比一般家庭分到的粮食更少一点。和以前轻松的文书工作比起来,现在干农活的生活压力明显大了许多。本来家中的孩子就多,粮食又不够吃,无奈只能将家中的小孩送去上海给别人养。

"本来是把我送去上海养了，但是那时候我已经记事了，每天哭着闹着要回家，那户人家嫌我太吵了，又把我送回来了，后来把小妹送走了。"奶奶略有些遗憾地说道。

如果当时待在上海的是奶奶的话，她的人生轨迹也将会发生巨大的变化吧。这也是后话了，如果是那样的话，也没有现在的我了。

苦尽甘来

1970年的时候，爷爷奶奶相熟于村里的同一个生产队，爷爷没有向我描述太多，只告诉我过了一年他们就结婚了。从我记事开始，爷爷奶奶就会经常因为一些琐事拌嘴，奶奶的性子比较急，而且嗓门很大，也很爱笑。我问爷爷，为什么奶奶老是要发脾气，他笑着迟疑了一会儿："因为家里穷呀，没钱没东西吃就只能朝我发脾气了呀。"奶奶是陪着爷爷一起苦过来的："农忙的时候，每天凌晨一两点就要起来去田里播种、插秧，种到天都暗了才回去。稻子早种一天，就能成熟得快一点，也能卖个好价钱。"那时候四月份种西瓜，等七月份熟了以后，还要把这些西瓜用船运到宁波新河头农贸市场卖掉，四亩地的西瓜只能卖五千块钱。种完西瓜还得在八月接着种上水稻，水稻丰收后又得在十一月份种上油菜，一年到头几乎没有闲下来的时光。爷爷辛苦了一辈子，做了一辈子的农民，奶奶也陪了爷爷一辈子，一起苦一起体验人生百味。

日子是自己的，生活嘛，总是越过越好的。2005年，爸爸帮爷爷把老房子翻新了一下，重装过的老房子显得更加温暖了。爸爸总挂在嘴边的一句话："爷爷奶奶这么辛苦，你以后也要对他们好一点。"我想我一定会的。

从修理工到个体运输

我的爸爸出生于1972年，读完初中就出去工作了。"初中的时候我的成绩还不错的,最好的时候还进过年级段前二十名呢。"爸爸扬扬得意地跟我说,"后来自己不想读了,现在想想真是后悔!在当时有个好的学历找工作也容易多了,爸爸已经在后悔了,你可得争气呀!"说完,他若有所思地看了眼窗外。

1987年初中毕业,他不想在家里务农,于是就到云龙镇上的一个汽车修理厂里做了学徒,主要学一些修车方面的技能。做了两年学徒以后,爸爸就去了宁波瑞达汽车修配厂做了一个小小的修理工。"这个修配厂在邱隘,那时候我还住在你爷爷家呢,每天风雨无阻地骑四十分钟的自行车去上班,想想那时候也真的是苦。"回忆起往事,爸爸叹了口气。"做修理工一天下来身上都是脏的,1992年的时候我决定不干这行了。"于是爸爸去学了车考了驾照。"当年学车可不像现在,我正好赶上了最疯狂的学车热潮,大家都争抢着去考驾照呢。驾校好多人排队等着学,我从报名到考出驾照就用了九个月的时间。那个时候考个驾照得花大半年的积蓄呢,不过,有了驾照就相当于有了份工作。刚考出驾照就去了国营厂做货车司机,去宁波周边各县市区送送本地黄酒。后来跑了三年的货运,1995年的时候,个体客运兴起了,我就和你爷爷商量着一起去开中巴车。"

"在这之前我都换过三辆车了呢!"爸爸一边说一边不好意思地挠了挠头。"第一辆车是从大型的客运公司买的19座的中型客车,花了七八万元,当时主要开宁波东到莫枝的路线。但是开这条路的人太多了,竞争太激烈了,生意不怎么好,我跟你爷爷就商量把这辆车转手了。第二辆是从个体户那边买来的二手车,更换了线路,是从宁波东到梅湖的,后来又换了辆车,跑宁波东到横山码头那条线。这条线路长一点,相对来说跑的人少,刚开始我跟你爷爷两个人,累是累了点,但是每个月还是能赚五六千块钱的。"爸爸说道。

"那每个月五六千在当时来说也算不错了吧?"我又问爸爸。

"是啊,当时很少有人能赚那么多呢,不过也辛苦的。后来我就认识了你妈,我开车她卖票,好像也觉得没那么累了。"爸爸有点不好意思地笑了笑。

在开中巴车的时候,安全是第一位的。爸爸说:"那个时候每天从宁波东去横山码头的人特别多,一辆车挤满了人,驾驶座旁边能坐的都坐满了,但是人流量还是很多。为了安全起见,人坐满了也就不让上客了。"虽然这么辛苦开车是为了赚钱,但是爸爸还是心系乘客的安全。我考出驾照以后,他就总在我耳边反复叮嘱:"开车千万不要看手机,没有踩油门的时候右脚就放到刹车上,这样万一有点事情踩下去的是刹车,不容易出事情。"我的爸爸虽然有些唠叨,但跟我说的这些话却让我很暖心。从修理工到自己运营车辆,赚来的都是辛苦钱。也因为爸爸的努力与坚持,我们家的生活才变得越来越好。

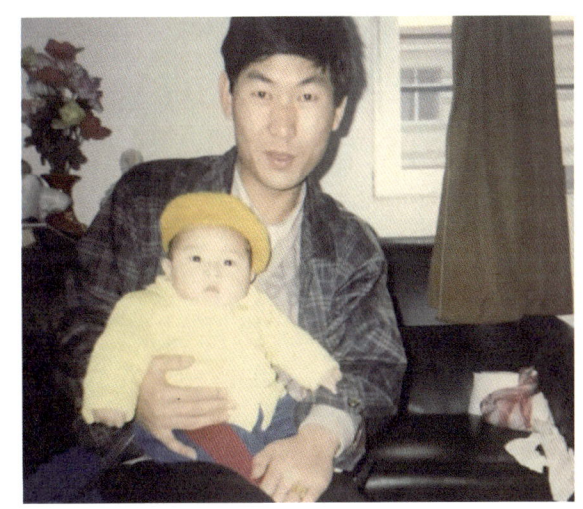

爸爸抱着小时候的我

人齐了，茶热了

章佳华

老一辈的人总喜欢忆苦思甜，人齐了，茶热了，一家人的故事，也就展开了。

不解放，就讨不起老婆

1949年，家住浙江杭州长二村的爷爷刚17岁，就担起了照顾全家五口人的重担。"知道共产党要来我们村，全村人都躲了起来，怕被抓去当挑夫，后来才知道共产党不抓人的。"说到这儿，爷爷缩起脖子，双手捧着茶杯，哈了口热气。

岁月匆匆留不住，转眼间，2019年都要到了，我们一家人齐聚在爷爷奶奶家的大圆桌旁，捧着热茶聊天。

现年87岁的爷爷穿着棉衣，戴着顶皮革帽，帽下一张板正枯瘦的脸，双手插兜，端端正正地坐在木制沙发上，为我们讲述起往日的故事。

爷爷命不好，原本出生在地主家庭，家底颇丰，但摊上太公不管事，又爱抽大烟，无数的良田被填进去抵了债，渐渐地，家产就被败光了。新中国成立那会儿，爷爷刚17岁，就已经下地干了6年活，维持一家五口人的生计。

新中国成立后，爷爷一家均分到了六亩地。农民有了地，日子才稍微有些奔头。爷爷干活愈发积极，挑粪、拔草、种棉花，什么都做，每天天不亮出门，干到天黑才回来。二十世纪五十年代，工分是计算劳动量和分配物资的重要尺度。一般成年人下地干活，一天能拿七八个工分，而爷爷凭借拔草，一天就能拿十个工分。

一家人的合照

"这也太累了，一个月挣多少钱呀？""哪里想着挣钱，有得吃，吃得饱就不错了，不解放，就讨不起老婆。"瞥了我一眼，爷爷解释道。

一斤米，要当两斤十两的饭烧

好景不长，在最苦的那几年里，全家人又饿起了肚子。

1956年4月，爷爷奶奶结婚了，新房就安置在祖宅右手边的楼上一间，房间并不大。两口子都是原先家里最主要的劳动力，干得勤勤恳恳。不久，村里组成了生产小队和生产大队，兴起了大锅饭。爷爷奶奶家和其他章姓人家都被归在一个小队里。春去秋来，大伯、二伯和我爸接连出生，家里最需要劳动力支撑的时候，爷爷却倒下了。"你爸爸他们三个人出生那几年，他一直断断续续地生病。有一年最夸张，半年时间几乎都躺在床上，家里全靠我一个人撑着。"奶奶不禁红了眼眶。

三个孩子出生的时候不好，村里正巧闹着饥荒，爷爷奶奶更努力地下田干活，得来的工分是小队里头一号的多，也不够全家人吃饱。

"头年吃大锅饭的时候，还是吃得饱的，后来遇上大旱，粮

爷爷奶奶家的老房子

食少了，人吃得也少了。1960年的时候最惨，大家排队盛饭，一餐粥两餐饭，都是白米混着野草吃，全区的人都吃不饱饭，也就干部和食堂工作的能多吃点。粮食不够，厨师们就把一斤米当成两斤十两的饭烧，那些烂饭哪里吃得饱。再没吃的，我们就只能吃草，吃稀菜粥。"爷爷眉毛蹙起，神色颇为愤慨。

吃不饱饭，孩子们也少人照顾，大伯和二伯出生那几年，村里还有幼儿班，里面有婆婆帮忙照看小孩。1962年我爸出生的时候，村里不再给照顾幼儿这项事务计工分，取消了幼儿班。大人们下地后，孩子们就被锁在屋子里，四处乱爬，在狭小的木屋里，迎着从窗户缝里透进的一点点光，野蛮地生长着。

爷爷不说话了，起身走到电视机旁，将台子上的物件收拾整齐。一家人停止说笑，房间里安静得只听见电视机的声响。

十八岁前的农民生涯

爷爷的故事尚未结束，爸爸接过话茬，讲起了自己的故事。

1962年，村里最缺粮的时候，爸爸呱呱坠地。他虽是家中的幼子，却没享受到太多的优待，因家中条件差，他只读了五年小学，就辍学打起了草包。

当时江北区，也就是现在滨江区一带的砖化厂收购大量的草包用作盖砖，打草包也就成了农民家庭一项重要的副业。爸爸人虽小，手脚却很麻利，打起草包来是家里最快的，14岁以后，爸爸偶尔也会走出家门，去小队做工作，像种棉花、拔草、浇粪，每月挣十多个工分。他赚来的钱就交给奶奶，供一家人吃喝，还供两个伯伯读书。

"我们家人都勤劳，不仅你爷爷奶奶下地干活，而且我还打草包，每次分到的口粮能占全小队的十分之一，不愁温饱。"爸爸的眼里泛着骄傲。

技术工人是怎样炼成的

总不能一辈子当农民。

1980年，江北区新开了一家大型国营食品公司，急缺人手。爸爸应聘成了公司员工，开始接触一些技术活：削猪皮，做火腿、皮蛋、咸鸭蛋……快40年过去了，那些做工的情景，爸爸还历历在目。"金华火腿怎么做，你知道吗？"见我摇头，爸爸眉毛挑起，神采飞扬地说道，"做金华火腿，要先割掉边皮，再在上面撒一公斤盐，撒均匀，然后一遍遍揉软火腿肉，最后才拿去腌。"

3年后，国家政策改变，江北区市场流通，鸡鸭鱼肉都可以私人贩卖交换，食品公司跟着也就解散了。爸爸不甘心回地里劳作，就寻着机会，跑到正在新建的桐庐啤酒厂里打工，做啤酒洞、蒸汽管，也当钣金工，最多的时候，每月拿500元工资，全都寄回家里，补贴家用。"我去的是私人老板承包的啤酒厂，总共有三个，一个在桐庐，一个在壮山，一个在淳安，这三个地方连起来也有一千里啦。"

春去秋来，5年间，啤酒厂拔地而起。爸爸想念家里，啤酒厂造好后就回了村里，此后一直在村里工作。

1988年，爸爸开始在区里最大的长河水泥厂做工人。19年的岁月里，他烧电焊、搭棚子、做厂房，什么都试过，只是再没换过工作的地方。"你在厂里待了19年，难道没什么故事？""我要是真和你细说自己搭过的每个厂棚，每间楼房，你也听不过来啊。"爸爸笑了笑，接过妈妈递来的热茶，润润喉咙。

话题停顿了一会儿，地上有不少大家嗑下来的瓜子皮和核桃碎，奶奶起身，招呼我一起打扫干净。

走向城市的生活

拿着居民户口簿，才真正被这座城市所包容。

1996年，国家批准设立国家级高新区——滨江区，而我家所在的萧山市江北区被纳入了滨江。20世纪初，城市扩招，区里的大队集体卖地，每人都分到了3万元。地没了，钱分了，农民摇身一变，就成了城市居民。

一夜间成为城市居民的爷爷和爸爸，凭自己的努力走向了更好的人生。

60多岁的爷爷不愿整日闲在家中,就在离家最近的农贸市场租了一个摊位,每天租费2元,和奶奶一起卖扫帚、簸箕这类日常用具。农贸市场人流量大,爷奶做生意厚道,人好说话,每月能赚近1000元,和当时一般的城镇居民收入水平相当。

而爸爸则从技术工人转型成了外包工头。卖地后没几年,政策上台,市区内不允许建立大型工厂,坚持了20年的水泥厂就此倒闭,爸爸人到中年,却陷入了失业的困境。没有土地,失去退路的他决心白手起家,做一名外包工头,不再给别人干苦力。

这一干,就干到了现在,十多年来,不论行情怎样,爸爸永远不愁接手的单子不够,一年到头都排满了要上工的项目,几乎没什么休息日。"你爸人老实,不偷工减料,技术又够硬,附近老板都喜欢找他,街坊邻居有啥东西要修,第一个肯定也找你爸。"妈妈话头上来,耐不住地要和我分享。

然而建筑行业危险,这句话在我爸身上得到了不折不扣的验证。2006年,爸爸和工人一起在工地上抬钢筋,一时没抬稳,钢筋重重地砸在爸爸的脚上,压坏了他的大脚趾,在医院休息了一个礼拜,伤还没养好,爸爸又被叫去上工,骑车上班的路上,他不慎撞上电线杆,伤上加伤,把脚给折了。那是我家最艰难的一段时间,但记忆里,家里没省过我和姐姐的吃喝,只依稀记得,妈妈贫血,吃不起好菜,每天就吃鸭血。

每年年末,老板的款项迟迟不给,爸爸就贴自家的钱发给工人们工资,家里经济时常周转不过来。"每年年底都这样,年年说,年年不变,没拿到工资,家里还得倒贴钱给工人们。"忆起从前的苦日子,妈妈有一肚子苦水要倾诉。

崭新生活

岁月催人老,如今爸爸身上还留着消不下去的疤,染黑的头发仍有几绺花白,和大伯二伯坐在一起竟也辨不清谁比谁大。

但生活没有辜负他的努力,近年来,家中的日子越过越好。爸爸主动卸下繁重的工作,生活清闲,姐姐开始上班,我读了大学,一家人搬进了新房。

"我小时候可没你那么多吃的,没糖,没零食,一天就五毛零花钱,不刷牙,也不得蛀牙。"姐姐也讲起了她的小时候!

我家的新房

但我清楚,他们忆的是苦,品的是甜。我的家人们在最苦难的岁月中,挣扎求存,奋斗不息,将人生活出了自己的态度。每个平凡的人,也拥有自己的人生故事,每个平凡的家庭,也享有自己的家庭史。

三代人的记忆

杨　澜

爷爷的记忆

我家世世代代都生活在平湖的一个小镇上,并没有因为工作而迁移住处,或者因为婚姻而远离故土……我们家人兢兢业业,祖辈和父辈结婚和工作都在同一片土地上,因此我家并没有和其他家庭相似的搬家史或者移民史。我的祖辈和父辈世世代代都生活在这里。

我的祖父是一个身体很健硕的人,年轻的时候,大概是1965年,在一个机械厂里面做铁匠,每天和"乒乒乓乓"的铁器打交道。有时候和祖父聊他年轻时候的趣事时,他一脸骄傲地跟我说:"你爷爷我啊,年轻的时候,力气可大了。人家打块铁要老半天,我比他们打得快多啦!而且啊,这质量也是没话说!不信你问你奶奶,我们以前可是一个部门的,她都看着呢。"祖父跷着大拇指自豪地对我说道。祖母在一旁也称赞祖父的手艺,迎合着祖父。

由于祖父的工作,现年七十多岁的他,身体依然健朗,除了有些耳背。奶奶说,"那是爷爷的职业病,以前天天与嘈杂的环境打交道。他那一辈一起工作的人啊,哪一个不是这样子的啊。只是苦了我啊,天天吼着跟你爷爷说话,走过的人还以为这家女人这么凶,天天和你爷爷吵架呢。"确实,祖父的耳朵时好时坏,医生也说是年纪大了的正常现象。

现在房子的景象

祖父祖母家是生我养我的地方，从我有记忆以来，我就在那里安了家、生了根。后来爸爸妈妈又买了别墅，才带我和妹妹搬出去住。但是小时候，每逢节假日或者寒暑假，我都会回到祖父祖母家。家后面是一条河，尽管不宽却很长，听说是东海的支流呢。祖父祖母家是典型的江南水乡的房屋，一面挨路，一面靠河。在我小的时候，夏天天气炎热之时，我和妹妹总是会躲在天井里面（天井就是现在的阳台，只不过它是露天的），天井靠河，能散去炎热，带来阵阵清风。

祖父从小在镇上出生、成长、受教育。祖父的教育只到中学，毕竟以前的教育水平有限。后来祖父就到机械厂去打铁，因此祖父对学习的认识也就止于识字，但是在当时的环境中，识字的祖父也算是有知识文化的一类人。祖父喜欢看报纸，祖母不识字，每次都是祖父将报纸上的时事新闻仔仔细细地读给祖母听，而我也在一旁接受祖父的熏陶。祖父还爱看新闻，从我记事以来，我家就有电视机了，听我祖母说："自从有电视啊，你祖父每晚七点准时守在电视机前面，看《新闻联播》，一天都不落下。过年的时候，也就你祖父对联欢晚会最捧场了，眼神一刻都不离开。"我知道，那是祖父心中对祖国的热爱之情啊。

爸爸的记忆

父亲也在这里长大，除了那条河流外，隔壁的轮船也承载了父亲小时候的乐趣。父亲家隔壁是整条河的河岸，每天都会有大轮船和小轮船经过。当时整个小镇上，所有出远门的人都只能通过轮船，没有其他的交通工具。我们家出远门就特别方便，而在外面的亲戚，每每过节时，也很乐意来我家看望。每天都有一到两班轮船停靠，每天观

正在挖淤泥的轮船

察来来往往赶路的人们，成了父亲童年记忆里的一个乐趣。当然后来也成了我的乐趣。父亲也因此认识了很多朋友。

听父亲说，他读书时，成绩特别好。学校的老师都特别看好他，每学期都被评为三好学生、学生干部。当时要是有奖学金，父亲必定能将奖学金收入囊中。这种好成绩一直延续到中考那天，父亲像往常一样从容地走向考场，因为考试对他没有压力，但是在考场上的时候，他因为胃疼到无法动笔，而放弃了考试。后来祖父让父亲复读一年重新考试，父亲因觉得丢人而走上了工作岗位。

1990年的时候，父亲承包了供销社。我父亲承包的是农膜批发等农产品的售卖。当时的供销社是垄断组织，全镇只能在供销社买到所需的农产品，别的地方不允许售卖，因此这对当时年仅20岁的父亲来说，是一个很沉重的任务。

当时每个供销社都配有一间可居住的房间，父亲当时就住在那边，每天别人关店了，父亲的店还开着，早上父亲开店也比别人早，只为了学到更多。而对于20岁的父亲来说，店里面大型农膜的搬运也是问题。后来祖父去找供销社负责人，雇了两个工人，签订了协议，帮助父亲一起打理。

父亲母亲结婚

父亲将店打理得有条有理，还引进了很多其他的农产品，品种种类增加了。"现在啊，生意都不好做了。物价又涨得厉害。"这是父亲一直在我耳边念叨的话。父亲今年49岁，已在他的工作岗位上坚持了33年。人生有几个33年？父亲将一生都奉献在他所热爱的事业上，直到退休。而我能为父亲做的，就是在父亲退休以后，带着父亲母亲四处旅游，让他们多看看外面的世界。

我的记忆

我也是土生土长的镇上人，2010年，我上中学以前，和祖父祖母、父亲母亲、妹妹生活在一起，一家六口人相亲相爱。那半靠河边的家，承载了我小时候全部快乐的记忆。在天井里和祖母聊天乘凉、看祖父游泳、看看络绎不绝赶路的人们。这些快乐的记忆都停留在我很小的时候，后来马路建好了，车子也多了起来。轮船这种速度很慢的交通工具也渐渐地退出了历史舞台。家旁边渐渐冷清起来，只有邻里间的走动。因为河水的污染，祖父也不再下河游泳，我和祖母少了很多观赏的乐趣。

后来我和妹妹跟着父亲母亲，搬到离祖父祖母家不远的一幢别墅里，父亲的店就位于两个家之间，更方便父亲的走动了。我的小学和初中都在当地的市区就读，父亲当时在那边买了房子，我和妹妹就由祖母照顾，父亲和母亲在小镇上工作，祖父则守着我小时候的家。每到节假日，祖母带着我和妹妹回来，父亲和母亲也会聚在一起过节。那些重要的传统节日都是在祖父家过的。

2012年，我在嘉兴市区的一个寄宿高中上学，祖母因此留在家中，不用去市区照顾我和妹妹。祖母以前一直抱怨，大城市的房子没有自由，走进走出都是一扇门，都没有亲切的交流。

而当祖母回到镇上的家时，又每每盼望能再管管我们的生活和学习，后来祖母因为无聊，就去工厂里面找一些针线活做。而我和妹妹尽管每个礼拜都回家，但一般都是回到别墅里。高中的学业繁忙，祖母又在工厂里工作，我们一个月才能见一次面。但是我和妹妹从小都是和祖父祖母待在一起的时候比较多，所以对他们的感情特别深，而他们的疼爱也没有让我恃宠而骄，反而让我获得了更多的爱，来爱这个世界。

我家的七十年承载了三代人的记忆，记忆里有我热爱的家人，我热爱的七十年！

顺应时代去生活

张佳雨

爷爷和奶奶的故事

爷爷生于1945年。在历史上，这是一个喜庆的年份，日本宣布无条件投降，抗日战争胜利了！奶奶生于1949年，同样是一个喜庆的年份，新中国成立了。也许正是由于生在这样一个年份，爷爷奶奶都特别爱国。奶奶在17岁就被推荐成为党员，18岁就入了党。而爷爷，用他的一生诠释了什么叫作爱国。

爷爷和奶奶的家境都不是很好，爷爷家中三子，排行老二；奶奶家中二子四女，排行老四。单薄的家境无法支撑这么多孩子念书，因此爷爷和奶奶便都早早辍学，1958年，中国掀起了"大跃进"和人民公社化运动浪潮，全国上下1.2亿户农民被划入2.6万个人民公社中。爷爷和奶奶的家庭也都入了社。一开始，大家的积极性都很高，一起干活，一起在大食堂吃饭。可后两年，过分平均分配的制度降低了很多人干活的积极性，产量越来越低，最后闹了一场大饥荒，饿死了很多人。每每提到这里，奶奶总是止不住地叹息。奶奶说，这两年是她这辈子过得最艰苦的两年，苦到只能吃树皮、树根果腹。后来，大食堂解散了，政府给每户家庭分配了自留地，根据家庭人口数计算，农民们这才算是能吃上饭了。1961年，奶奶进

2011年全家福

入生产队干活,由于聪明又能干,在队里人气很高。1964年,队里要投票选拔妇女队长,奶奶成功当选。1966年,奶奶被推荐入党,递交了入党申请书。1967年,正式入党。在此期间,奶奶经人牵线和爷爷订了婚,并结了婚。"本来是没有那么快结婚的,但你爷爷家看我快要成为党员了,怕我入了党不愿嫁了,就急急忙忙来人把婚事给定了,呵呵呵。"说到这里,奶奶不禁笑了。

70年代的挣工分生活

1968年5月20日,奶奶在家中生下爸爸,在接下来的6年里又分别生下了我的姑姑以及两个叔叔。那个时候公社里实行"挣工分"制度,男女老少社员根据体力划分成不同的劳力,一个壮劳力干一天是10分,也叫一个工。妇女则根据农活轻重,分别给予5分和7分不等。每天收工时,生产队的记账员就把大家集合起来公布工分，到了年底结算一次，按照分值计算钱，分的粮食从应分得的钱里扣，剩下的钱就归个人。奶奶说那时候家里挣的工分总是很少，因为爷爷会做木工、盖房子，为人又特别热心，乐于助人，所以每当村里有人家中需要做木工、盖房子时，就叫爷爷过去帮忙。爷爷对此也很乐意，就经常耽误了挣工分。"但问题是给人帮忙也没有钱拿，那时候我就用一个架子车拉着四个孩子去挣工分，让他们在旁边玩，我在地里干活。好在那时候你爸爸都五六岁了，可以看着弟弟妹妹们。"

爸爸的外出务工生涯——北京

1995年，有亲戚说自己在北京承包了一项建筑工程，工资待遇很好，可以赚很多钱。于是，北京便成了爸爸的第一个外出务工地。那时候，北京对于中国人来说是一个神圣的地方，人人都希望自己能够在北京有所作为，出人头地。爸爸也不例外，

1995年爸爸在北京天安门前

他希望此次出去能够干一番事业，改变家庭的命运。但是，事实并不像想象中的那样美好。爸爸的工作很辛苦，工作量很大，工资却很低。作为家里的顶梁柱，这样的工资显然不能满足一家人的预期。于是在工作了六个月后，爸爸离开了北京。

爸爸的外出务工生涯——广州

1999年，我们一家三口变成了一家四口。我的出生给这个家庭带来了

2005年我和妈妈、哥哥在老家

欢乐,也带来了压力。于是在我不到两岁时,爸爸和妈妈便前往广州务工,这一去就是两年。如果是在现在,可能两年不见父母也不算什么。可是对于年幼的我来说,两年的时间,足以使我淡忘脑海中关于爸爸妈妈的记忆。当爸爸妈妈两年后从广州回来时,我已经不记得他们了。奶奶说当时爸爸妈妈回来后想抱抱我都不行,一碰我我就哭,晚上死活不愿意跟他们一起睡,也不愿意叫他们爸爸妈妈。他们是在2001年去的广州,2003年回来。那个时候,正值"非典"时期,爸爸还差点因为感冒要被隔离回不来了呢。

爸爸的务工生涯——宁波

2004年,爸爸再次踏上了外出务工的征途,留下妈妈一人在家中抚养我和哥哥,而这次的目的地是宁波。那时,妈妈守着家中的一亩八分地,在农作物收成季节会带着哥哥一起进城售卖。妈妈还在家中的院子里喂养了三头猪以及一些鸡鸭,以此来赚点小钱。但我至今仍记得当时发生了一件令我们全家都印象深刻的事。那一天,凌晨四点,大雾。妈妈和哥哥将前一天收好的玉米装进三轮车里打算进城去卖。玉米装了满满一车,妈妈和哥哥满怀期待地进城了。我想和他们一同前往,但是妈妈说我年纪太小,城里人多,带着我不方便,何况小小的三轮车已经再装不下一个我。于是我目送着他们消失在浓浓的大雾里,然后等待着他们的归来。中午时,妈妈回来了,带着哥哥以及空空的三轮车。我问妈妈玉米都卖完了吗?妈妈说卖完了,然后叹了长长的一口气。唉……玉米卖完了,共卖了48块6毛,但是,妈妈收到了一张50元的假钞。

2006年,爸爸把妈妈和哥哥接到了宁波。我一个人在老家读书,由奶奶照看。七岁的我成了一名留守儿童。我清楚地记得我当时的心情,我常常在晚上看着院子里的树发呆,心里想:为什么树上的树叶可以一个挨着一个,我却要和爸爸妈妈分开?孤独、失落、难受……2008年上半年,我给爸爸妈妈写了一封信,让同在宁波发展的堂姑替我带给他们,信里的内容很简单,无非就是一个孩子在向父母表达自己的思念。但正是这封信,改变了我的命运。爸爸妈妈看到我的信后泣不成声,毅然决然地要把我接到宁波来读书。就这样,在什么都没安排好的情况下,爸爸回到老家给我办理了转学手续,带我来到了宁波。这是我第一次离家来到其他城市,至今也是唯一一次。

如今,我们一家在宁波定居,哥哥也成了家,曾经的四口小家到如今变成了七口大家,爸爸的外出务工生涯到此时也已经稳定了下来。爸妈于三十几岁生下我,如今两人已年过半百,一家人安安稳稳地在宁波生活。而宁波,也成了我的第二个故乡。

我家的女人们

王　帆

岁月是女人，经历越多越成熟，越成熟越有气质，越有气质越能历经岁月。

敬完喜酒，我亲切地喊着："哥哥嫂子，祝你们新婚快乐，百年好合，早生贵子。"妈妈在边上打趣："下一个结婚的就是你咯。"我乐道："还早呢还早呢。"

抿了一口杯中的酒，回想上一次参加婚礼还是在我读小学三年级的时候，我在爸爸的怂恿下舔了一口沾了红酒的筷子，皱着眉说："真难喝，我要喝旺仔牛奶。"盯着手中的千岛湖啤酒，我不禁感叹时间跑得太快，来来回回坐几趟列车，那时候的小毛孩已经长成可以"一口闷"的女汉子了。

参加亲人的婚礼是件特有意思的事儿，家人们总会聊起过去的故事，在他们的印象里，红毯那头穿着西装系着领带的新郎昨日还是个穿着尿布、走不稳路嚷嚷着要喝奶的小娃，一晃眼竟到了娶媳妇的年岁。大妈翻着手机里的老照片满脸红光地讲着我堂哥小时候的糗事，喜悦从笑弯的眼角溢出来，酒席上的人无不笑得前仰后合。我搂住奶奶，问她："今晚您开心不？"

她抚着我的背连连笑说："开心，开心。"

我摇着奶奶的胳膊，撒着娇："奶奶，你再给我讲讲你和爷爷结婚时候的故事呗。"

奶奶咯咯乐道："我可不讲，年轻时候的事害羞去了。"

她的笑声很独特，像乒乓球跳动的声音，酒杯轻轻碰撞的声音，清脆又迷人。她搓着我的手，望向窗外，我知道，她正在回忆青春岁月。

1956年3月10号，千岛湖威坪镇有个叫洪圻的小村落特别热闹。这一天，王家大院里的土房内摆满了酒桌，女人们忙着烧菜递碗，张罗着下午的婚事，老王家的大儿子水坤和严家的大女儿银秀喜结良缘的喜讯传遍了整个村子。

"那年我23岁，别人介绍我和你爷爷认识，他是个读书人，你太婆也觉得他善良，两对亲家也谈得来。那时候条件不好，我穿着你太婆托人裁的一身红衣服，和他坐在一起吃了顿饭，就算从康化嫁过来了。也没什么嫁妆彩礼，稀里糊涂地就过了一辈子。"

听奶奶说，她和爷爷可是自由恋爱，俩人一见钟情。不过在我的印象里，他们少有恩爱的时候，总是拌着嘴过日子。我开始记事时，爷爷已经退休好久了，他还是喜欢摆弄奶奶口中"文化人的名堂"，喜欢在书房里看书、读报、写文章，喜欢抱着我躺在藤椅上教我念唐诗。每逢饭点，奶奶就会在楼下喊我俩的名字："菜烧好热在火炉上了，你们快点下来吃。我去地里干活了。"

奶奶时常嫌弃爷爷除了读书啥也不会，家里大大小小的家务、农活都是她一人操持，其实她也只是刀子嘴豆腐心，办起事来仍是干脆利索，长大后的我才明白那是为人母的特质。

听爸爸说，奶奶的爷爷和外公以前都是富甲一方的大地主，奶奶的妈妈出嫁时坐着八抬大轿，佣人抬着好几箱珠宝首饰，还有一个小丫鬟跟着贴身伺候。但那时候奶奶的爸爸爱赌博，家里的地赌输好几亩，一箱箱的嫁妆也往外送。好在父辈富裕有所补贴，日子过得也算不错。

但在批斗的时候，地收走了，人没了，家道也衰败了。家里没人提起奶奶的爸爸的去向，我只知道奶奶的妈妈只身一人带着奶奶和她的哥哥去到康化生活，那时候奶奶还很小。1940年，奶奶7岁，奶奶的哥哥那年生了场大病，没医好，走了。她的妈妈连着三年没开过大门，奶奶就是在那时候搬张小板凳学着大人的样子抄起了锅铲，扛起了大人的责任。

家逢变故，连饭都吃不饱，更别提上学了。我有时会想象，年幼的奶奶扛着锄头在地里挖坑耕种的样子，听到放学回来的小孩背诗，会不会跟着念两句。奶奶不识字，但这并不影响她的聪明伶俐。奶奶有多聪明呢？听一两遍的歌曲便能跟着唱个八九不离十，又因为吃苦耐劳，16岁那年就被选为康化大队的小队长。你若回到1949年的冬天，会看到一个穿着破补丁棉袄，戴着红头巾的女孩背着个装满锄头等工具的木篓，雄赳赳气昂昂地穿梭在康化小村的田间地头。

看云识天气，二十四节气，种菜之道，这些她都一清二楚。她就是"一本行走的农家百科全书"，像京剧戏台上的刀马旦，耍弄着她的锄头、镰刀。

奶奶的少女时光都在种地干活，而她的后半生和两件事紧紧联系在一起，一件还是种地干活，另一件便是生娃养娃。

1961年，这是爷爷奶奶婚后第五年，在长子夭折后，奶奶生下了我的大伯。两年后，大姑出生了。奶奶回忆道，大姑出生前二十天，她还包下了十几亩地。家里没柴火烧了，便去山上拣树枝，回来路上，感觉肚子胀得疼，便托人去喊接生婆，生完大姑后几天，又下地去了。

"不干活没饭吃啊，这么多张嘴呢。你爷爷在邻乡开化教书，工资就十几块，哪里够吃饭。他半年回来一次，孩子生下来的时候看一眼，下回看时孩子都会走路了。你还记得凯凯奶奶吗？她知道我们的困难，每次我生完孩子她来看我，都会在放馒头的竹篮里塞十元钱，说不急着还。"提起过去的时光，奶奶的眼睛总是红红的，眼角的皱纹很深，像饱经风雨的丘壑。

大姑抱着她刚满周岁的小孙女坐到我和奶奶身边，接着讲那时候的故事。

"你奶奶生你二姑的时候，我就这么抱着你爸爸，我十岁，你爸三岁，总喜欢揪着我的头发嗷嗷哭，我就抱着他说，'再哭再哭，都要当哥哥的人了还好意思哭。'你二姑出生后一个礼拜，你太外婆从楼梯上摔下来，家里四个小孩，三头猪，全眼巴巴地指望着你奶奶一个人养活。"说罢大姑便顺了顺小孙女的围兜，一脸宠溺地逗她笑。

"那时候小孩好养，大的带小的，在地上摸爬滚打，一下就长大了。哪像现在有那么多讲究啊。不过你小姑出生，就是个意外。怀你小姑的时候我都44岁了，去附近的医院刮胎，设备坏了，又跑到别处去刮，没刮干净，回来去地里干活听别人讲刮胎得小心，我还没放心上，过几个月你小姑就蹦出来了。"

小姑听到这话连忙从后面搂住奶奶，亲昵地蹭了蹭她的脸，说了声"妈妈，我爱你。"

在生产队里做活的时候，每家有规定要做的工分，做到一定数量的工分才能换米换粮。夏天得做到8个工分，冬天要做到6个工分。一个工分值3毛钱左右，当时一毛钱能买10颗水果糖。其他家庭壮劳力多，做到规定的工分不成问题。但是爷爷在邻乡教书，我们家里都是小孩，奶奶一个人拼了命地干也达不到要求。之后奶奶四处问人，在一位雷书记的帮助下申领到了最低补助，才勉强度日。

1980年春天，当时爷爷领着每月37元的工资，奶奶打理着几块地，东拼西凑借钱盖起了一栋四层房子。奶奶请自己的远房姑父来糊墙，那时候姑父还是从生产队里请假出来做活的，糊墙的手艺也是自学的。姑父话不多，心很善，做起活来干劲十足，几个人一起和水泥、运沙子、搬砖头，一天做着三四天的量。一个多月，荒凉的平地上赫然矗立起一座小房子，虽然简单，却支撑这个家庭走到了现在。

直到今天，这座小房子还留着，翻新过一两次，阳光照下来，屋顶的阳台栏杆会反射闪闪的光。阳台的水泥地晒得发烫，奶奶会抻一层薄薄的纸，在上面铺满番薯干和玉米粒，爷爷戴着老花镜看报纸，我和哥哥看着远处的村子升起炊烟，山上的树枝随风摇动，或者盯着角落的小洞发呆，在奶奶不注意的时候悄悄扔几粒饱满的玉米进去。

或许是因为受了没文化的苦，家里虽然穷，奶奶在小孩读书这件事上一点儿也不含糊。

我爸爸在高三那年住在爷爷教书的寝室里，因为没人管，便迷上了武侠小说，成绩一落千丈，没能考上大学，奶奶相信自己的孩子是有这个能力的，二话不说就去交了复读的费用。

那时候农村户口都很想转为居民户口，"因为居民户口有医保，还有好工作啊。不过现在不一样，现在都指着自己家的房子上能写着一个'拆'字呢。"老爸插话，"那时候结婚也只要给亲家几百元钱，把几担包子、猪肉从村头挑到村尾，鞭炮一路放，这婚就算结成了，哪像现在这么烦琐。"

和旧时光相比，如今结婚、生子、育儿的形式都大有变化，但为人处世的真实和善良却是一样的。因为这是同一血脉的家族，大家在同一片黄土地上，念着一样的家训长大。每一次结婚生子，都代表着有新生命加入我们的大家庭，因着祖辈们的坚韧、父辈们的勤勉，才有了如今富足的生活。

过往的回忆就像相册里的老照片，泛着一层昏黄的光。在疲惫的瞬间，欢喜的时刻翻开过去的日子，因为年轻的脸庞而欣慰，因为过去的记忆而感动，就像喝一口酿了长年的酒，回味无穷。

我们合上相册，继续在生活中奔波前行，继续在岁月里书写芳华。

歌唱岁月

张冬苑

七十年，这样一段说长不长说短也不短的时间在历史长轴中可能已经微缩成了一个不起眼的小点，但是对于一个家而言，它代表着三代人的生活和记忆。浅谈我家七十年的时光，要追溯到外公外婆出生的年月。

一

1949年，新中国成立的那一年，外公4岁。外公小时候，太公太婆务农、养牛，家里并不十分富裕，吃肉对这个家庭来说是一件奢侈的事情。在外公的回忆中，解放战争时期，解放军曾经路过家乡，在家里住过一些日子。"他们的马儿都拴在堂前，那是我第一次看到真的马。"这让他感到新鲜、好奇、印象深刻，想来这是他并不丰富的童年生活中较为特别的一段时光。与我谈起这段因为年纪尚小记忆模糊但又特别的经历时，他像孩童收到崇拜的英雄的礼物般雀跃地说道："要走的时候，解放军还给我们家切了一块肉呢，很大一块肉，我们小时候，不过年不过节的，大人是不会轻易买肉的……他们给了我们那么大一块！"一边说还一边用手比画着。一直以来我都知道，外公是一个爱国、爱党、有军人情结的人，为人十分正派，在我中学时，他曾几次不经意地提过建议让我去考军校、当女兵。虽是在饭桌上以开玩笑的口吻说起，但我知道他是真心希望我选择那样一条路。我不知道的是,原来他与解放军之间还有过这种情缘,早知如此,我也不会用"我不喜欢"这样的理由直接生硬地拒绝,这一定让他心里不好受了。

外公家里一共有五个小孩,外公排行老四。他直到九岁才上小学,这相对于其他家庭的小孩已经是比较迟了。但外公很争气,他对待学习很认真,还写得一手好字,迟来的求学机会让他求知若渴,六年的小学生涯他没有浪费,凭借聪明的头脑和勤奋的学习态度,他最终靠自己的努力考上了镇里最好的初中。我想他要是能预知后来发生的事,一定会感激那时珍惜这来之不易的学习机会的自己。

"初中读了一年半就不读了……家里没钱,读不起了。"外公轻松的语气里有一丝令人不易察觉的心酸和遗憾,以他的性格和品质来看,他不是那种会顽劣逃避学习的人,被迫终止学习生涯,他一定很难过,我无法想象太公太婆告诉他这一决定的时候他的心情,也许哭过、闹过,也许一如既往乖巧听话,平静接受了,但不管怎么说,这一定是他心里一个难言的苦楚,如果给他选择的机会,他一定会继续完成学业。

辍学后,外公和大多数同龄孩子一样,进入生产队务农,他似乎走上了上一辈人的老路,一眼就能望到头。但谢天谢地,命运终究是公平的,也许是嘉奖他曾经几年如一日对学习的热忱之心,也许是为了弥补他年纪轻轻就学业未竟的遗憾,外公在学校里优异的表现是大家有目共睹的,过了不久,他就被推选为队里的会计。对于严谨、刚正不阿的外公来说,这真是一份适合他且又体面的工作。也是在进入生产队不久,外公认识了从小就在队里干活的外婆,两人大概有特别的缘分,从相识到相爱,再到谈婚论嫁,也不过一年多的光景。1971年,外公26岁,外婆18岁。从事业到爱情,一切都预示着好日子似乎就要来了。

但好景不长,家里遭遇突变,这对正在欢欢喜喜准备结婚的外公来说是个不小的打击。"差点娶不到老婆了……谁知道,最困难的时候,你外婆还是嫁给我了。"外公轻轻笑了两声。这大难临头更比金坚的感情,也算是让我明白这么些年外公外婆三天两头因为鸡毛蒜皮的小事拌嘴却又未曾真正分开过的原因了。

二

1971年底，妈妈出生。1973年，舅舅出生。外婆是个勤劳能干的人，从照顾小孩到洗衣做饭，家里大大小小的琐事都由她一手包办，没有一点怨言。外公则专心赚钱养家，除了会计的工作，他还在自家的田里种了一些蔬菜水果，除了供家里吃，外婆有时还会拿到菜场去卖，补贴些家用。妈妈和舅舅再长大一点后，也开始帮着家里干活，分担生活的压力。一家四口的日子虽过得紧巴巴的，却也慢慢步入了正轨。

外公读了七八年书，在那个年代也算小有文化。外婆就没那么幸运了，她家里有七个孩子，她又是长女，在很小的时候就学做家务，照顾弟弟妹妹们。因此她没有机会上学，只在年纪稍大后，弟弟妹妹有能力互相照应了，才去读了一年多的夜校，最终只认识了一些常用字而已。许是因为这些遭遇，外公外婆都对两个孩子的教育十分上心，一到适学年龄就送妈妈和舅舅去上学了。外公曾经对妈妈和舅舅说过："放心好了，你们要是考上学校，就算借钱我也会供你们读下去的……这些问题你们不用担心的。"一向不善于表达情感的外公，在关乎孩子前途的问题上竟会如此直接而深刻地吐露心声。

1979年，大队里面开了织布厂，外公被调去厂里当会计，此后将近20年的时间里，外公先后到城镇里的三洋公社、钻瓦厂等单位当过会计，这份工作让他攒了不少家底。1998年我出生后，外公回到家乡的村庄开起了便利店。外公外婆两个人热情大方，在街坊邻里中口碑很好，家里一楼的大堂，似乎成了村里无

外公年轻时在厂里当会计

聊的人们消遣的好去处，他们就算不来买东西，也会在茶余饭后过来串串门、唠唠嗑。我小时候的记忆里，外婆家一直是闹哄哄的，夜晚总是被暖黄色的灯光笼罩着，从来没有冷清过，这让我练就了在一片吵闹声中也能

安然入睡的本领。有时候外公外婆忙得没空照看我，我独自一人躺在小房间里，这熟悉又不恼人的嘈杂声反而会带给我一种莫名的安全感。

三

2000年，外公的大哥给他介绍了一份新工作，在我们家乡著名的旅游胜地松兰山管理一个小型动物园，它有个好听的名字——百鸟园。外公便关了店，带着外婆和我住到离家不远的工作地。上幼儿园前的那两年，是我童年里最无忧无虑的日子，虽然那里几乎没有同龄小伙伴和我一起玩耍，但我一点都不觉得无聊，百鸟园里的鸽子、猴子、孔雀、兔子……都是我的玩伴。那两年的记忆具体细节早已模糊，只能记得那动听又让我畏惧的海浪声，和园里动物们各种各样的独特叫声。

外公外婆在松兰山百鸟园工作

然而，没有哪一段人生是完美无缺的，这段几乎完全充满了悠闲与欢乐的日子还是留下了让我难以释怀的伤痛和愧疚。百鸟园坐落在山脚下较高处，入口的大门前有非常长的一段台阶，有一天我发烧了，外婆察觉后心急如焚，背着我快步跑下楼梯，一不小心就把脚崴了。外婆年纪不轻了，这次受伤让她落下了病根，一直到现在，劳累的时候伤处还是会疼痛。自那之后我犯困时再也没偷懒让外婆背我走过路，但小时候每当困倦难受时外婆背上那颠簸又让我安心的感觉，在记忆里从来没有消散过。

四

在松兰山待了两年，2002年，考虑到外婆的身体原因以及我的上学问题，外公接受了村里请他回去当文书员的邀请。回家后，小店继续开了起来，外公的工作也比从前清闲了不少，在村委任职的同时也在党支部兼任。直到2017年，外公卸任党支部支委书记，村委则当了16年，在2018年时卸任。在卸去一身公职后，村里有人遇到相关工作事宜还是会习惯性先来问外公，他也不嫌麻烦，只要自己了解的事情都会一一告知。

妈妈和外公在废弃的老房子前合影

也就是在2018年，外公家那三层小楼旁边一直闲置的老屋部分原址上，又建起了一幢新的小房子，如今也即将装修完毕。七十年，见证了三代人的离去与归来。

尾声

我家七十年，飘摇动荡过，如今生活回归了幸福平淡，家里的老老少少都健康如意，是再美好不过的故事结尾了。真希望往后的每年都是这样，家里的每个人都是记忆里最幸福快乐的模样。当世事再没完美，可远在岁月如歌中找你——我亲爱的家人。

他们,因地质勘探而结缘

叶 飞

天仙庙这个地方啊,位于杭州市江干区,东起艮山流水桥,西至艮山门铁路边。相传在宋景定年间,俚人在此建起一座祀天上织女和孝子董永的天仙庙。从此之后此地就以天仙庙为称。20世纪80年代,浙江煤炭地质局将招待所建在此地。也正因此,我的父母因地质勘探在此相识、恋爱、结婚,接着是我的出生,我们家的故事展开了新的篇章。

我们家的故事,要从我外公开始说起。

外公的故事:奋斗了一辈子的工程师

"1949年10月1日,毛主席在北京天安门城楼上向世界宣布中华人民共和国的成立!中国人民从此站起来了!"外公在手稿上如此写道,飞舞的草书中洋溢着对祖国几十年来经济飞速发展,城市高速建设的自豪。一听说我要向他采访新中国成立以来的往事,他老人家花了几个小时认真地亲笔写下了这篇文章,采访当天拿给我看时还很不好意思地说:"时间不够,没来得及写完。"

在我和他交代清楚是来采访他本人这些年来的故事的时候,他才不好意思地摆摆手说:"我有什么故事?"其实,外公他作为祖国强大历程中的见证者和亲历者，他的故事十分值得我们后辈学习与铭记。借着这个机会，我有幸听外公将他的故事娓娓道来。

外公出生于1937年2月，江苏常州武进的一户普通人家里。一开始家里穷，外公上不起学，在家铡草种地。后来共产党办起了学校，让儿童、青年能够免费上小学中学，外公得到了受教育的机会。1955年外公毕业参加考试，考进了南京地校中专学习勘探技术，1958年毕业后分配到浙江地质局负责找矿勘探。正是因为这次分配，才有了外公与外婆相遇的故事。

当时外公跟着地质队在野外进行地质勘探工作，1965年驻扎在湖州长兴地区附近，在命运的安排下遇见了我的外婆，一年后他俩结为夫妻。外婆1946年出生在湖州德清，她曾经是小学的代课老师。"我要不嫁给你，我就要下放到乡下去了。"外婆在旁边听到外公讲他们相遇的故事时，凑过来开玩笑说。外公一副"你瞎说"的表情，不理外婆，继续讲之后的故事。

他们结婚后不久，"文化大革命"开始了。祖国的经济生产秩序遭到了严重的破坏，大量知识分子遭到迫害，我外婆也就辞去了学校的工作，专心家务。我舅舅与我妈妈相继在1967年与1969加入了这个年轻的家庭。

1970年，我外公为了响应国家"夺煤大作战"的号召，满怀雄心壮志要在浙江找到煤矿。地质队从江西和浙江西边界山区开始作业，一直找到浙北长兴长广山区。我外公作为队里的负责人，一直负责地质生产科管理工作。1975年8月外公在长兴生产一线加入中国共产党，成为一名光荣的共产党员。我外公一直奋战在地质勘探第一线，直到1979年调到瓶窑镇综合研究队做副队长。至于究竟找没找到煤，同样是地质勘探出身的我爸补充道："浙江都是土煤，燃值低。浙江没有能用的煤矿。"

1984年，外公调到了杭州煤炭公司（煤炭地质局）地质一队做办公室主任，当时由于国家财政并不宽裕，号召事业单位多种经营"找米下锅"——由财政拨款转为各事业单位进行企业化管理，又叫"两套牌子、一班人马"。地质勘探一队在杭州成立了华夏公司，专门承接各类社会工程。1990年春节，年过半百的外公仍服从工作调动到金华的煤田地质二队担任队长。1991年外公获得了高级工程师职称。1993年再被调动回长兴三

外公（中）与他负责监督建造的丽龙高速龙泉段合影留念

天门的勘探一队担任书记，一直干到1997年5月份退休。

退休之后的外公仍然闲不下来，发挥余热，2001年到2006年六年间在龙泉的丽龙一级高速公路一标段担任总工程师，这段公路之后经过改造现已并入G25长深高速龙泉段。外公在说起这段经历时眼里充满了激动，似乎这弥补了他年轻时没能找到煤田的遗憾。之后他还被邀请在许多社会商业建筑工程中担任工程师监理，依旧活跃在建设工地上。

2013年外公正式退休，回到家中开始欢度晚年。早上出门买菜顺道买《参政消息》是他多年来不曾间断的习惯了。每天坐在餐桌边读报边享受他的闲暇时光，若是天气好，外公会在阳台上读书看报。在有了老人机之后，外公与时俱进学会了使用手机看新闻。

我爸的故事：因为地质勘探工作才有了这个家

晚上吃完晚饭之后，我爸在沙发旁坐下，借着这次采访的机会，再一次和我讲起了我们家的故事。从我记事以来，这个故事我已经耳熟能详了。用他的话来说，我们家祖上也是曾经发达过的。我家祖上是安徽人，徽商天下闻名，我太公他爸爸便是因为做生意做到了浙江金华洋埠，之后便在此安了家。到了我太公这一辈，家业进一步扩大，他在镇上开了一家酱坊厂，生产的"叶益大"牌酱油远近闻名，鼎盛时期整个洋埠三分之二的房子都被太公租下。之后陆陆续续还开了饭店、瓷器店和小旅馆，放到现在怎么也算是个土豪了。后来日本人来了之后酱坊厂就关门了，而嗜赌成命的小舅公赌博又输光了大半家产，最后只剩下了一个小饭店。新中国

2008年中秋节时全家在龙游的照相馆里拍下的全家福

成立后因小饭店公私合营且家产不多,逃过了被扣上"资本家"的帽子,那个小饭店在饥荒中保全了一家人的性命。

我爷爷和奶奶在1958年经人介绍成了婚,奶奶是附近章家村普通农家的大女儿。一开始奶奶在不远的罗埠镇酱菜厂工作。爷爷在隔壁蒋堂镇的一家国营企业的小饭店里做厨师,后来爷爷响应政府手工业支援新工业,去到浙北湖州三天门的地质队的食堂工作。

20世纪60年代政府号召精简下放,我奶奶就要到农村种地去了,但是因为奶奶身体不好,文化水平也低,所以只能在街上开了家小茶馆,那时候因为打击投机倒把,小茶馆也只能是断断续续开着。奶奶也靠着这一间小茶馆的微薄收入,供我爸他们三兄弟读书长大,小茶馆一直开到了2006年因为奶奶身体不便才关门。我爸说到这顿了一下,街上的小店因为镇上商业重心的转移,以及老顾客的离去,生意变得非常冷清。我又想起了小

行走的新闻：国是千万家

时候在这街上奶奶曾带我吃过柴火馄饨，那是记忆中最美好的味道。

爷爷1982年退休后，我爸顶替他进了地质队，我爸高中学的是钻探专业，进了地质队之后先是在钻机上干活。之后在单位的推荐下上了大专，学成之后成为一名技术人员。1986年左右浙江省寻煤无果，负责资源勘探的我爸转产，开始从事建筑桩基施工。1987年前后，我爸被分配到位于杭州的地质队总队做技术管理工作。1988年为了照顾爷爷又调动回金华，1990年再次回杭州学习时，在中国煤炭地质总局杭州天仙庙接待站遇见了在那儿工作的我妈。我妈是在1984年的时候跟着我外公工作调动到杭州，毕业后在煤炭工业总公司招待所工作，之后调动去了天仙庙。在与我爸相识之后，两人自由恋爱，不久便登记结婚。1993年我爸为了和我妈团聚，申请调动回了杭州。1997年我出生了，我爸妈开心地给全天仙庙的人都发了喜糖。

在有了我之后，我爸越发忙碌了起来，天仙庙里的同事和他开玩笑说："阿贵啊，你给你儿子结婚起码得准备20万才够啊。"先不管那时候我家一年的收入也就两三万出头，也不管养儿子花钱还是养女儿花钱。总之我爸作为家中的顶梁柱，需要他操心的人又多了一个，家中多了一张嘴

爸爸在担任杭州火车东站西广场工程项目副经理时在施工现场拍下的照片
远处的钢结构即是有"亚洲最大交通枢纽"之称的杭州火车东站

吃饭，我爸肩上的担子又重了一分。2007年，华夏公司要搬迁去湖州三天门，我爸也接到调任通知要跟随前往。我爸舍不得家庭，毅然决然选择放弃事业编制，下岗留在杭州，寻找新的机遇。下岗期间，我爸在家努力提升自己，最终获得了高级工程师的职称，得到了多份工作邀请。之后还作为项目副经理兼技术负责人参与了杭州火车东站西广场建设的桩基工程项目。我们家也算是重新走上了正轨，生活也逐渐富裕起来。

她是新兵、军医和舞者

何雨琪

奶奶当兵时的证件照

拿出奶奶的老式折叠相册，里面大多都是她已经为人妻为人母的记忆。夹照片的塑料纸已经被氧化，用手一拨便能发出清脆的、薄塑料独有的声音。再往后翻，便是一些黑白照，照片已经变硬，拿出来也不能铺平整，而那时候冲印的照片还有白色的花边，现在也渐渐泛黄了。

相册里的最后一张照片令我记忆最深刻，那是奶奶当兵时的证件照，不同于国庆节时她让我帮忙换成微信头像的军人照，这张照片有被折叠的痕迹，一些色彩渲染也已经褪去，而照片里皮肤白皙、鹅蛋脸庞的她笑得很开心。

我拉着奶奶坐在床边，让她讲讲当兵时的点滴趣事。奶奶起初有一些惊讶，她慢慢跟我说起年少时候尤其是当兵时的苦日子，一点点回忆起来，我们好像走进了那段时光一样。

当新兵的日子

"说起新中国成立70年，我是1948年出生，是你太公太婆最大的孩子。那时候杭州可没有现在建设得这么好，生活都很苦，我们家也就是靠你太公的工资生活，而太婆是普通的家庭妇女。

我在杭州出生，读了小学和初中。1964年的时候，部队来杭州各个中学招初中毕业的女兵，当时什么也不懂，只记得老师跟我说部队想让你去参兵，问我愿不愿意。我那时竟觉得惊讶，我想我们家也就是普普通通的老百姓，没人当过官也没有诞生过知识分子，怎么会选择了我？后来才知道，当时是国家需要，统一来杭州招医疗女兵。

放学后，我同你太婆说了这件事，你太婆太公觉得当兵条件艰苦，怕我身体吃不消便有些犹豫。但对于我来说，一方面我自己想到部队的革命大熔炉里去锻炼自己，另一方面我是家里的大女儿，家里条件不是很宽裕，且当兵都是公费，是国家补贴的钱，也能够减轻家里的负担，所以初中毕业之后我便进部队学习了。"

16岁的少女，怀着一股冲劲进入部队的大熔炉里历练。三年的时间，她变得爽朗刚强，褪去了年少时的青涩，多了一份军人的担当。我好奇奶奶在部队军校的生活方式，便继续追问下去。

"1964年，我16岁，之前也说过初中毕业便去当了兵。我们一批共有40个新入的女兵，我们学校也就挑了我一个，方向确定的医疗兵。你可不知道，在部队里就要接受严格的军事化管理。还是新兵的时候，上的第一课是让我们适应部队的生活和环境，这跟普通的百姓家庭有着很大的区别。

在部队里要学会集体生活，和你们现在宿舍不一样，我们那时候八个人一桌吃饭，八个人住上下铺。卫生检查是基本的项目，按各个班级进行抽查，我们洗手池上的毛巾挂成一条线，床铺上只能留一条毯子和棉被，叠成'豆腐块'的被子才算合格。有趣的是，那时候的部队同现在不一样，也许是因为时代背景，1964年正值'三年困难时期'，部队在粮食和纪律方面把控非常严格，我们吃饭前要唱《毛泽东语录歌》，当然也经常组织学习毛主席的'三大纪律八项注意''为人民服务'等政治思想理论知识。

女兵训练时，早操、跑步、军姿、打靶、拉练都是再日常不过的项目,说到拉练,那时候个个背上扛着枪,背着背包和水壶,穿一双球鞋,只记得徒步绕着杭州走了很久很久,回到宿舍我的脚都起了血泡。但这么多年后我想来,我们这些在市区的医疗女兵,这三年虽算不上很苦,但能有这样一段经历真的很开心。"

从临安112医院到杭州海军疗养院

"结束我在军校历练的三年,我被组织分配到了解放军临安112医院。记忆里,临安的空气很清新,我们时常带着休养员上山去采草药,医院旁边有一块菜地,平时种点蔬菜也是下了班的一种乐趣。

在临安的这几年,单位组织我们去大连、上海、北京各地进修,进一步学习各个地方的医疗技术。我在内科、传染科、肺科甚至中医科从事过不一样的工作,进修回来后就一直在112医院当临床医生。

你爷爷那时候是我们单位政治处的政工干部,我们在一个单位也就渐渐认识熟悉起来。我们结了婚之后,分到了自己的房子,就不再住单位里的集体宿舍,1972年11月,生下了你爸爸。"

奶奶和爷爷

爷爷在我出生那年就去世了,所以我只能从奶奶的相片和家人的回忆里勾勒出他的轮廓,在长辈的描绘中,爷爷一直是一个很高大、伟岸的军人形象,才华和正气是家人对爷爷使用最多的形容词。

"想起你爷爷,真是个有才华的人呐。他是被组织培养的政治苗子,年少时在中央党校深造学习过,所以改革开放后112进行了一次全军调动,组织上有意将本是陆军的他调到东海舰队当海军,你不知道,军种可不能随意调动,组织也是经过深思熟虑才做出如此决定。

1978年,你小伯伯出生了。当你小伯伯上了幼儿园,你爷爷便调去了杭州，在海军疗养院（海疗）负责政治工作。在这之前，你爸爸被送去上海读了小学，太爷爷和太奶奶一直管着他，而我就一个人带着你小伯伯。那段时间要一边上班一边带孩子，我的家人也都在杭州，生怕自己顾不过来，好在医院里的同事帮我看孩子，你小伯伯的童年也是充满了乐趣。

到了1983年，112又进行了一次裁军，很多在医院工作的同志都被分配到了地方，有些回了自己家乡，有些去了上海或其他更好的城市。我也跟着你爷爷，分配到海疗进行临床内科的工作，军种也从陆军变成海军。"

"1998年发生了很多事情，你爷爷去世了，你出生了，而在年底，海疗进行了部队裁军，我想一个人静下心来帮你爸爸妈妈带带你便选择了退休。"

"1964年到1998年啊，我当了34年的兵了。"

退休后当个舞者

记忆里，我的童年一直在海疗度过，奶奶退休后时常抱着我在海疗的大院里徘徊，海疗里的理疗科、大药房、康复室也成了我的"游乐园"。同奶奶差不多岁数的老军人们看到她喊一句"金医生"，看到我便也调侃着说一句"何副院长"。

"直到你上了小学，作息开始规律起来，你转学前的小学同你母亲单位顺路，每天早上也就坐在电瓶车后头一齐过去了。你去上学，你爸妈在工作，小伯伯他又去上海发展，我总是一个人，恰巧那时候杭州兴起了广场舞的风潮，我也想在做饭、做家务之余去外头活动活动，结识一些地方上的朋友。吴山广场离海疗近，每天早上又有很多人在那儿跳舞，我便从那时开始与舞蹈结缘。

一开始我跟着他们跳，到后来有了电脑，你们给我装了QQ，我跟舞友们成为好友互相传网上搜索的视频看，在电脑上学跳舞。你还记得，我后来报了老年大学的舞蹈班，在吴山广场的这几年，居然有电视台找到我们去参加演出，我们几个舞友很是开心。"

2008年，因为海疗内部进行了一次搬迁，一些退休的老军人被分配到了杭州城西的新房，我们一家也跟着奶奶来到城西的新家，而新家离吴山广场的距离不再像之前那么近了。但奶奶同舞友之间的情谊仍保持着，虽没有在海疗时那么频繁，但她也总会抽空去跳几支舞、录几段视频、开几次"茶话会"。

待智能手机普及以后，奶奶更换了以前只用于打电话的小灵通，家里的座机也渐渐减少了使用的频率。我放学回家，奶奶经常拉着我帮她下视频、下软件、换头像、加好友甚至是网络购物，我偶然间看了她的微信首页，不断蹦出新消息，这一切充实着她的生活。元旦回家的那些天，奶奶刚跟她的朋友从泰国清迈回来，她拉着我坐在沙发上欣赏旅游时拍的艺术照，再看了几段朋友给她拍摄的单人舞蹈视频，不时地展露出自豪的微笑。

直到我打开她那锁在相册里的记忆匣子，触摸每一张刻画着岁月痕迹的老照片后，我问她："奶奶你曾在当兵时想过放弃吗？"

"不，我从未想过。"

听外婆说那七十年的故事

项紫嫣

"以前啊,我们家祖上是在上海做搬运工和裁缝的,后来,他们又回到上虞。"外婆的思绪逐渐飘远,仿佛回到了六七十年前的那段日子。"我母亲1952年的时候生了我,我也没去读书,主要我也不喜欢上学,年纪大了一点后我就去生产队上班,我在七队,一天有五个工分,我们那里三队是最好的,一天有七个工分。工分是什么?工分就是钱啊,五工分就差不多是五角钱,五角钱在那个时候可以买好多东西。后来啊,我还去卖过棒冰,就几分钱一根的那种盐水棒冰。"外婆的唇角微微上扬,"后来再过了几年就去做小工,之后因为我哥的原因就在棉纺厂工作,日子也慢慢好起来。"外婆突然笑了起来,脸上可爱的褶子叠在一起。

"后来日子久了我也不去棉纺厂工作了,那时候工作难找,别人和我说去拉索很赚钱,就是拉轮船上的那个索,于是我便去拉索了。也是那个时候通过

外婆

别人介绍认识了你外公。"外婆的笑容渐渐消失了，摆了摆手说："好了好了，差不多了，不要讲了。"

"唉！"外婆重重地叹了口气，"你外公是开轮船的，别人和我说你看一个开轮船的，一个拉索，很配啊，刚好我和你外公又住在同一个社区，这样一来二去，我们就认识了，两边的父母彼此也说好了，我和你外公的事情也就这样定下来了，不过在我们那时候，谈个恋爱也得悄悄地，不敢像现在这样光明正大。那个时候，冬天我们就一起在院子里打雪仗，也是这样感情就一点一点地变好了，你外公经常来我家里帮我父母亲干农活，我们两个还经常去看电影。"外婆的脸上露出了少有的害羞表情，仿佛回到了四五十年前那段青涩的时光，"什么电影啊，就那种抗战电影，我们那个年代哪像现在有什么爱情电影，就看看抗战电影，那个时候的电影院就在以前的嘉兴公园，下午一下班两个人就一起去看电影，我父亲让我晚上九点前一定要回家，你说看电影哪有这么快的。"说着外婆害羞的脸上又多了一丝抱怨，让我想到了我现在回家晚被父母教育后不服气的样子。"1970年，18岁，我就和你外公结婚了，那个时候也没有婚纱，也没有什么红衣服，什么也没有，随便穿了个衣服就和你外公去领了个结婚证。"外婆摆了摆手，"结婚证啊，结婚证丢了啊，搬家的时候没有了。"外婆一脸惋惜地说。"我小时候住的是平房，和我父母还有我的姑妈住在一起，1970年和你外公结婚了就搬出去住了，住的也还是平房，就一点点地方，因为房子小，你母亲小时候只能和她的爷爷奶奶一起住。你看就是这张照片上的房子。"

"我和你外公结婚两年后，1972年，有了第一个小孩，不是你妈妈，快生的时候孩子没了。那天我接了个工作，可以拿两工分，因为要去河对岸工作，我们就要先把船拉出来，结果那个船卡在岸上，我就去帮忙一起拖船，就在船快要拉出来的时候，因为惯性，我的肚子被船头顶了一下，孩子就流掉了，那个时候其实都快要生了，事发后我母亲在床头一边哭一边骂我，为了这么一点点钱，结果把孩子也弄没了。其实我心里也难过啊，我也是没办法，那个时候家里穷，不去赚钱就没有钱，小孩子生下来之后怎么办。"外婆的眼眶渐渐湿润了，脸上写满了懊悔和无奈。我不知道该说点什么来安慰外婆,因为有些事情,没有经历过,真的无法感知她当时的绝望。

"1974年的时候,我怀上了你妈妈,后来就再生了你舅舅。"

"因为你外公很能干,什么都懂,慢慢地就积攒下了一些钱,日子也慢慢地好了起来。1978年的时候我们把老房子拆掉,自己建了两层半的房子,就是现在江东路中间喷泉的地方,你妈妈就回来和我们一起住,每天吃的饭菜也好了,几乎顿顿有鱼有肉。不过

全家福,从左至右依次是母亲、外婆、舅舅、外公

说实话那时候我们家在整个大坝社区里算是很有钱的,整个社区里就两台彩色电视机,其中一台就是我们家的,现在还能用,就在你小外婆那里放着呢,我们隔壁的邻居几乎每天都要来我们家里看电视,除了这个,我们还有蝴蝶牌缝纫机、永久牌自行车。"外婆伸出手向我比画了一下,脸上也露出了自豪的笑容。"以前不是还有什么万元户千元户嘛,其实我们家也是,我每次去银行里存钱都一千元一千元的存,那个时候家里面的存折都厚厚的一叠。然后1990年的时候我去做环卫工人,我们公司里的条件福利什么的也很好。"外婆的眼睛眯在一起,弯成一道可爱的弧线,嘴角也咧了开来。"我记得你舅舅以前可不听话了,家里花了六千块钱刚买了辆摩托车,他就骑着车,载着你舅妈出去玩,那个时候两个人谈恋爱,骨头亲(上虞方言,普通话的意思是卿卿我我),好好地骑着车,一定要凑上去亲一口,然后头盔就掉下来了,遮住了眼睛,然后就一头撞在了汽车桥头,差点掉进河里,还瞒着我们不说,自己偷偷去换掉。"外婆一边说还一边站起身来演示给我们看,仿佛那个时候就在现场一般。

"但是后来啊，"外婆突然叹了一口气，"1997年的时候你外公突然查出胃癌，那个时候你妈妈还没找到男朋友，你舅舅也刚高中毕业。"说到这里外婆的眼睛一下子失去了光彩。"好了好了不说了吧。"外婆挥了挥手示意我不再继续了，声音也略微哽咽。外婆愣愣地看着房间的某一处，仿佛想起了我外公。"你说好端端一个人，怎么说生病就生病了呢？

"我感觉时间好像过得很快，又好像过得很慢，那些吃苦的日子好像一下子就过去了。而那些开心的时间就好像昨天才发生一样。而我唯一的遗憾就是没能和你外公一起享受现在的生活。"

看着现在的外婆，我仿佛可以透过她看到那些本应该像其他女孩一样讨论如何变得更美，却在一个又一个过去的日子里，拉着沉重的船索，只为了补贴家用，甚至到现在，她都从来没有停止过为我们操心费神。每时每刻我们需要她的时候总会出现在我们的身边。就像现在年过六十的她还是会无时无刻地照顾着她的老姐姐。

在这七十年的时光里，我不知道她有几天可以好好享受自己的生活，我也不能感同身受地体会她这么多年来是如何熬过失去孩子的痛苦，失去丈夫的绝望，独自背负起一整个家庭重担时的辛劳。都说手是女人的第二张脸，就连她的手，都像极了一双男人的手，布满了老茧和皱纹，没有一处的皮肤是光滑的。可外婆似乎从不介意，因为在每个清晨她还是会认真挑选好今天要穿的衣服，再挑选好一顶保养精致的假发，迎着阳光，迎着清风，前往菜场，开始新的一天。

我不知道自己该怎么做，但我知道给外婆一个用力地拥抱，一声真挚的"谢谢"一定不会有错，因为这七十年的风风雨雨已经过去，而未来一定会更好。

外公的奋斗史

吴咏月

一直以来，我都觉得我的外公是个蛮了不起的人。他是他们村里的第一个大学生，他是毅然丢掉铁饭碗下海的企业家，他也是外婆心中那个互相扶持的老伴儿，他是我的外公。

初长成

外公出生在浙江省嘉兴市桐乡市濮院镇红晓村，祖上三代都是靠天吃饭的农民。但祖父祖母对他却有不一样的期待，虽然那个年代每家每户都很苦，但他们还是坚持从小就送他读书，外公也很努力，成功地升初升高。终于1966年，外公高中毕业，但没想到即将高考的他迎来了人生第一个重大的转折。

劳动的十年

1966年"文化大革命"，在这一年国家取消了高考，外公只得回乡务农。

不过，祸兮福所倚，也正是因为这样外公才遇见了外婆。谈及他们的初见，外婆说："我们是别人介绍认识的呀，第一印象呀，个子么，不高。我是没有看中的。"外婆说这话的时候脸上全是笑意，眼里全是回忆。

很快，外婆就和这个她"没看中"的小子结婚了，并且很快就有了大舅舅、小舅舅和我妈。外公说他印象最深，最怀念的就是这回乡的十年。日子其实过得很苦，他们那时候每家每户都会养一些羊来补贴家用，但冬天到了羊没有吃的饲料了，他们就会撑船到湖里捞水草。有一次船翻了，一船的人都掉水里了，他们爬上岸的第一时间是想着怎么把船捞上来。外公说到这些事时，表情并不愁苦，反而有几分追忆。可能这就是岁月磨平了苦难，留下的反而是回忆。

可能因为外公是他们村里为数不多的高中生，所以他在大队里当过辅导员、广播员，教村里的队员们读毛主席语录，他们那时候每天上工前都要读一段毛主席语录，晚上还要组织学习毛主席语录，播报农时和天气，他们一年要种两季水稻还有一季的油菜，农民都是要靠天吃饭的，天气对那时候的他们来说是很重要的。

恢复高考

1977年，传来消息说要恢复高考了。那时外公已经离开学校十年了，但当他得知了这个消息以后，毅然决定要参加高考，因为他一直相信只有知识才能改变命运。旁人都劝他，快三十的人了，家里有大有小，不要再去想这些了。这时唯一支持他的是外婆，她坚定地告诉他，用心复习，家里的事不用他操心，她相信他，也支持他。正是外婆的鼓励让外公有了重拾书本的信心，考试之前正值酷暑，外公白天要上工赚工分，晚上熬夜看书。妈妈告诉我说当时夏天蚊虫很多，外公就穿着高筒靴看书。功夫不负有心人，最终外公考上了湖州师范学院，成了他们村里的第一个大学生。

参加工作

1980年，外公毕业了，工作分配在了县中学当老师。外公当时教的是物理，在我高中第一次上物理课之前，外公这个老教师还给我上了一堂启蒙课，重温了一把年轻时的日子，我想这在他的心目中也算完成了一个传承。

"人民教师，哎哟，铁饭碗呀，以后就是有好日子过了哎。"外婆这样跟我讲。

努力的人不管在什么环境，什么时间都会有所成就。在当上老师后不久，外公就升上了教导主任，1990年，成了桐乡三中的校长。

外公刚参加工作

1994年，命运的路口再次分出了岔口，学校办的羊毛衫厂收益不好，决定换个厂长，问外公的意向如何。其实按常人的眼光来看，安安分分地当个校长没什么不好的，出去当厂长说不定吃力还不讨好。而且那时候的濮院还不是现在的羊毛衫生产大镇，谁也不知道这个厂子到底能不能维持。但外公下定了决心就要当这个厂长。我问外公为什么，他说："原因么，很多，怎么说呢。首先当然是政府有需要的时候，我们肯定要挺身而出的，你们这些小年轻可能不能明白我们那代人对国家的感情。还有么，我就是不想被他们看扁了，他们说我不行我就要行给他们看。"

一个月后，外公这个新厂长就走马上任了。都说新官上任三把火，外公一上任就大刀阔斧地把厂子重新整顿了一番，该罚的罚，该奖的奖，厂子重焕新生，恢复了盈利。

国企改制

1996年，改革开放都已经快二十年了，那时的中国遍地都是商机，但国企却山河日下。于是另外一项政策应运而生——国企改制，可以认购股份，重组为有限责任公司。这个厂对外公来说就像自己的孩子一样，他当然想认购，但认购要拿出十几万，那时候哪有人能一口气拿出么多钱。虽然说国家为了支持改制可以贷款，但贷款那么一大笔钱对外公外婆是多大的压力啊。可外公的斗志让他迎接命运给他的挑战，贷款买下了厂子，并正式改名为汉邦有限责任公司，依然是做羊毛衫。结合之前的经验，跌跌撞撞，摸爬滚打的外公把厂子越做越好，不久又开了一家厂做羊毛衫印染，外公的目标是有一天可以不再做外国代工厂，而是做中国自己的本土品牌。

当然这中间也走了许多弯路，摔了许多跟头。有一年，一个值夜班的工人在库房里抽烟点燃了半屋子的羊毛衫，然而这个工人只是个从外地来讨生活的，根本无力支付这一仓库羊毛衫的损失。事情发生之后的那几晚外公整夜整夜的失眠，损失的费用先不用说，关键的是不能按时交货给厂商，而做生意最重要的就是讲信誉。思来想去，外公决定无论花多少钱都要先把单子交上。濮院整个镇都是做羊毛衫的，大厂小厂都有，还有许多自家有个横机就单干的。于是外公就把单子拆分开给一些单干的人，自己的工厂也是加班加点，好在最后如期交货。

经历这次事之后，外公总是最晚一个下班，经常半夜惊醒给厂里打电话，询问有没有突发状况，对外公来说这个花了他半生心血的厂就像他的另一个孩子一样。

他的骄傲

外公这一生过得跌宕起伏，也算小有所成。但他最骄傲的却是他的三个子女——大舅舅、小舅舅和我的妈妈。大舅舅是警察，小舅舅是医生，妈妈继承了他曾经的衣钵成了老师。后来外公年纪大了，大舅舅决定辞职回家继承羊毛衫厂，完成外公还没达成的心愿——创一个自己的羊毛衫品牌。

提及妈妈和舅舅们时，外公眼里除了自豪还有愧疚，外公一直为年轻时忙着拼搏事业忽略了孩子们而自责，而孩子们却没让他担心，都各有各的事业和幸福，这让外公很欣慰。

悠闲晚年

外公在63岁选择了退休，让大舅舅全权管理公司。他把时间留给外婆，他们在这十年里一起游历祖国的大好河山，欣赏国外各种不同的风土人情。我问外公他是怎么有要出去四处旅游的想法的。外公跟我说："老实说呀，我和你外婆剩下的日子也不会很多了，我奋斗的日子已经够久了，老了老了，还不好好享受一下，拼死拼活为谁呀。世界那么大，就许你们年轻人看看，我这个老头子就不行啊？！"

外公和外婆在澳洲旅游

呵！这个老头还挺会追赶潮流的啊。

在我和外公聊他的故事的时候，外婆一直在旁边听着，她看外公的眼神中都是崇拜。外公这一生看似是他自己的奋斗史，但绝对离不开外婆的支持和陪伴。她在他还是个穷小子的时候就嫁给了他，为他操持家务，生儿育女。她在他外出求学的时候，独自抚养三个儿女。她在他拼搏事业的时候，毅然决然地辞去工作，去外公的厂里帮忙。不过，命运也给了她馈赠，晚年时，他的老伴儿陪她一起周游世界，他们儿女双全，子孙满堂。这对于外婆来说，就是最大的幸福了呀。

外公陪同祖国一起经历了起起落落，奋斗才是唯一的出路。

外公的七十年

俞冰鑫

晚风轻拂浦阳江，夕阳的余晖里，映照着两个人儿……

那日，我匆忙坐上了归家的高铁，嘴角挂着一抹微笑，心头带着一丝挂念，或许家就是如此神奇的存在。

不久，外婆闻声走到了门外，看到拖着箱子的我，满心欢喜地迎了上来："怎么又瘦了，饭要吃饱啊！穿的也太少了，会冻坏的呀。"这夹杂着温度的唠叨声，我似乎已经思念了许久。于我而言，外公外婆是父母一般的存在。

坐在沙发上，啃着外婆递来的苹果，得知了外公的去向。"早上五点就出门了，饭也不回来吃，整天在江边钓鱼，买的鱼饲料都能买一箩筐鱼了，真是越老越难弄。"外婆边系围裙边抱怨着。

骑着自行车来到了江边，远远一看，我就望见了那位老人，佝偻着背，还是那件黑色老棉袄，一头白发被鸭舌帽压得塌塌的，一张钓鱼椅，几根钓竿，手上把玩着那团精心调制的饵料，就这么静静地坐着，他常说他享受的是钓鱼带来的那种平静。慢慢地，他感受到了我的步伐，转过头，时间确实是让人猝不及防的东西，外公的脸上似乎又多了几条皱纹，鬓角也堆满了白发，只是他一直固执地支撑着所有，让我觉得他从未变老……想想外公的生命已经走过了七十多年，到了现在，或许只想平平淡淡地守护着他爱的人吧。"怎么读了这么点时间书又跑回来了，家会有那么好的？以后要对你坏一点你就不会想着回来了。"外公咧开嘴嘲笑着我，那口牙被他黝黑的皮肤映衬得格外白。

就这样，在外公心爱的江边，他最疼爱的外孙女采访着他。

外公是家里的老大，三个弟弟，一个妹妹，挤在一间小小的破瓦房里，这似乎是七十年前中国家庭的常态。"以前你放学以后都做些什么？"我还在条条框框地罗列着问题，外公早已经深深地陷入了回忆里。"那时候，一放学就帮你阿太干活，拔猪草、赶鸭、放牛什么的，竟也没觉得苦，换你应该要哭了吧。"外公打趣道，"我上小学不久，你三外公就出生了，阿太要照顾刚出生的他，我的活就更重了，你二外公就被托付给了我，他小我两岁会闹得很，我就早早逃学先干完活，然后带着他去捉泥鳅、翻螃蟹，也是在那时候我学会了做饭洗衣。"

"捉泥鳅应该很好玩吧。"我没心没肺地说着，外公笑了一声，"还好你阿太还是比较看重教育的，那时候家里要读书的人多，你阿太一个人打很多份工供我们兄弟几个读书，没有说要谁为了谁辍学，哎，只是我生不逢时，初中毕业那年刚好撞上了'文化大革命'，我也就没书读了，那时候我的成绩还是挺不错的。"外公的眉宇间多了些许遗憾，让我莫名伤感，确实，外公是多么智慧的一个人，却没有接受较好的教育。

"那结束学业以后呢？"我低着头写着第三个问题，外公猛然起身，一步到位拉起了鱼竿，紧接着一条活蹦乱跳的鲫鱼已经在水桶里了。"不读书了以后，我就开始在生产队里工作，家里多了我这个劳动力，也减轻了点负担，幸运的是，你三外公、小外公和姑婆都顺利读完了高中。"外公戴着老花镜穿着鱼饵，将鱼竿抛到了湖中间，又坐回到椅子上，娓娓道来。"后来，我到了该结婚的年纪，年轻的时候我很帅，村里好多姑娘都喜欢我。""那你最后怎么娶了外婆？"我的外婆是萧山人，与外公并不是一个村的。"那光是姑娘喜欢我也没用啊，姑娘的爹妈都嫌我们家穷，人多房子还小，怕自己闺女跟着我吃苦，后来经人介绍，认识了你外婆，你外婆的父亲看我踏实肯干，我见他的时候可是受过考验的，他也是考虑了很久才决定把你外婆嫁给我。那时候你外婆家是大户，算是家境比较好的人家，哎，你外婆跟了我以后也确实吃了不少苦，替我生了两个孩子，

外公与外婆

你舅舅之前本来还有一个的,也是因为穷,没钱治病夭折了。"外公的眼里仿佛泛起了泪光,那种无力的感觉一定很煎熬吧。但我想外婆更多时候是幸福的,外公是那么爱她。

"你们那个年代的生活和现在有什么不同吗?""有什么不同,这怎么说呢,七十年代的时候,国家发展刚刚起步,物资比较短缺,所有东西都凭票供应。后来,1985年开始,国家取消了农产品统购统销制度,农村人民生产有了积极性,到了1992年,国家取消了计划供应粮,实行议价供应,粮票也就慢慢没有了。""那你年轻的时候一个月多少工资?""三十三块。""你是干什么的,这么点钱,也太少了吧。"外公笑道:"这么点钱还不够啊,三十三块已经不错了,教书先生只有二十五块呢,我是陶湖电排站管水利水电的,负责抗洪排涝,做塘埂规划设计,七十年代国家还是主要抓农业生产,肚子吃饱是首要任务,也是因为在水电站工作,我每个月回家都会给你妈妈他们带螃蟹、鱼、黄鳝之类的,都是我自己抓的,他们娘仨每次都吃得很开心。"外公说着说着,脸上的笑容都快要溢出来了。

"怪不得他们现在都不爱吃黄鳝了,原来是那时候吃多了呀,哈哈哈,那八十年代的生活呢?"我急切地想听下面的故事。"八十年代,改革开放了,农村开始办厂,我辞去了在电排站的工作,回到了村里开始办玻璃厂,取名为上峰玻璃厂,村里的妇女们开始踏出家门,不局限于相夫教子,在玻璃厂里找到了适合她们的工作,也是从这时开始,我们家的生活有了突飞猛进的变化,我买了块地,造了人生中第一间房子,我们一家四口搬出了你阿太家,有了自己的生活。之后,我们家买了村子里第一台二十寸彩电和第一辆凤凰牌自行车,学校里要放录像也到我们家来借电视机,老师也到我们家来看电视。"外公骄傲地说道。"原来那时候你算是土豪啊,据说后来玻璃厂倒闭了?""是的,由于种种原因倒闭了。"

外公像个犯了错被抓包的小孩子一样偷笑着,"改革开放以后,工业发展迅速,玻璃厂里工资低,大多数人都开始搞运输,各找门路,渐渐地,厂子也就无法维持下去了,后来你小外公收购了玻璃厂,我开始在家做甩手掌柜。""那不办厂以后的日子呢?""等等,我得换个位子,这儿没鱼了。"外公还真是时时挂念着他的鱼。

外公与同事

"那就要说到九十年代了,那段时间,是我最悠闲的日子,每到饭点你外婆就催我做饭,她煮的菜不知道为什么就是没我做得好吃,平时你外婆还会逼着我去种菜种树,女人家就好这种,不过也好在她的唠叨,我种下了一院子的果树,自己种的,都是绿色产品,给你们吃着也安心,那时我们大部分生活都是自给自足,似乎回到了最原始的时候,与世无争,很是惬意。""就像《桃花源记》里面的那样吗?你那时候的状态放到现在就是无业游民。"我无情地"嘲笑"着外公,外公内心却毫无波澜,继续说着:"1997年,你出生了,你很幸运,要不是因为我那段无业游民时光,我哪有时间陪你,三个小孩里最黏我的就是你了。那时候,我刚好在家,你四个月就被你妈妈托付给我和你外婆了,我好像提前进入了退休生活,每天晚上醒来喂你喝奶粉吃米糊,你再长大点,我就每天带着你走街串巷;不得不说,大家都很喜欢你,后来我意外发现你爱吃鱼,我便开始钓鱼,没想到就爱上了,我以前是个很急躁的人,钓鱼改变了我。"我记得,我都记得。我对外公的爱,应该会放在心底一辈子吧。外公对我

外公与我

195

的爱，应该也够我炫耀一辈子吧。"之后，你上小学了，我闲来无聊，开始自学建筑画图，慢慢地镇上有人造房子就会来找我，后来造的多了，名声出来了，便成了份职业，就这样一直到了退休……"

岁月是一场有去无回的旅行，好的坏的都是风景。

不知不觉就快到饭点了，外公收起了鱼竿，用那双熟悉的大手，牵起了我，踏向了回家的路。

为生活不断做斗争

赵迎春

"外公啊,您觉得这辈子过得苦吗?"

"我这辈子就像一场戏,我就是那个为生活不断做斗争的角色,再苦也要自力更生,活得有骨气些!"

少年篇

外公名叫邓有才,四川达州人,1937年生人。外公未满五岁时,生母就去世了。当时家中的钱粮都花完了,都用于治病和葬母,最后却落得人财两空。外公作为家中长子,自然肩负起了照顾弟妹的责任。时隔多年,外公的父亲另娶,外公本以为后妈的到来,自己日后的生活能轻松些,可谁曾想,后妈对外公是百般挑剔。"我八岁开始学干活,抬水捡柴挖地除草,从早忙到晚,也还是要被嫌偷懒做得慢,"外公叹了口气继续说道,"再加上我本性贪玩,这注定我要经常挨打。有一次我后妈叫我去山上铲灰,我看到幺叔他们在打枪,觉着好玩便也跟上去,天黑回到家被问铲了多少灰,我实话实说没铲灰在打枪,她听了便不给我饭吃,我哪里服气,抢着饭就开始吃,"外公端起茶杯呷了口茶,"她气急败坏就开打,打得我在地上又滚又爬,我当时就一直哭着喊亲妈结果她把我拉起来接着打,打得我浑身都是血。"外公说完,眼角泛起了泪花,嘴里还不断重复着,

"可怜我没亲妈妈啊。"

转眼到了1952年,外公15岁,一心想着读书,但他父母却觉得这正是挣钱的好年纪,认为读书就是为了去玩,死活不让他读。外公请来了亲朋再三劝说,父母才同意。入学时,老师考他数学题,但外公连数字都认不全,同龄人都在读六册,他便从三册读地起,最后花了三年学完了小学的所有课程。外公回忆道:"在旧院读书的日子里,每天天未亮,我就要去章草坝背一回铁矿石到旧院瓦子铁厂,背完才去上课,生活费都是这样赚来的。最后考初中的时候加上我一共考取了3名,我心中的石头才算落地。"

青年篇

考上初中后,家里便不再同意外公继续读书。外公的父亲告诉他家里没钱供他读书,要读就自己挣。外公心中一横,把生母那床旧棉被装进了父亲的背篓,这便是他去县城读书的所有行囊。临出门前,外公的父亲给了他五元路费,"那时候学费就要三元,一个月生活费就要四元,一斤米才八分钱,这对我来说真的是很大一笔钱了,到底父亲还是亲。"外公内心感激不尽,兴高采烈地背起背篓去万源上学。外公又接着说道:"那时上级有下达助学金,分甲乙丙丁四等,从五元到两元。学校给我们放了三天假,要在区乡社队四处办证明才能领到,缺一不可。贫下中农领助学金是理所当然,可我又是地主家的子女,那时斗地主斗得可凶哩,我自然得靠边站。"那三天假期,外公办不到证明又只好继续背货挣钱。"老师提及评等级的事,按理说,我刻苦学习上进,成绩名列前茅,又修建大楼有功,应评为一等,但一没有证明,二又因身份原因,最后只能评丙三等。"外公无奈地摇了摇头。

1958年初中毕业,外公成绩比较好,所以分配到了高中班。那一年正好赶上人民公社"大跃进",老弱病残都得搞生产炼钢铁,大片土地荒废无人耕种,粮食减产得吓人,就这样持续了两三年,粮食早已全吃完。"高中学习那几年,一顿就只有二两粮,有时候还吃干的四季豆壳充饥，晚上还要拉箱炼铁，但吃不饱饭，既没有力气干活也没精力学习。"外公说到这儿欲言又止，我则听得目瞪口呆。

1962年，外公高考落榜，只能回家搞生产，后妈病故家中，父亲也身患重病，还有弟弟妹妹要照顾，外公走投无路，先是投靠姨父家，但姨父也自身难保，便又转身投靠幺叔家，但幺叔脾气古怪，执意要把外公赶出家门，多亏幺姑心地善良，给了外公一些钱粮去逃生，外公走到了石铁去看姑父，得知姑父没有粮食，便又把自己的粮食给了姑父。外公又继续开始流浪，到河家坝，看到杨师在修学校，自己便去打杂，他们收留了外公，并四处为外公寻找亲家，但外公知道到头来还是要自己安家。外公说那一年自己真的就是在过流浪汉的生活，多亏了一路上的贵人相助，每次都能够绝处逢生。

中年篇

1963年5月，外公的大嫂想给侄女提个亲，听闻外公干活勤快人又聪明，是个高中生，满心欢喜，想马上见见人。这下外公倒是慌了，"我那时什么都没有，做梦也没想过结婚。"我听完笑着说："外公，您有才啊，怕什么。"外公听完也乐开了花。亲事就这么定了下来。可是结婚却没有衣服，外公便称了棉花纺线，织皮布来缝婚衣，缝了一件好棉衣，选了良辰吉日给我外婆送去，外婆穿上正好合身，夫妻俩心中既高兴又满意。

1964年，外公几经波折终于结婚安家，结束了到处流浪的生活，但是家里什么都没有，兴家创业十分艰难。"时常有好心人来看我，送这送那没个完。跛子张老汉送扁桶给我装碗，守财又打了把火钳给我生火煮饭……"外公对这些事仿佛历历在目。外公说那时所有的东西都靠借，也是靠借来的缝纫机学会了打衣这门手艺，生活才有所起色。

1964年10月下旬，外公的第一个孩子出生了，但是家里没钱请医生，只能买点硼酸自己做接生婆的活儿。外公说干活辛苦的时候便看看白胖小子，干活就更有劲，但家里经济条件寒酸，孩子出生了无人照

外公后来翻修的家

管,只能背在身上把活干。周而复始,时间一晃十几年过去了,孩子又多添了几个,住房就成了问题。外公只有两分自留地,拿出八厘地换了屋基,修房材料啥都没有,别人家大年三十一家团聚,但外公一家还在背瓦盖房,终于不分昼夜地把房子建起来了,两间房子还罚了款,就因为砍了几棵树做了三个房梁,不仅罚了十五元,还去学习班受了几天教育。

外公说到这儿不好意思地挠了挠头,"现在孩子都大了,一个个也都争气,以前的苦都变成了甜。"长子读书便是全靠外公一人背煤来供,老三读书多亏老大来帮忙,老二老四老五没读几年便回了家,因为家里条件供不起了,我感受到了外公流露出的丝丝遗憾。现如今外公的子女们都在外定居,也不能时常陪在外公身边,唯有外公外婆守着老家,过着安稳的晚年生活。

老年篇

外公外婆和母亲

外公说这些年来有儿媳在身旁照料,不愁吃穿;虽然女儿们住得远,但常常打电话问平安。自己这一生虽然四处奔波很辛苦,但是到头来能有这样好的结局,自己百年归世倒也安然了。说到这里外公还一时兴起作了首诗:"改革开放发了家,全靠小平老人家。吃穿住行都不差,生活过得现代化。国泰民安全天下,繁荣昌盛人人夸。机械电气信息化,如今来到智能化。想去星球耍一耍,绝不是一句空话。现有习李治天下,世界人民融一家。"我们在场的几人听了不由得鼓起掌来,我赞叹道:"外公,您真的是有才啊!"只见外公满脸笑容,和皱纹融在了一起。

这就是外公戏剧般的一生,跌宕起伏,却足以让我铭记一生。

外公八十大寿

为生命奠基

赵继婷

从中原大地走到北大荒,从北大荒走到江南水乡,我和我的家人同共和国一起成长,共同续写生命篇章。

一

我的太爷爷是山东梁山县赵堌堆人,为了求学远赴四川读书,当年他考上了"北洋大学",但因为路费问题,还是就近选择了重庆大学就读,毕业后在南阳电机厂工作,1937年随厂迁入北大荒,成立了佳木斯电机厂,也就是父母和我出生的城市——佳木斯。在这座城市留下我们几代人的足迹。

我们一家依厂而生,祖祖辈辈都将汗水挥洒于此,是这个厂一个很小的缩影。记得小时候我问姑姑,"为什么咱家这个楼叫'红眼楼',是这个楼得病了么?"姑姑回答道:"当时八几年分房子,很少家庭能分到三居室,你太爷是工程师,才有得住,很多人那时候住一居室都不错了,看到这栋楼都很是艳羡,夸张说就是看红眼了,所以叫作红眼楼。但是他们从不嫉妒你太爷,谁一提起他都会竖起大拇哥,不论做人还是做事他都很认真。连家门口菜场的小贩都很敬重他,夏天总是把一壶烧好的凉白开放在窗台上,免费给商贩喝。"我不由得从心底对太爷生出一种敬佩之情。

佳木斯电机股份有限公司

虽然记忆中对太爷的印象是模糊的,他在我五岁的时候就离开了,但是按照家人的话说就是他的精神依旧在家族的血液里流淌。

据我所知的就是太爷在太奶奶离开后终身未娶,爷爷也因为结发妻子的早逝而一蹶不振,从此养活儿子及四个孙子、孙女的重担都落在了太爷身上,所以我的父辈们都对太爷有着非常深厚的感情。有时提起太爷,父亲一个七尺顶梁柱眼里都会有眼泪打转。

二

虽说爷爷在妻子离世后萎靡不振,但是他的内心还是有着柔软的一面。记得当年老姑还小的时候,两个"单身汉"养四个孩子着实不便,爸爸在北京的大姨看出了这一难处,决定把当时年纪尚小的老姑带到北京。临走前姑姑央求爷爷和父亲带她一起回家,不论家里是多么困苦都想和哥哥姐姐在一起。爷爷看着姑姑那可怜的小模样,把姑姑带回了佳木斯。

行走的新闻：国是千万家

母亲在办公室

三

母亲和父亲是在1991年3月5日，电机厂的学雷锋活动日相识。母亲俊俏的外貌深深吸引着学电的父亲，就这样在建厂55周年的1992年，他们步入了婚姻的殿堂。直到现在他们厂发的纪念水杯还放在父亲的办公桌上，那在我眼中土里土气的不锈钢大茶缸依然被母亲用钢丝刷擦得锃亮，在阳光下都能反射耀眼的光芒。我曾多次让母亲把那"老物什"丢掉，但父亲却把他们的纪念物从佳木斯背到了杭州，让那大茶缸静静地躺在他的办公桌上陪伴他无数个冬夏。

巧合的是在他们相识五年后的1996年3月5日，一个脐带绕颈的剖宫产女婴呱呱坠地。可能是我从小的体弱多病和半夜的"鬼哭狼嚎"促使母亲离开电机厂，开始与姑姑在商场打拼。母亲常说："如果我没离开，都能成为党员了，但还是舍不得你啊，为了半夜哄你睡觉，我就抱着你在地上走来走去，也不敢脱衣服睡觉，而且你早上起得还早，四五点钟就出去疯跑。还认人，别人带你，你又哭又闹，后来只有你姥帮我照看你，我才放心。"

父亲办公桌上的纪念大茶缸

四

在父亲创业前，佳木斯电机厂分了家。一家是股份有限公司，一家是防爆电机有限公司。爸爸分在远隔妻女两三千公里的地方工作。父亲认为杭州的教育对我的学习会有一定的帮助，所以决定让我在杭州读书。

那是2009年8月18日，也是我第一次离家如此之远。严苛的英语老师姑姑和还不适应的语言环境，让我感受到前所未有的迷茫。那时候母亲在家做服装生意，父亲在郑州做公司业务，我在杭州读书，一家人三个地方。虽然姑姑们待我很好，但毕竟不是自己的家，长达一年的寄养生活，使我心理和精神上备受煎熬，父亲下定决心，卖掉家中百平方米的房子，给我在杭州安家。父母因为来杭州买房子的事情吵了好久，那时我外婆身体不好，且母亲的生意正是到年底大赚一笔的时候，一点都不想到一个陌生的城市开始一段艰苦的创业。曾与姑姑在商场打拼多年，母亲知道创业是多么艰辛，何况她舍不得家中的老母亲，一时陷入僵局，几乎吵到要离婚的地步。

我与外婆

"儿行千里母担忧"，母亲倔强的外表下，深藏的是对女儿的怜惜之情，她无奈将生意赔钱转让给了合伙人。十一月的杭州，秋风是那样的萧瑟，离家的背影是那样的悲凉。为了能让我接受更好的教育，父亲拿着买断的全部积蓄和母亲东拼西凑借来的几十万，在杭州主城区买了一套商品房。用全部积蓄为我"搭建"了一间五十几平方米的小窝。而后父亲回去料理家事，将家里的所有房产变卖去还欠的钱，在那座如鸽笼般的小窝，我和母亲度过了在杭州的第一个寒冬。

江南的冬天总是那么湿冷，刺骨的风仿佛可以钻透骨髓。但没有生活来源的母亲开始变得节俭，空调也不舍得开，裹着棉被在房间里抵御严寒便成了家常便饭。洗澡都是等十点后的峰谷电，常常是到了午夜睡意正浓时又不情愿地爬起来洗澡。我的童年不说锦衣玉食，却未曾"吃糠咽菜"，但那个冬天几乎没沾荤腥。加几颗青花椒的清水煮白菜粉条，是日常的晚餐，有时加几颗油豆腐我都开心得不得了。有天我在楼道里就闻到了鱼汤的鲜香，顺着味道走去发现居然是自己家。刚一打开门母亲就开心地向我报喜："这小鲫鱼真便宜，十块钱七条。"但刺多的小鲫鱼配合着冰冷的自来水，母亲的手指被刺伤都没有知觉。那是那个冬天最好的一餐。

五

就这样到了春节，父亲带着爷爷一起住到了小窝，我才又一次体会到家的温暖。幸福是如此的短暂，困苦接踵而来，父亲发现了我与母亲的困窘，一家人生活总要开销，父亲无奈地干起自己的老本行，代理佳木斯电机。父亲回忆道："一年都没几笔生意，你一说交补习费我都揪心，怎么又交钱了？"当然，因为电机的好质量和父亲的好信誉，很快就让小日子变得红火起来，钱包越来越鼓，诚信也口口相传。

父亲不只有经商头脑，还每天关注杭州房地产频道的节目，这些节目仿佛成了他每天的必修课，他的偶像是节目评论员裘维维。在杭州房地产有上升势头的时候，他用做生意的第一桶金，买下了我们现在住的热门商业地块，赚了一小笔钱。他没想着如何消费，而是继续投入到他热爱的电机事业，与母亲共同创办了杭州哈佳斯科技有限公司，公司名是为了秉承佳木斯和哈电的经营理念，继续他的电机梦。虽然父亲嘴上说："我卖了这么多年电机，还不如我一套房子赚得多。"但他还是为了佳木斯电机的销量，奋斗在一线营销前沿。我常常一早就被嗓门大的父亲谈论业务的电话吵醒，父亲也常常与技术人员因为细小的问题讨论数个小时，整理资料到深夜，比我这个凌晨睡的"夜猫子"还晚，办公桌上的文件整整齐齐。

六

让我最记忆深刻的就是他对客户常说的一句话："我1985年入厂，我的爷爷、父亲、姐妹、妻子都是这个厂的职工，我敢拿我们的名誉打包票，产品质量绝对过关。"当一个商人开始讲起名誉和信誉，其实就说明了他身上所具有的这种经营精神和所在公司的经营理念是值得我们认可的。如今年过半百的父亲每天还接手着那些在我看来不值一提的订单,可哪怕很小的订单他都能给客户最满意的答复。他却未曾发现双鬓已经斑白,岁月的痕迹也爬上了额头,曾经的"奶油小生"变成了如今的"中年油腻男",这大概也是全国的佳木斯"电机人"的缩影吧。

从太爷的设计研发,到爷爷的制造升级,再到父母亲的营销推广和姑姑的教书育人,电机厂为我们整个家族奉献了太多太多,电机精神融入了我们全家人的灵魂。记得父亲姑姑及哥哥姐姐同我一起读过的佳木斯电机小学有一句校训:"为生命奠基"。这就是电机人世世代代的目标,也希望自己能将这份为生命奠基的精神传递下去。

温州奶奶

谢慧敏

一

奶奶

新中国成立第二年，我奶奶出生了。而我奶奶的故事，就是我家的一个传奇。

奶奶出生在瑞安市文成县的一个小乡村，在她七八岁的时候，便从村里出来跟着三外公生活在瑞安西门。奶奶经常叮嘱我要好好学习，我很好奇，问过奶奶原因，奶奶只笑，说："我们小时候没钱，也不乐意去学习。不知道学习这么大用处，现在老了不中用了，什么都没办法学。你一定要好好学习啊，这样以后才有前途。"

说这话的奶奶佝偻着背坐在椅子上，桌子上放着"高电位治疗仪"。

"这是我最近刚买的，你看看我头发是不是黑了。之前夏天我连凉席都没法睡，六七月份要睡被褥，风一吹右边手臂和大腿就酸疼，难受得睡都睡不着。现在好多啦！这个'充电'挺有用的，我头发是黑了不少吧！"

奶奶摸了摸自己的头发，冲着我笑弯了眼睛。

看着奶奶开心的样子，我也很难再去告诉她这些产品是骗人的，并没有什么用处。奶奶已经经历了这么多年的辛苦，如果这个"治疗仪"能够给她的生活带来一点舒适，那么一切都是值得的。

爷爷在我很小的时候就去世了，但我对他还是保留着几段模糊的记忆。小时候，爷爷总是喜欢将我抱到三轮车上，载着我去奶奶的水果摊，再将我放下。那段快乐的时光存在我的记忆深处，让我忍不住想从奶奶这儿获取更多关于爷爷的事情。

"你爷爷年轻的时候是编竹篮的，还做凉席，我们那时候带着你爸爸叔叔去福建就是去卖这些竹篮。后来为了落城市户口，才回来瑞安。当时瑞安房子贵啊，买不起，我们就在飞云自己建了房子，就是你现在住的这栋。"

听奶奶回忆起前些年的生活，不禁让我想起小时候，由于家里房间不多，我总是和奶奶睡在一起。而现在，奶奶为了更方便她在菜市场的生

奶奶的出租屋

意，在十年前就独自一人在菜市场附近租了房子。这些年，租的房子也换过，小部分家具也更新了，怎么和奶奶说，她也不肯搬回家住。

"这里多方便呀，很好的，我还想多卖两年五香干呢！"奶奶环视了一遍自己这间小房子，满目的眷恋。

二

"我说我赚的钱比你爷爷还多嘞！"奶奶说着又笑了起来，"那时候我不知道，也没什么经验，就从瑞安进货然后回来在路边卖。后来你爷爷去世之后，我才搬进菜市场。在菜市场里面多好卖啊，生意可比路边好多啦！"

该怎么去回溯奶奶这些年的经历呢，至少在我看来，的确能够称得上是一段传奇。

年轻时候的奶奶是跟着她三外公在西门生活，后来和爷爷结了婚，自己也做起了生意。在我的记忆里，奶奶最开始卖的是水果，小小的我也总是跟在奶奶身边，和菜市场里的叔叔阿姨爷爷奶奶们混了个脸熟。以至于现在我去到菜市场，有些摊位上的人还认得出我，和我打招呼。

奶奶每天早上会先去瑞安进货，除了水果外，还会进一些玩具、零食。飞云到瑞安能够代步的工具不多，大多数人都会选择轮渡。轮渡的终点恰好是瑞安的西门，就是奶奶的货源地。

"有段时间就在西门卖啦，图个方便，后来你出生了，为了照顾你，就搬了回去。你爸爸当时不在家，你妈妈多不容易，我一定要回去帮衬着的。"奶奶如是告诉我。

爷爷去世后，奶奶就搬进了菜市场，和熟人一起租了一个摊位卖水果。现在的她还会时常念叨，如果当年早点搬进菜市场就好了，就能够多赚点钱买个好房子。

水果生意也并非那么一帆风顺，爷爷去世后几年，奶奶随着年龄的增长，身体也一年不如一年，大约在七八年前，奶奶不得不放下了她的水果摊。

"人老了，越来越没有力气了。有一天端着那些水果手腕一抖，然后慢慢地就抬不动了。太重了，吃不消。"说着这话的奶奶低下头，握了握自己的手腕。

我听她这样说，脑海中不禁浮现出奶奶一个人搬着一箱箱水果的画面，心头一阵泛酸。

"那怎么就开始卖五香干了呢？"我好奇地问奶奶。

奶奶顿了顿说："也都是巧合，那时候新峰那里有个人，卖五香干的，也是年龄太大了做不下去，我就接手了她的生意，和她两个人在菜市场租了摊位一起卖。再几年过去，她不做了，那个摊位也不好，我就换了个地方自己继续卖。"

三

除了五香干，现在奶奶的摊位上还经常会出现一些让人意想不到的东西。比如春天的清明饼,夏天的水果罐头,秋天的九层糕,冬天的火锅底料。连我都经常感慨奶奶的销售种类之多,令人想都想不到。

"以前我们什么都不知道,就卖卖五香干,现在生意做久了,也知道什么好就卖什么。"

我知道这句话的背后,是她这三十几年来的生意经,而这生意经,又是她一步一步走出来的。

"其他摊位卖五香干的都没我这里齐全,你看我都是给他们搭配起来卖的。夏天她们都要买白豆腐,皮蛋就要有,罐头也好卖。现在到了冬天,我不进罐头啦,你们都吃火锅,那肯定要豆腐泡的嘛,我火锅底料也进一点,烫菜也进一点,人家要买什么东西都可以直接在我这里买齐,多方便!"

奶奶摊位上的五香干

说这话时的奶奶语气里还有些得意的味道。

每到过年过节的时候,奶奶就会在大清早给我打电话,让我去菜市场帮忙。那时的我早上缩在被窝里,听见手机铃声就是一个激灵,看见屏幕上闪烁着的是"奶奶"二字,更是满心的不情愿。想到此,我就忍不住想问问奶奶现在每天都是几点钟起床去菜市场。

"三点半起床的,然后就要去进货啦!"

"这么早?你现在还要去外面进货吗?"

奶奶摇摇头说:"哪里还用得着去外面进货,现在做生意比以前方便多啦!以前卖水果,我还要专门去到瑞安进货,现在好,他们都是直接把东西运过来,我们要多少去领就是了。早上推个推车过去,要多少拿多少。要进鸡蛋的时候就提前一天给他们打个电话,他们也会运过来的。还有些他们就直接送过来给我了,也不用自己去拿。现在我这里两个摊位合在一起,什么都卖卖,挺好的。"

四

为了追赶时代的脚步,奶奶也折腾起了智能手机。

去年回家,爸爸给我下达了一个任务,就是帮我奶奶注册支付宝账号和微信账号。接到这个任务的我不禁一愣,怎么奶奶突然赶起了时髦。仔细询问之后才知道,原来现在去菜市场买菜的人都会问一句能不能用手机支付,奶奶怕人家付款不方便,看别人家都有了"二维码",于是提出了这个想法。

那个夏天,我就在奶奶的菜市场和银行之间来回跑。丢了身份证一直没补办的奶奶,只有存折没有银行卡的奶奶,也在那个夏天补回了身份证,新办了银行卡。

一开始奶奶还极其不适应使用智能手机,每天抱着手机胆战心惊,觉得每一条弹出的信息都是扣钱的"恶魔"。然后等我去她那儿的时候一样样描述给我听,再让我一一解释。

智能化的生活也有出错的时候,由于奶奶对手机的使用不是很熟悉,就会有人钻小空子告诉奶奶已经付了款,但其实并没有。

已经68岁的奶奶,在爷爷去世之后撑起了这个家,现在她即便满头银发,也依然将自己的"大"生意做得如火如荼。很多时候我都佩服她,她坚强勇敢,从不轻易放弃。在奶奶身上,我们也能够看见温州商人的影子,不是吗?

日复一日,年复一年,我们成长的脚步,怎么追也追不上长辈们老去的速度。只希望时光慢些再慢些,不要再让他们变老了。

我的老兵爷爷

王慧敏

星星之火

浙江省嵊州市孔村，在嵊县、诸暨、东阳的交界之处，在东白山区之中，是一个只有一百多口人，四十几户人家的小村。就是在这个无人问津的小村，星星之火由此点燃。

爷爷出身于革命世家，爷爷的父亲刘芝老是当地有名的革命人士，几个亲戚也大都先后参加革命。爷爷说道："当时地下党组织派石磊同志到孔村开展工作，请了老实的农民，也就是我的父亲刘芝老出面办小学，石磊同志一边教书，一面宣传共产党抗日的主张，为后来啊，打下了很好的基础。"这才有了从1939年开始，刘家以办农村小学为名，安排中共地下党员落脚，方便他们在当地开展革命活动。孔村小学，即西巷小学，爷爷白天上课，晚上陪老师，耳濡目染下，从小就受到了革命精神的熏陶。

爷爷年轻时的照片

革命总是充满着艰难险阻的,解放战争时期,爷爷的父亲和大哥遭到国民党通缉被捕,老虎凳、辣椒水什么手段都用上了,两人还是紧紧咬住牙根。"我们村子40多户人家,有20多人被抓,相当惨烈,老百姓受尽了苦,我做梦都想和敌人拼命,把他们赶出家园。"爷爷有点激动,浓浓的眉毛拧在一起,牙关也下意识地咬紧,一双炯炯有神的大眼睛里闪着严肃而凛冽的目光。我见状,赶紧去摸摸爷爷的背脊,问起爷爷什么时候去参加革命工作的,那额上饱经风霜的皱纹似乎在这一瞬间舒展开来,一双眼睛早已眯成了弯弯的月牙,苍老的嘴角露出一丝慈祥。他缓缓说道:"当时革命气氛特别的好,我啊,特别想要参与进去,那一股劲啊!我连招呼都没打就跑去参加革命部队,当年的中共浙东区党委有个组织部部长,也就是会稽工委书记杨思一同志把我揪回来了,跟我说,'小鬼不听话,知不知这样会暴露革命人士!'"爷爷笑眯眯地看了我一眼,眼睛里的神采依旧深深地感染了我。而后的一年,也就是爷爷14岁时,他开始真正接触当时的情报工作,参加革命,1945年春加入共产党。

在红色堡垒的惊险一刻

岁月吞噬着爷爷的记忆。对于自己的经历,他总要努力想上半天,有些也忘了。但有些东西,爷爷却记得异常清楚。基于孔村重要的群众基础,金萧地区特派员马青同志也来到了孔村,爷爷说道:"我还记得1946年10月的一天,那一天让我记忆犹新,非常的惊险,天才蒙蒙亮,浙保的一个大队就包围了孔村,挨家挨户搜捕马青同志和刘福泉同志,强迫全村群众集合到空地,称马青同志是'共匪',抓到'共匪'马青就赏大洋

抗日战争胜利周年合影

一百万,并说孔村有个叫刘福泉的人与马青直接联系,要我交出刘福泉,还要我把人员名单拿出来。""然后呢!然后呢!"我听得紧张兮兮,拉紧了爷爷的手,我的心一下子提到了嗓子眼,他拍拍我的手继续说道:"那时候,刘福泉同志就在我的后面,我当时实在很紧张,硬沉住气回答道,我们村没有叫刘泉福的人,我故意叫错了名字,当时爷爷的父亲也就是你的太爷爷,站在我旁边插话说道,离这里5里路的胡汗村有个叫刘泉福的叫花子,敌人拿着姓名册子,看了看我们。我们当时硬撑着,背脊上都汗湿了。结果没找到刘泉福,就灰溜溜地说扑空了,就离开了,当时全村人掩护了刘福泉同志,安然脱险。"说到这里,我感觉自己的心像跳出来一般,久久不能平静。

与群众共建东磐之路

从1948年秋季到年底,当时的斗争非常的尖锐,爷爷所在的部队人员少,伤员也多,受了伤只能掩护起来秘密治疗,孔村也建立了半脱产半军事化的模式。1949年4月17日,杜锦堂同志率部起义。起义后,东磐大队整合了锦堂部,宣布建立东磐支队,也称第九支队,支队长方启东,政委也就是我的爷爷刘熙范。

石璜缴枪文集及纪念照片

到新中国成立前夕,东磐支队辖4个大队,开辟了两块游击区,向人民群众宣传红色思想。讲完这些,爷爷不禁感慨道:"打游击战的,如果没有群众的支持,死了多少回都不知道啊。"爷爷深深感受到战争时期依靠群众的重要性,"到后来,百姓都能算出哪天我们到哪个村,他们准备好粮食给我们,敌人一有风吹草动,他们就报信给我们。"后来国民党残余势力在诸暨市乡下残杀人民,抢劫财物,爷爷也坐不住了,参加了清剿活动,为了给老乡们一个安全居住环境而不停地努力。新中国成立前的生活环境一团乱,安定是当时人们最向往的事情。

卸甲归隐

在家人的印象里,爷爷性格刚毅乐观,极少向外人表达自己的喜怒,总是笑眯眯的。想起往事,有荣耀也有无奈的时候。爷爷很关心我,但是他的记忆力有些下降了,问起我的近况可能会问个两三遍,他今年已经有90岁的高龄了,爷爷守着电视机观看红色军事节目,我们也与他一起观看。

他对我说得最多的是党对他和战友的优待,有道是:"浮名利,拟拼休,是非莫挂心头。富贵岂由人,时会高志须酬。"这真是老兵的真实写照。历史终归没有忘记他们,给予他们应有的回报与尊重,爷爷也频繁地接受各种日报的采访,侃侃而谈,《浙江日报》让老战士与大学生进行零距离交流,湖州共青团学生面对面地听原新四军苏浙军区浙东支队革命前辈也就是我爷爷刘熙范讲述当地革命先烈的故事。

虽然他已经归隐,但是依旧没有丢失自己的锋芒。这两年,我们的生活有了很大的变化。爷爷买了智能手

《浙江日报》采访爷爷的报道

机,微信、支付宝也学着用,出去和战友们聚餐都不用带现金了,用支付宝就可以付钱,也安全。

我的爷爷

刘熙范,男,1928年10月出生于浙江嵊县(今嵊州市)长乐镇孔村。1942年6月参加浙东抗日武装南进支队(又称"达谊部队")。同年12月调任地下党嵊西联乡纵队情报组秘密情报员,负责路西与四明交通线,后任嵊西县委政治交通员。1945年春加入中国共产党。新四军浙东游击纵队北撤后,回乡坚持斗争,历任路(浙赣铁路)东县、嵊(县)西巍北武工队队长、东(阳)磐(安)武工队东磐中队指导员、东磐大队教导员、东磐支队政委、东磐办事处指导员等职。

爷爷的勋章

1949年5月东阳解放后,爷爷任东阳县政府武装科科长兼自卫队中队长。中华人民共和国成立后,历任金华军分区第七独立营副政委、干部轮训队指导员、寿昌县(今属建德)人武部副政委、建德县人武部政委、中共建德县委副书记、丽水军分区政治部主任、杭州警备区等职,1985年5月离休。1990年12月为浙江省新四军历史研究会金萧分会创建人之一,历任金萧分会常务副会长、浙江省新四军历史研究会副会长兼金萧分会会长、省会顾问、金萧分会名誉会长。2011年12月,荣获浙江省新四军历史研究会创会突出贡献奖。

我家的"女强人"

胡诗晨

记忆中,外婆总是雷厉风行,与其他老妇人相比显得格外精明、有主见,全家上下都怕她三分。我逐渐懂事后,也不禁诧异,一个没什么文化学历的农村妇女,是如何做到这般有魄力的?外婆说,那是因为她有经验。经验又是从何而来呢?"苦出来的。"我的母亲和外婆一样,不管条件多艰苦都勤恳好学,一把岁数了还考级考证,尝试各种副业,常常作为姊妹中的领导者。她总说我不如年轻时的她聪明勇敢,我也不得不承认。

在我的成长过程中,家里似乎总是由这些"女强人"做主,让我又爱又怕,而现在,我只感到由衷的敬佩。

我的外婆出生于1950年,浙江省湖州市练市镇的一个小村庄——施家兜。五十年代,村里都很穷,我家更是揭不开锅。我问外婆她小时候是否像我们小时候一样上学,她回答道:"男孩基本都上学,好一点的人家能上到初中,我这种差一点的就不上了,只买了两册书。"外婆只读了小学一年级就辍学回家干农活了,但她脑子灵活,人又好学,现在已经能认全大部分常用汉字了。

1958年,外婆8岁,村里实行"大合并作战",所有人一起干活、一起吃饭,大锅饭一天两顿管饱。可是半年下来,米越来越少,只能喝粥,没有菜。再渐渐地,粥也没得喝了,只能靠挖野菜、刨树根来填饱肚子。1959年是最穷的时候,全村没有一粒米,所有农人只能吃草、吃糠。"家里的东西能卖的都卖光了，衣服补了又补"，外婆一边看着电视，一边平静地叙说着。终于熬到了1960年，国家出台了新政策，生产大队分成了若干个小队，农田分配到了各个小队，小队长组织大家田里种稻谷，地里种蚕豆、地瓜等，慢慢地农民就有东西吃了。勤劳的小队种得多，丰收得多，农民的积极性也提高了。到了1965年，村里集体养蚕，勤劳的小队开始种小麦、养猪，经济条件也随之好转，大家能都吃饱穿暖。"勤劳致富嘛！"外婆的口头禅。

外婆18岁时嫁给了外公，外公属于富农家庭，从小没干过农活，一直在念书，成绩十分优异，可惜因为"成分不好"没能去城里念高中。外婆的嫁妆是一张桌子，一个箱子，一只木头脚盘，一只木头马桶，男方家则出了一张木头床（床单和蚊帐是借的，用了一段时间后便归还了）和200元的彩礼，他们结婚时摆了酒，在当时算比较隆重的。

1969年，外婆生下了舅舅，"文革"后，她一边带孩子一边跟着生产队干农活、拿工分，1971年，又生下了我妈。外婆属于非常健壮的妇女，勤劳肯干，拿的工分也多，而外公作为村里为数不多的文化人当上了小学老师，家里的经济水平也渐渐跟上了平均值。

1978年，家庭联产承包责任制实行了，农田分配到了个体，我家分到3亩多地，辛勤地耕种着。随着这一政策的推行，农民的生活得到了普遍改善。母亲从小体贴懂事，8岁上小学时就开始下地干活。从我小时候，母亲就常常念叨："我们读书那会儿哪有你们现在幸福，一放学就要赶着回家，扔下书包就去割草，夏天踩进田里皮都要烫掉……"儿时的我不爱听这些，总是不以为然地撇撇嘴。

母亲学习很好，小学时一直是年级第一，初中就读于练市当地的仁北中学，为了考中专，初三转到了离家7公里远的莫蓉中学。那时家里也没有摩托车，只能徒步行走一个半小时前往学校，15岁的母亲一个人借宿在附近的工厂里，一周回一次家。她回忆，转学之后先考了一次摸底考试，全年级共有180人左右，她只考了108名。母亲傻眼了，第一次感受到了离"考中专"这个目标的距离，但她不甘于此，拼命追赶。两个月后，她考进了班级前十名，第一学期期末顺利考进了实验班，到第二学期下半学期，稳在了实验班的前十名。功夫不负有心人，1986年，母亲成了整个练市镇上唯一一个考上中专的孩子，外公没能实现的去城里读书的愿望，由母亲实现了。她骄傲地告诉我："农村户口变居民户口嘞！"那年，我家也迎来了第一台家用电器——16寸彩电。一台没比我的电脑大多少的电视机，在当时却是全家人的乐趣。

母亲的中专专业是工业电气自动化，她说分数不高，能选的专业不多，当时也不懂就选了这个。1990年，母亲中专毕业，被分配到了湖州市第三人民医院设备科，住在医院的集体宿舍里。1992年，母亲经人介绍与父亲相识，1994年步入婚姻殿堂。婚礼在练市镇上和湖州城里各办了一次，母亲还记得当时的婚车是凯迪拉克，酒席各摆了十桌，举办得较为隆重。当时，父亲在银行工作，因此分配到了一间50平的房子，也就是他们后来的婚房。

1998年，我出生了。在我一岁以前，外婆和奶奶轮流来我家照顾我，两岁上托儿所后，基本都由母亲带我。新添了一个家庭成员，50平的小房子显得有些拥挤，2001年，父母依照"房改房政策"搬到了一间118平的大房子，这是母亲在城里拥有的第一套属于自己的房产，加之他们二人都在事业单位工作，煞是惹人羡慕。对于那间房子我仅有一点模糊的记忆，暖黄色的灯光、木质的家具，想来是一幅温馨的画面，可惜好景不长，2002年，父母因感情不和而离婚。父亲脾气倔强，非要把房子卖掉平分财产再各自买房。母亲也极为要强，拿了一半的房钱净身出户，31岁的她带着4岁的我白手起家。那一年，我刚上幼儿园，我的童年记忆也从这里开始。

上幼儿园时，由于母亲必须在上班前送我，下班后接我，所以我几乎总是最早到，最晚走的。那时我家的出行工具是一辆自行车，后面装了一个儿童座椅，懵懂的我就这样每天看着母亲的背影，不哭也不闹。母亲一个人养我，经济上不是很宽裕，我却是全幼儿园报兴趣班最多的孩子，她甚至同意让我学电子琴。我仍记得去商场买琴时，我一眼看中了一台1400元的电子琴，母亲问我一定要这台吗，我奶声奶气地喊着就要这个，她认真地看着我说："那你一定要好好学。"我点了点头，她便买下了。当时的我不知道1400元对于2003年的母亲来说意味着什么，也不明白她说的

"好好学"中饱含了多少期待，现在望着那台荒废已久的电子琴，总觉得愧对母亲。

我上小学之后，母亲买了一辆摩托车，她1.55米的个子，在当时的我看来却格外高大。外婆心疼母亲一个人带我，于是搬来了我家，帮着洗衣做饭和做家务，母亲不在家时，都是外婆管教我，我的些许拖拉、贪玩都会被严厉斥责，她几乎成了我童年最害怕的人。母亲对我的成绩要求很高，周末排满了补习班，若不是考到第一名都不会夸奖我，并且随着我年龄的增长，她不允许我有课外活动，令我十分苦恼。2008年，母亲忽然下定决心要再搬一次家，为了让我能进当地最好的初中。这遭到了外婆的反对，但母亲的性格和外婆一样，雷厉风行，说做就做，2010年1月1日，五年级的我搬进了新家，比原来更大，也更漂亮。

上了初中之后，母亲和外婆都更加严格地管束我，要求我必须考上重点高中，不管是学习还是生活，一点小事就会引来她们铺天盖地的批评。和当时所有的初中生一样，我丝毫不理解大人的苦口婆心，只觉得烦透了。

2013年，家里买了第一辆汽车，比多数同学的家庭都晚了一些。也是在这一年，我度过了我的成人礼（湖州当地有摆16岁生日酒的习俗作为成人仪式），可我并没有长大，仍旧以幼稚的心理厌恶读书、厌恶面对家人。虽然我平时成绩还可以，可中考却是一次史无前例的滑铁卢——我没能考上重点高中。在知道分数的那一刻，我只觉得疲惫和无奈，而母亲却哭了，这是我第一次看见她哭。

上了高中，学习压力越来越大，我的逆反心理也越来越严重，和家中的这两位女性争执不断，只想远离她们，我丝毫没有注意到母亲茂密的黑发中出现了白丝，"凶悍"的脸上爬满了皱纹，直到2016年，母亲做了子宫肌瘤切除手术，她虚弱地躺在病床上告诉我，在学校好好学习就行了，不用想别的。长大或许真的是一瞬间的事情，我忽然理解了所有她在我眼中的"不可理喻"，或许是她带着与生俱来的倔强在赌气，或许是她认定我们家的孩子会有出息，我是这位单亲母亲唯一且全部的希望。我很幸运，考上了一本专业，虽然母亲并不满意我的学校，但她不再与我争执，也许是决定放任我自由生长了吧。

2019年元旦假期,大二的我照例坐高铁回家。外婆虽然腿脚开始不便,可声音还是很洪亮,做起菜来仿佛要把锅底都铲出火花。我让外婆回忆一些过去的事,她提道:"你妈妈小时候下地割草的时候,被镰刀割到手,骨头都能看见,回家后愣是没吭一声,还是你舅舅告诉我们的。"饭后,我和母亲窝在沙发上,一边讨论哪个电视好看一边切换着频道,我想起外婆说的这件往事,便问她小时候割伤的地方在哪儿,母亲愣了愣神,回答道:"早忘了。"

我想,我现在的倔强独立、敢想敢做,应当都是源于这两位平凡又不平凡的女性吧。

我家的罗曼史

侯佳黎

外公外婆：吵吵闹闹五十年 携手相依半辈子

我出生后，由于爸妈工作忙，就把我放到外婆家，印象中他们经常拌嘴，往往因为一些小事就争执了起来，你说一句，我回一句，谁也不肯示弱。但他们又会马上和好，外公只要一句："老太婆，今天晚上吃什么？"两个人便又"恢复邦交"了。

"外公，你跟我外婆是怎么认识的呢？"小时候的我经常这么问。

外公扶了扶眼镜，笑着说："这个，故事可就长了。"

外公是宁波市鄞州区横溪镇人，外婆是宁波市鄞州区云龙镇人。

两个人是通过外婆哥哥的战友认识的。外婆哥哥的战友是一位退役军人，抗美援朝的志愿军，刚巧与我外公的阿姨是邻居，两家都在打听有没有合适的对象，这下就介绍在一块了。

碰了面，印象还不错，照我外公的话来说是"小姑娘安安静静的，很本分实惠"，我外婆对外公的印象也是"高大、俊朗、善谈"，彼此对对方的第一印象都不错。就这样，外公去了云龙六七趟，外婆的哥哥也找我外公促膝长谈了好几次，这门婚事就算定下来了，两个人也算是没有怎么谈过恋爱，急急促促就结婚了。

"那个时候经济困难的嘞，"外公喝了口水，继续说，"我跟你外婆

外公外婆妈妈一家三口

结婚,我拿了500块钱,你外婆娘家也拿出500块钱嫁妆,就这点钱,在那个年代也算不少了,我们在横溪租房子住,一共就十多平方,特别狭小的空间,我们租了差不多九个月这样子,原来的房东不租了,我们只得又换房子租。"在租的第二间小房子里,我妈妈出生了,那时是1971年阴历九月十一,女儿的出世让外公外婆高兴极了,也深感一家三口不能继续在那么小的房子里租住,于是用了外公这几年在汽配厂干活攒下来的钱,加上外婆哥哥们资助的钱,盖了第一间平房。

"那那个房子有多大?"我问道。

"也不算大,但最起码是自己盖的,有厨房有厕所,跟以前比起来已经好太多了。"外公回忆道,"你外婆的哥哥们,也就是你云龙几个大外公,那个时候还真是要感谢他们,他们自己也不富裕,还是出钱出力给我们盖了屋,这份恩情我是一直记在心里的。"

改革开放后的第二年,外公外婆的第二个女儿——我的阿姨出生了。那个时候外婆已31岁,在那个时代算高龄产妇,一家人对小女儿的出世都很高兴,我外公更是如此。他不再满足于现状,而是决心让家人生活得更好,于是自费买了设备——空气锥,除去平常在汽修厂的工作,周末休息时间也帮人打铁赚钱,有时候我外婆也去帮忙。没过几年,两个人赚的钱加上省吃俭用省下的钱已经足够外公盖栋两层的楼房了,还外加一间平房。

"改革开放以后啊,没那么苦了,日子是越过越好,你外婆是一路跟我苦过来的,她虽然有时候唠唠叨叨的,但也从来没什么怨言。""那你们俩以前吵架吗?"我问。"吵啊,吵得可凶了,还要打架的,扔东西,砸东西,你妈小时候都被我们吵架那个阵仗吓哭过。"外公笑着说,"现在啊,我们都老了,你外婆还生了病,我就不敢跟她吵架了,我得好好照顾她。"

1997年，我出生的那一年，外公外婆卖掉了在横溪的房子，搬去了长丰新村，五楼，两室一厅。后来我外婆生了病，身体越来越不好，外公从那时候开始就不再天天跟她吵架了，也不差使她做这做那，而是帮着干家务，"我自己做家务了才知道原来你外婆这么累，"外公说，"我以前不知道她要做那么多事，还天天不满意这个不满意那个，现在你外婆生病了，不能做了，我才知道她的好。""那你以前还跟她吵架？""不吵了，再也不吵了，我以后都听你外婆的，她开心就好，她长命百岁就好。"

又过了十多年，新村老了，五楼的楼梯已经不适合日渐衰老腿脚不便的外公外婆爬，于是2011年，外公外婆搬去了新小区水韵江南，就在印象城附近，小区有电梯也有地下停车场，旁边就是菜场和超市，爸妈给外公外婆安了电视点播盒子，他们想看什么节目，想浏览什么新闻都可以。

爸妈还给他们一人弄了一部手机，连上无线网，装上微信，足不出户就可以跟家人朋友们聊天。我外公也玩，朋友圈文章、今日头条他都看，

外公外婆的新家

有时候消息比我还灵通,他俩还互相教对方怎么弄,一起研究新功能。

最近我去外公外婆家的时候,他俩正挤在厨房捣鼓菜,不时飘来两句"这个我来弄,你这老头子碍手碍脚的""别说我了,你去歇会儿",这就是我的外公外婆,在一起半辈子,谁也离不开谁。嬉笑怒骂,柴米油盐,甘苦与共,白头偕老。

爸爸妈妈:爱是无条件包容一个人的坏脾气

父母结婚照

我们家的地位,是这样的:妈妈排第一,我第二,爸爸最后。毫不夸张地说,我妈是我家的"女王",地位无可撼动。

我妈是美人,见过的人都这么夸。即使现在上了年纪,皮肤和身材也都保养得宜。我爸是帅哥——十年前还没秃顶和发福的时候,现在不太行。当初他们的结合,被所有人都誉为"金童与玉女",我好奇地去翻了他们的结婚照,发现这个说法毫不为过。

1993年的夏天,我爸跟我妈都22岁。妈妈是一家工厂的财务,爸爸是一家销售公司的业务员,巧的是两个人都在灵桥路上的钢材集中交易市场上班。那时候的我妈还是一头长发,飘逸极了,像极了80年代港片里的女主角;我爸还有着茂密的头发,也是相貌堂堂的"奶油小生",两个人平常就打过照面,对对方也都有点好感,但接触不多,总没有什么讲话机会。但天公作美,一次偶然的机会,妈妈的自行车坏了,爸爸恰巧经过,就拉着妈妈上了他那辆拉风的本田摩托车,送她回了家,从此便像偶像剧里的情节一样——他们相识相恋了。

1996年5月12日,恋爱了3年的两个人终于决定在这一天结婚,亲朋好友都来了,妈妈穿着白色的婚纱,挽着爸爸的手走向众人,所有人都说着

"般配，真是般配"，结婚后两个人在段塘镇买了房子，一个只有58平方米的两居室。又过了几个月，妈妈被检查出怀孕了，于是她辞去了原来的工作，安安心心待产。1997年2月19日，我出生了。

我一周岁的时候，妈妈通过别人介绍，开始进入服装行业，那时候的开明街，是全宁波最繁华的路段，每到周末，店铺都会被围得水泄不通，妈妈在开明街租了一间小店面开始卖衣服，生意是越来越好，连爸爸都辞了职来帮衬妈妈，两个人一起拼搏，周末也不休息去杭州进货，就这样过了几年，我家的房子已经从段塘的58平方米换了80平方米又换到了市中心的130平方米。那段时间是我爸妈最忙的时候，我甚至被送到了外婆家，周末也不见他们的身影。

妈妈年轻时

但好景不长，慢慢地，因为天一广场和周边商圈的兴起，开明街渐渐没落，不再拥有往日的繁华。随着房租的大幅增长，网商的逐步兴起，爸爸妈妈从此退出了服装行业。

经历过一起创业的艰辛，更让他们深知现在的生活来之不易。妈妈又找了工作，是一家物资公司的财务，而爸爸找了个注塑机厂当业务经理。那之后的生活有规律多了，不需要像之前开服装店那么拼命，日子开始趋于平淡。

我妈的性格骄傲得像个公主，至少在家是这样。她总是差使我爸做这做那，我爸也俯首低头答应她的一切要求，但他们也经常吵架，有时候我妈过于咄咄逼人，脾气好如我爸也会感到不快，但是他们的争吵持续不了太久我爸就会败下阵来，然后就开始冷战。但一般也持续不了多久，因为我爸会忍不住去示好，我妈又是那种一哄就好的性格，也就和好了。

我上高中的时候，正值青春期，是我最叛逆的时候。被爸妈批评，我忍不住跟他们争吵，当时说了许多没经过脑子的伤人的话。有一天我妈来我房间跟我谈心，跟我说让我不能这样，要对我爸好一点，"你爸会伤心的，你知道吗？"她说，"这个世界上只有我可以骂他，其他人都不可以。你是他女儿，你怎么能骂他呢？"

现在我妈也会经常批评我爸，他们在一起也有二十多年了，按我爸的话说就是："我都已经被你妈骂了二十多年了，也习惯了，她要是哪一天不骂了，我还反倒不习惯了呢。"可能这就是爱情吧，爱一个人，就会永远无条件地包容她的坏脾气。

这就是我家的两段罗曼史，琐碎而细腻，平凡而温暖。作为这两份爱情的见证者，我相信在今后的岁月里，他们也一定会携手同行，共同迈步，将这幸福一直绵延到地久天长。

我家就在滕头村

江儒斌

初生牛犊

1952，土改基本结束，中国彻底废除了封建剥削制度，农民翻身做了主人。出生于宁波奉化滕头村的外公刚读完小学，但因为当时家里贫苦，无法继续供外公读书，辍学的外公只能像多数人一样开始务农。当时的村里实行出勤制，外公有些文化，书记便让他当了村里的记账员，除了每天与其他人一同务农，外公也要负责统计每个人的出勤率以及其他事务。那时候的滕头村是出了名的穷村，那年，外公正好14岁，住的是仅仅20平方米的泥墙屋。

年轻时的外公

1958年，此时的外公已经成年，在村里劳动的这些日子里，外公得到了一定的锻炼，但滕头村的发展依旧不景气，外公想要接触更多的事物来拓宽自己的眼界，他努力争取到了村里去杭州化制学院培训工作的名额，就这样，外公踏上了去往杭州的路。

在杭州期间，除了培训以外，外公还下到车间，将自己所学到的知识技能用在实践当中。对于一个土生土长的农村小伙子来说，身处他乡，每日劳作在偌大的工厂之中，这种感觉，是既欣喜又担忧的，外公欣喜的是在这里能够得到自我提升,担忧的是远在异地的自己的家乡——滕头村是否也在发展。

"大跃进"期间,当时村里的每个生产队都负责一个锅炉,大队队长不干农活,天天在村里转悠,搜刮村民家中的铁具拿去炼钢,滕头村的庄稼产量本来就低,村民们都勒紧裤腰带过着日子,如今连锅盆都充了公。另一方面,村民为了提高产量,将上百亩产的粮食一股脑地种在一亩地里,他们得意地让领导来参观,殊不知这些秧苗一天天地腐烂,一年的收成早已泡了汤。外公在化工厂这段日子里,一日三餐都能得到保障,可年底回到了村子,却连一口像样的米饭都吃不上,村里一时之间掀起的这股"浮夸风"让滕头村的发展脚步停滞不前。年轻的外公看在眼里,无奈心有余而力不足,他只能企盼着可以早日回到家乡,为滕头村的建设出一份力。

以身作则

外公外婆

1964年,外公遇到了外婆,婚后,外公的肩上又多了一份责任,同时也更有了上进心。而外婆也是个精打细算的贤内助,将家里的日常琐事打理得井井有条,当时的生活虽然贫苦,但两口子脚踏实地,这么多年风雨兼程,这才收获如今美满的婚姻。外婆说:"我知道你外公是个实在的人,靠得住。"说到这里,两口子互看着对方,竟有些许腼腆。

1966"文化大革命"开始,滕头这个小村庄,每年的粮食产量全赖那百来亩非涝即旱的滩地。眼看着村里800来口人,日日辛苦劳作,却年年吃不饱饭,村书记的心里很不是滋味。作为生产队长的外公也是看在眼里急在心里。外公清楚地认识到,要想让家家户户的日子有所改观,粮食的产量要放在第一位,只有村民吃饱了饭,村子的建设发展才能提上议程。

终于,在村书记的号召之下,外公与其他队长带领着各自的生产小队，开始了艰苦卓绝的大规模改土造田工程。原本七高八低的滩涂，在村民们一锄头一铁锹地辛勤开垦之下变成了一亩亩整齐划一的四方田地，这场大改造整整持续了十多年。在这期间，生产小队除了要进行开垦工作，还得保证每年有足够的粮食产量上缴国家。许多生产队无法平衡两者之间的时间分配，也导致了很多村民无心务农，粮食产量一路走下坡路。

外公面对这样的情况丝毫不敢怠慢，既然都是分内的事情，就必须保质保量地完成。然而，要做到两头兼顾，谈何容易？外公每日来回奔波忙碌，牺牲自己的闲暇时间，把精力都投入到了村子的发展建设当中，也因此落下了胃病的病根。但付出总是会有回报的，到了丰收季节，他带领的生产小队产量遥遥领先，之后也年年如此。其他生产队长看在眼里，嫉妒在心，但他们也明白，外公有担当，对家庭是如此，对膝头村更是如此，直到现在，外公这种以身作则的优秀品质还深深地影响着我们这一辈年轻人。

就这样，外婆和外公勤勤恳恳地劳动，时间过得很快，一转眼到了1978年。改革的春风吹来了阵阵暖意。村里的老书记看到了一篇关于安徽调整落实农村经济政策的报道，农村改革的火把点燃了他的心，也使得我外公所在的小村庄——膝头村，慢慢走上了致富之路。当时的膝头村既

改土造田工程

遵循了"以粮为纲"的宗旨，又提出了"全面发展"的思想，村里开始栽培花卉，开办园艺场，各种名贵花卉一路畅销，梦想也如花儿一般绽放。

膝头村民的腰包越来越鼓，但村里当时住的都是草屋、泥墙屋，老书记一声令下，全村便开启了声势浩大的民居改造运动。旧村改造，外公生性要强，自然首当其冲，外公只读了几年书，对建筑学也没什么概念，书记要求他管理施工现场，但外公好学，更愿意自学，城里的施工队在画图纸，外公就在一旁看着，他会反复请教，回到家中再细细摸索。外公心细，学到一些皮毛之后，他更是买来了建筑学的相关书籍，白天将旧村改

意气风发的外公

造的工程管理得井井有条,晚上回到家中仍旧孜孜不倦地学习建筑知识。就这样经过了8个年头。

8年间,外公从一个建筑门外汉,变成了一个小有成就的农村建筑师,全凭他这上进的性格,以及迫切想为自己的村庄做出贡献的热忱之心。1989年的滕头村,"田成方,屋成行,清清河水绕村庄"。直到现在,外公也因为自己生长在滕头村而自豪。外公外婆搬进了新房子,家里的生活也越过越好。

更上一层楼

趁热打铁,1988年,村里办起了工厂,村办工业企业数量一下子翻了一番,这是改革开放以后村办企业的第一次提速。随着业务扩张,村里的厂房得扩建,此时的村里已经有了自己的建筑团队,外公作为团队的主心骨,在这几年里,也在鞭策着自己不断进步。团队与企业签订了厂房建造的承包合同,与此同时,这次厂房建造的重任也落到了外公的肩上,外公丝毫不敢马虎。即使建筑技术在这几年里有了很大提高,但外公仍旧不忘初心,秉承着他一贯的做事风格,力求把每个细节都抠到位,就如为村里造房子一样,他做到了以身作则,为每个工程负责。厂房竣工之际,外公也获得了满满的成就感,站在崭新的服装厂大门口,外公的心情无比激动,这不单单是一个普通的服装厂,更是在每位村民走向共同富裕道路上添上的浓墨重彩的一笔。

1993年,滕头村创建了自己的房地产开发有限公司,公司秉承着"质量第一·用户至上"的兴业之路,在当时的奉化城镇完成了一个又一个的高质量房产项目。

回望滕头村,村民要向着更高层次的小康社会提速了,而此刻的外公已通过自己的努力,考出了中级工程师资格证书,有了扎实的专业知识作基础,再加上强大的团队以及先进的工具,滕头村的"小康别墅群"项目快马加鞭地动工了。

时隔多年,能再一次为自己的村庄建设添砖加瓦,外公热情高涨,外公的建设团队在市里已有了响当当的名气,但外公知道,回到滕头村,自己还是那个朴实勤劳的村民,他要为自己的招牌负责,更要为村民的幸福未来负责。别

滕头别墅群

墅的建造工程顺利地进行着,村民们都乐开了花,就这样,一排排整齐划一的别墅洋楼拔地而起,房顶铺上了醒目的红砖,房前开垦了美丽的绿化,真可谓"一年一个样,年年都变样"。在奔小康的道路上,滕头村遥遥领先,成了全国榜样。外公回忆着这段往事,一切仿佛还都历历在目:"我从一个对建筑一窍不通的农民,到一个能为自己家乡建造别墅的工程师,这其中少不了村里对我的栽培,更少不了村民对我的信任。一直以来,我们滕头人都秉承着'一犁耕到头'的精神,作为一个工程师,我对家乡的建设,甚至在国家未来的发展事业上,都应该有义不容辞的坚决态度。"

薪火相传

滕头村的华彩篇章还在继续演绎,走在中国新农村建设的前列,更多的新滕头人不忘初心,秉承美好,继续前行。相信在未来的日子里,会有更多如同外公一样的朴实村民,将自己饱满的热情与辛勤的汗水奉献给这片可爱的土地。

如今的外公外婆

我家五代房屋史

郭洁荧

石头屋（爷爷小时候）50年代——30平方米

问起爷爷小时候的故事，他一言不发带我走出家门，走过一个又一个拐角，来到一个陌生的地方。

浙江省绍兴市上虞区丁宅乡，宽阔的柏油路旁，是一座石头屋。

它就那样长满荒草，春天的绿色掩映在荒芜之中，门窗完好，柴扉紧闭，屋上的旧式小瓦片长满青苔。和屋后拔地而起的二层小洋楼相比，小屋宛如西装革履、朝气蓬勃的年轻人面前衣衫褴褛、老态龙钟的老者，承载着沧桑的记忆，它勾起爷爷对石头屋无限的回忆以及我的好奇。

石头屋真的很小，小到没有如今一个卧室大，只有30平方米。爷爷根本无须走进石头屋就对小屋内的结构和情形了然于心。屋里一堵墙将内部空间分隔成两部分。里屋南面或者背面盘着一张木床；外屋造有石头和泥垒的土灶台，一口黑漆漆的铁锅镶在上面，两扇半圆形的木制锅盖，方便掀起或盖上。灶门儿朝北或朝南，烟熏火燎。里屋和外屋的门，因没有合页和门框结合，门上面一突出的门轴，被固定在木制的木环里，开门关门时门轴在木环里转动。

爷爷出生于1948年，回忆起小时候的故事，他摇摇头，直说穷，"那个时候是真穷，一家四口人挤在这么个30平方米的小地方。"石头屋往上看，是秫秸或者木绊子做成的房顶，房顶上面抹上黄泥，待黄泥干燥后稀疏铺几块老式小瓦片，屋里通常不吊棚，房顶裸露着，积年累月的烟熏，变得黑黢黢，已看不出房顶到底是什么材质。爷爷盯着房顶出神，喃喃道，"这些个小瓦片根本不顶事，那时候外面下大雨，屋里就下小雨，所有能装水的东西都用上了，接漏雨啊。下雪的时候，你阿太还要想办法固定，不能被雪压倒了。"

阁楼屋（外公"文革"前造的房子）70年代——大灶

"嗤啦"热油下锅，是一刻都不愿意闲下来的外婆又挥舞着锅铲在大灶上为我烧好吃的。从年夜饭的炸扣肉、八宝饭到平日里当零嘴的油炸松花汤圆，外婆是远近闻名的一等一好手，我每每去外婆家都吃得满嘴油光，春风拂面。而这，也要给外公记上一份功劳。

外公年轻时的照片

外公1942年出生，读完初中后1961年进入生产小队当会计。在别人累死累活种田一天只赚几工分的时候，外公的这份还算体面的工作在当时算是不错了。1964年外公参加四清运动后入党，奔波在上虞、余姚、宁波市区各地查贪污。1967年，一直在外四处奔走的外公遇到外婆后终于安定了下来。而后外公当了三年山林队长，六年生产队长，经过积累后终于造起了自己的房子。

"那是全村最高的房子，"外公戴着老花镜，停下翻旧相册簿的手，浑浊的眼睛里像是被点亮了火光，"还给你外婆专门造了一个大灶，她平日里最喜欢做点吃食。"外婆端上一盘雪菜肉丝炒面，朝我努努嘴说："那时候这房子造得太高，你外公还差点被批斗。"房子是阁楼屋，底盘和墙都是条子石，瓦片下面是木椽，木头门窗，那个时候材料倒是不用钱，但人工费也是真的贵。要把这些大块头都从山里运出来，再一点点砌起来。大抵是有人眼热，竟举报外公造房过高，好在外公在生产队工作的时候人缘还不错，被拉去妈妈的小学旁边关了几天，这事也就不了了之。

行走的新闻：国是千万家

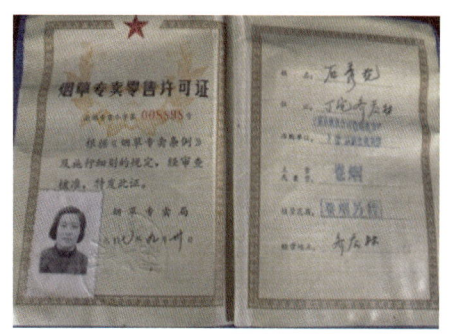

外婆开小便利店的许可证

犹记得小时候去外婆家，木梯通上去的阁楼充满了神秘色彩，踩上木梯，动一步会嘎吱作响。而最令人神往的便是外婆那口大灶，在后边的洞里丢柴火生火来提供做饭做菜所需的温度。大锅里的饭永远会给人留一个惊喜，最靠近锅底的地方会结成真正的锅巴，撒上盐便是一种零嘴，可惜现在没有了。外婆还会往大灶火堆里塞进几个红薯，"你妈妈那个小馋嘴呀，刚烤完的红薯烫得不得了，可就是不肯撒手，死活拽着往嘴里塞。"

在那个年代，房屋中有一个宽敞的大灶确实为外婆带来了很多便利。

1981年外公当上了村里的支部书记。1982年分田到户后又造了小房子开便利店，日子倒也过得自由。而后2005年政府开始建设文明村，外公积极响应，带领村子进行道路改造、自来水和电路改造等，大伙的房子也都越来越好了。

四层楼（爷爷造的房子）90年代——多层

1994年，爷爷向乡政府批了地，在当时的乡镇开发区造了一栋四层楼。从30平方米石头屋到四层楼，中间不知花费了多少心血。

1956年，因为家境贫寒以及动荡的局势，爷爷读完六年小学就去生产队干活了。因为还小，当时只有3工分一天，而10工分才五毛钱。在那个做什么都凭票的年代，没有粮票油票也就意味着没有粮食，饿极了就吃野菜和压碎的麦。直到爷爷23岁去生产大队开拖拉机，一天赚的工分才变多了。"那时候就盼着能出去运货，只要上了高速，每趟都有一块五的补贴。"爷爷笑眯眯地说，眼神幽远，仿佛在回味那时候的开心。

1984改革开放后分田到户，爷爷用2300元买了一台属于自己的拖拉机。"别人一天一元，我一天能赚五十元呢！"爷爷又笑了，"改革开放好啊，多自由啊，没有改革开放怎么可能买自家的拖拉机。"朝着这势头，爷爷自己造了全村第一间房子，当时是最高了。30多年前，要过年的时候，爷爷问爸爸和姑姑要什么新年礼物，12岁的爸爸张口就要电视机，姑姑则要了一个录音机。

1994年，爷爷用自己一天天赚的钱又造了一间房子，这次就是那栋四层楼。从水泥到砖块，每一样材料都是他从县城里买了运回来的，和水泥等能自己干的活就不假手与人，涂水泥、刷粉刷等专业活他就去请小工来做，小工做完后要留他们吃饭，这时候奶奶就会烧好满满一桌子的菜来招待。"我那个时候在城里运货，看到以前的筒子楼，就觉得自己一定要造一栋高高的有很多层的楼。"爷爷慢吞吞地扶了扶眼镜。

商品房（爸爸买的房子）2006年——上学

2006年，我到了要上小学的年龄，爸爸用自己的积蓄再加上向银行贷款在城里买了一套商品房供我读书。

爸爸妈妈1999年结婚有了我，妈妈大着肚子跟着爸爸到上海，肚子七个月大了才休息。因为爸爸小时候英语不好，所以他让我读双语幼儿园，从小学习英语，但遗憾的是，似乎并

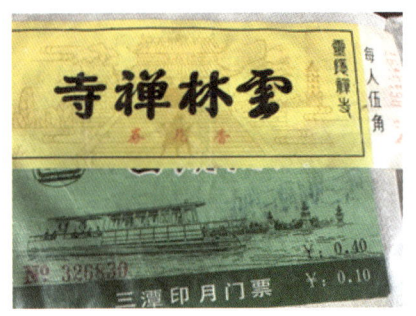

旧时的门票

没有成效。到了读小学的时候，为了让我读上虞最好的小学，爸爸贷款买了房，与爷爷外公都不一样的是，爸爸买的房子不是他一砖一瓦亲自搭建的。看地段看户型，无非是在空荡荡的几间房子里看来看去，这也给爸爸留下了遗憾。

时代在变迁，商品房逐渐普及，但带来的也是邻里关系的淡漠。妈妈不怕生，每每爷爷或者外公从乡下地里带来什么土特产，她总会热情地敲开邻居的门，与他们分享这些绿色食物，一来二去也就熟了。2008年，我"人来疯"的弟弟出生了。他总是热情大声地冲楼道里过往的邻居问好，

"叔叔早！姐姐今天真漂亮！爷爷奶奶去散步吗？"一张甜嘴吃透整个小区，连保安大叔都认识他。

小别墅（爸爸造的房子）2012年——回乡

2012年，爸爸回乡下买了一块地，说是要造一个和妈妈以后养老的房子。

那时我刚记事，虽然我还无法理解为什么爸爸一门心思要去乡下造房子，明明城里才有大大的热闹的商场，而我现在有些懂了，这就是所谓逆城市化，现在有的郊区的房价都比市中心贵一些。而我们拥有青山绿水清新空气的亅宅老乡镇这么好的地理条件怎么可以不用。因为这套房子不急着住，所谓慢工出细活，前前后后用了四年时间才竣工，也算是爸爸的一个心愿实现了。

爸爸对这套房子极为上心，从设计图纸开始就自己动手，自己设计房子的外观和内部结构，自己去联系材料方，用的是保温外墙、双层防弹玻璃，妈妈调侃他说："还防弹？你这是预防什么战争吗？"爸爸就会笑嘻嘻地答："这不是安全一点嘛。"

再到后面的软装，爸爸也不嫌累，一样一样挑选组合。

从狭小到宽敞，从平房到高层，从有房住到住好房，从生理需求到精神追求，房子越来越大，生活越来越美，70年沧桑巨变尽显其中。房子是"家"的载体，是维系一家人亲情的地方，是体现家庭起落的载体，是见证社会发展的核心。但无论住在哪里，有爱就温馨。

我喜欢的人是英雄

朱鸳麒

2018年12月22日,冬至。冬至上坟是我们金华的传统。外公和外婆是合葬的,外婆还健在的时候,我常问外婆:"外婆,外公是怎么样的人啊?"外婆则看着墓碑笑着说:"我喜欢的人啊,是英雄。"

1950年,外婆和外公好上了。他们是青梅竹马,从小就在一起玩儿。我外公小时候很是淘气,常常和别的小朋友一起闯祸,是村子里出了名的捣蛋鬼,但是每次捣蛋被抓的却总是外公,因为外公永远是最后一个逃走的,所以挨打挨骂的也永远是他。那时候外婆隔着老远都能听到我外公挨打的叫喊声。外婆告诉我他们是注定会在一起的,因为她小时候就已经对这个淘气的小男孩格外在意了。

1953年,那是一个动荡的年代,那时的年轻人总是怀着满腔热血,一心只想报效国家。年少气盛的外公当然也不例外,他怀着一个英雄梦走上了报效国家的道路。那时候正值抗美援朝战争期间,外公便应征入伍,成为一名军人。外婆告诉我,外公在得知自己被录取的那一天可高兴坏了,又蹦又跳地跑到她家里告诉她自己是一名军人了,要去打仗了!虽然外公很开心,但是外婆却并不开心。因为在外婆的眼里这就意味着他们要分开了,而这一次的分别谁又知道再见是何时。况且一旦上了战场,生死就由不得自己了。但是,外婆并没有把这些心里话告诉外公,因为她知道这是外公的愿望,谁也阻止不了他追寻自己的梦想。出发前外婆告诉外公:

行走的新闻：国是千万家

外公（右一）

"我会在这里等你回来，等你回来和我结婚。"

就这样外公踏上了开往战场的火车。可是谁又能想到当火车还缓缓开在路上的时候，前线就传来了捷报，抗美援朝战争已经结束了，并且取得了胜利。就这样，外公失去了这次上战场的机会。但这个消息对于在家等着外公的外婆来说却是极好的，因为外公不需要去面对生死了。

虽然没有机会上前线打仗，但是外公仍然在部队一步步努力实现着自己的英雄梦。

1955年，在华东军区参谋长张爱萍的统一指挥下，华东军区部队发起了江山岛战役。依照上级军官的指示，外公所在的一七四团二营六连需要参加此次战役。外公如愿上了战场。

外公要上战场的消息很快传到了外婆的耳中，这可把外婆担心坏了。外婆告诉我，我外公打仗的那几天可把她急坏了，每天都向人打听前线的消息，干活儿的时候也心不在焉的。每天晚上都很难入睡，天天都向菩萨祈求，求菩萨保佑外公能平安从战场上回来。江山岛战役打了三天终于结束了，几天后外婆也收到了外公的消息。外公还活着，但是却受了伤。这个伤是外公在战场上为救连长而挡下的子弹伤。知道外公还活着，外婆悬着的心也终于放下了。

战争虽然结束了，但是外公的军人事业却未停止。外婆还是像以前一样在家傻傻等着外公，等着外公回来娶她的那一天。在那个年代像外婆这个年纪还没有结婚的人很少，家里人看见外婆这样傻等，自是少不了劝说。大家都苦口婆心地劝外婆别等了，赶紧找一个踏实可靠的人过日子。可我那执着的外婆又怎会妥协，无论大家说什么外婆都不听。因为在外婆的心里，她早就认定了外公是她这辈子唯一的爱人。时间久了，家里人看外婆一直都是这个态度，也就不说什么了，就由着她等。

1960年，外公回来了，外婆苦苦等了7年的男人终于带着荣誉回家了。外公是爱外婆的，他最终没有辜负外婆这些年漫长的等待，在这一年他们如愿以偿地领证了。外婆终于可以骄傲地对所有人说，她等到了，她没有等错人，她的男人是一个获得过二等功一次、三等功两次的大英雄。

属于外公的军人生涯并未结束，没过多久外公又返回了部队。在随后的几年里，外公断断续续地回来看过外婆，但是每次待在家里的时间都不长，真正属于二人的时间并没有多久。大部分的时间里外婆

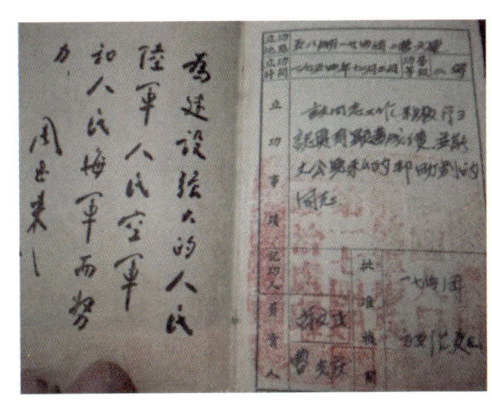

外公在部队的成绩单

还是一个人在家，守着房子，带着孩子，等着爱人。日子就这样一天天地过着，外婆不知道这样的日子什么时候到头，也不知道什么时候才能等到真正的一家团聚。

1975年，外婆终于等到了团聚的这一天，外公从部队退伍回来了，这一次外公再也不用走了。从部队退伍回来后的外公并没有接受上面领导为他安排的公安局的工作，而是选择了回乡建设。外公说自己已经穿了很久的军装了，不想再穿了，只想好好在基层干，踏踏实实为老百姓做点儿事情。外婆说外公从部队回来后的生活并没有比在部队里轻松多少，外公每天都有忙不完的事情。不论大事小事只要是村子里的事情他都要管。谁家收成不好了，谁家闹矛盾了，谁家生活有困难了，这都是外公的工作。外婆也常常向外公抱怨，抱怨他只顾别人家的事儿不顾自家的事情。每次外婆对外公这么说，外公总是一脸认真地回答说，只有把村民的事情都搞好了自己才会安心，村民满意了，自己也就开心了。虽然外婆嘴里念着不开心，但是在外婆的心里是认可外公的，她为外公骄傲，为自己找了一个有担当有责任心的英雄而高兴。在相守的这段日子里，外婆和外公也常常吵架，听我妈妈说在她的印象里，外公就常常因为一些小事惹外婆不高兴，神奇的是外公每次总有办法哄好外婆。用妈妈的话说，外婆这辈子算是栽在我外公手里了。就这样外婆和外公磕磕绊绊过了大半辈子，他们一起见证了"文化大革

外公与外婆合照

命"的结束,也一起见证了国家的改革开放。

生活中总是存在着一些意外。1996年,外公查出了肺癌晚期。这一打击对于外婆来说无疑是巨大的。外婆在那段时间里真的很难过,真的很怕外公会在某一天突然走掉。她已经过够提心吊胆的日子,真的不想再过了。可是老天偏偏爱和她开玩笑,让外公得了病。检查结果出来的时候外婆就把真实的病情告诉了外公。但是外公并不像外婆一样难过。外公反而安慰外婆说自己活到这个年纪已经很满足了,而且自己可是在枪林弹雨中活下来的人,这点病要不了他的命。在生病的那段时间里,外婆常常医院家里两头跑,后来外公心疼外婆这样做太辛苦了,就不顾医生家人的反对主动提出来要出院回家住。外婆犟不过外公,于是也就依了外公。在外婆的心中,那段日子虽然很苦但却很快乐,因为外公很听她的话,不再像以前那样到处乱跑,也不会为了别人家的事忽略了自己,也不惹自己生气了。自从生病后,外公几乎每天都陪在外婆身边,陪她说话,陪她吃饭,陪她干活。

1997年,一切都太快了,生病还不到一年,外公就去世了,那个经历过枪林弹雨的大英雄最终还是逃脱不了命运的安排。外公是在晚上走的,走得很安详,没受什么苦。外公那天吃晚饭的时候人还好好的,谁知道这觉一睡去就再也没有醒过来。外公刚去世的那段时间对于外婆来说无疑是难熬的,外婆总以为外公还在,到点儿做好饭还是会习惯性地喊外公。半夜起身上厕所总以为外公还在,偷偷摸摸的,都不敢开灯,怕吵醒他。

妈妈告诉我,外婆说她这一生等外公等得实在太辛苦了,也等够了,这回也该让外公在那边尝尝等待她的滋味了。

2018年12月30日,外婆去世了,她走得很突然。外婆这一生,太不容易了，等了大半辈子才等来的人却比她先走。等了那么久的她却未成功等到2019年的到来。不过虽然外婆没有等到新年的到来，但是终于可以去见她心中的大英雄了，而那个让外婆等了大半辈子的人，也终于在另一边等到了她。外婆和外公终于又可以重新在一起了。

七十年的成长

章林俐

各自成长

爷爷叫林启仁，1939年出生于浙江省衢州市衢县（现在是衢江区）上方镇毛家乡村。他说因为家里兄弟姐妹很多，小时候生活很困难。他11岁才开始读书，在舅舅家的私塾里，有时下课后会去外婆家睡觉，但更多的时间是回家帮父母干农活。放假的时候更是从早忙到晚，饭点回家吃个饭就马上出门拔草锄草放牛等，这样的日子持续几年后去读了小学，其实小学的日子和以往的生活并没有很大的不同，爷爷读了四年的小学之后因为家里条件不好放弃了读书，我想那个年代应该有很多迫于生活的压力而不能学习的人。"小学之后去林场干活，几年后也就是1959年决定去当兵。"军营里的生活并不是那么安稳，"我主要是站岗，站24小时的那种，风雨无阻。刚去的那段日子真的很辛苦，饭也吃不饱，经常吃树叶。几年后上面有人来考察，发现我们过得么辛苦，采取措施以后才过得好一点。"尽管很辛苦，爷爷还是坚持了下来，他是一个特别爱国的人，从小给我灌输很多正面的政治思想，他说家里的兄弟都是当过兵的，他的哥哥还参加了抗美援朝战争，现在提起来还是一脸的骄傲。后来他提到为何当兵，说是为了保家卫国，这是男子汉的义务，响应祖国号召当上一名军人，可谓百里挑一，无上光荣。

爷爷奶奶与他们的兄弟姐妹等

  奶奶叫章牛香，1947年出生在浙江省衢州市衢县上方镇大烈村。奶奶告诉我，家中只有她和她妹妹两个孩子，妹妹刚成年便嫁作人妻。她的父亲是会计，在她18岁那年便离开了人世，之后的日子便是她和她的母亲相依为命。但是不幸的是，她的母亲患有精神上的疾病，腿脚也不方便，她照顾母亲的同时还要赚钱养家。"家里没有兄弟姐妹，所以过得很辛苦，书也不能继续读，每天早上天没亮就要烧柴做饭，之后去干活，干的活也都是体力活。不仅累赚得也少，我记得是五分钱一天吧，女人都是五分钱，但是没办法，为了生存一定要工作。"奶奶回想起当时的日子这样说道。她说她所有的技能都是十几岁的时候学会的，像做饭、烧菜、织毛衣、做衣服裤子鞋子等，观察隔壁的人怎么做然后自己研究，多做几遍自然而然就学会了。刚成年不仅要面对亲人的离世还要扛起一个家，真的太不容易了。

你我相遇

在奶奶19岁的时候,恰逢爷爷当兵归来,他们通过别人的介绍相识,听到这里我特别惊讶,说起来他们是彼此的初恋,通过介绍认识的感情居然可以持续几十年,未免也太幸福了。

爷爷奶奶合照

1967年,是他们认识的第二年,当时爷爷28岁,奶奶20岁,他们选择一起步入婚姻的殿堂。结婚以后爷爷搬到奶奶的家中居住,和奶奶一起照顾她生病的母亲,也替奶奶分担了一部分的压力。

共同成长

爷爷奶奶在1969年生了第一个孩子——我的伯伯。四年后我的爸爸出生,他出生两个月后爷爷因为工作的原因被分配到溪口(位于浙江省衢州市龙游县)的林场工作。之后他们一家人全搬到了溪口,尽管早早到了那里,但是工作并没有立马安排下来,爷爷去丽水实习,为期一年,而实习的内容主要是学习技术,为以后的生活打基础。

爷爷在丽水实习的那段时间里,奶奶并没有和他一起去,而是在溪口做农民工教学工,那时候两个孩子很小,一定要自己带着才放心,所以她只能背着小孩去工作,工作做什么呢?比如到部队里拔草、上山除草、加工厂织窗帘等,这么辛苦的工作工资仅仅是几毛钱一天,直到改革开放以后的经济条件好了一点才涨到一块钱一天。一年的时光很快就结束了,回来以后,爷爷先在食堂里当师傅长,两分钱一碗菜,干了六七年后去部队里当队长,主要负责护林工作,也是体力活,干了几十年。说起当时的工资,爷爷的印象还很深刻:"一个月26.8元,拿了很久,改革开放以后工资才涨上去。"当时国家采取了一项特别了不起的政策,即家庭联产承包责任制,爷爷也承包了一块苗圃地,种植树苗、橘子、桂圆等,自己种自己卖。

说到家必须得提的就是房子了,爷爷奶奶告诉我他们刚去溪口住的房子是单位分配的,那些房也不是免费住的,每个月都需要交租金,刚住进去的时候是很破烂的房子,地面坑坑洼洼,门口的铁栅栏已经生锈,石板路上长满了青苔,下过雨留下的积水一滴一滴从屋檐上滴下来,走上去很滑,沾得鞋子上全是污泥。奶奶是一个特别爱干净的人,她每天都会勤劳地打扫卫生,尽管如此,还是不能改变几十年后这座老房子经过岁月的洗礼,"脸上"已经刻出一条条深深的皱纹,最后变成了危房,"变成危房啊,我们就自己修啊,修完以后自己住,也不用交租金。那栋房子住了很久,现在政府要拆迁,才买了新的房子,这是单位里分配的职工安置房,价格很便宜,前两年才装修好。"奶奶说到的老房子,我的印象还很深刻,小时候放假总喜欢去溪口找爷爷奶奶玩,门口的铁栅栏不是直接打开而是旋转开门的,每次去那里,第一件事就是站在铁栅栏上装作荡秋千的样子开门,对于小孩来说真的太有趣了。

正在拆迁的房子

1990年,爷爷51岁,已经到了退养的年纪,之后一直在检查站工作,每天工作的内容是拦车并检查山木运输,不允许走私。9年后他60岁,正式退休。退休之后的日子很清闲,白天种菜和打麻将,晚上看看爱国抗日的电视剧。他们从刚开始吃饭都艰难,到最后能够养起一个家,我认为他们非常了不起。

今年恰逢新中国成立70周年,也是他们携手走过的第52年,今年爷爷80岁，奶奶72岁。爷爷奶奶用几十年的时间经营着他们的生活，从初为人父人母，到悉心照料两个孩子长大，然后又为人祖父为人祖母，我想这就是生活吧，酸甜苦辣咸，应有尽有，天大的苦难也拆散不了爷爷奶奶用五十多个春秋经营的家。

　　死生契阔，与子成说。执子之手，与子偕老。想要白头偕老并不容易，只有在漫长的时光里，慢慢地习惯，用心地经营，一起走过风风雨雨，才能白首不相离。

我的外公

杨嘉露

我的外公出生于1950年，新中国成立后的第一年。我的外公和祖国一起成长，虽然外公已年近古稀，但我的祖国还风华正茂，走在发展的道路上。

像他这样艰苦的人

外公出生于宁波余姚，祖上曾经富裕过。现在位于余姚市中心南雷路上的一排店面曾是太公的产业，现今价值已超千万。但是在二十世纪五十年代，太公把这些店面卖了之后去了乡下种田，外公常常开玩笑说："我们曾经也有钱过啊！"

到了乡下之后，外公的童年就是在放学之后还要割草、放羊中度过的。每天从学校走好几里路回家，放下书包之后都来不及休息一下就要马不停蹄地开始做农活。外公说："当时阿拉真的没吃的，只能去喝河水、挖树根，很多人都饿死了，村里的老人大多得了浮肿病，你二外公当时六岁，就坐在屋子门口饿得发抖。"听着外公的描述，我顿时觉得我们现在的生活真的是很幸福……

像他这样光荣的人

1968年，外公年满18周岁应征入伍。外公很清晰地记得他当时是在上海的6333部队当了三年兵。我问外公他当兵时印象最深刻的事是什么。他笑呵呵地说："当然是我的身高啦，我入伍前个子还很矮，体检时个子勉强凑上了及格线，结果等我退伍回来个子已经蹿到一米八啦，你太公太婆差点没认出我。"外公说完之后还得意地摇头晃脑，悠闲地颠着他的二郎腿，活脱脱一副老顽童的样子。

"那你们那个时候当兵的期限是三年吗？三年一到就退伍咯？"我问。此时，外公的表情已经不像刚才那么自满自得，反而有些严肃，他说："是因为当时的政策，籍贯在浙江的兵必须回浙江，不能留在上海，我也因此失去了留在上海做工人的机会。"

1972年外公外婆结婚时的照片

"那你退伍回来以后就和外婆结婚咯？这是你们的结婚照吗？您还挺帅！"我偷偷笑着并指着一张老照片问。"那当然啦！不和你吹牛，当时看上我的姑娘不要太多！"外公又恢复了刚才得意的神色。"那你是怎么选了外婆呀？"我继续问着。"还不是你太公选的咯，说你外婆好，我就娶啦，你看这都四十七年啦，一辈子都和她在一起啦！"我从外公的脸上看到了满满的幸福。

像他这样奉献的人

我一直非常自豪我的外公是中共党员，小的时候去外公家看着楼下的党员栏里外公家的门牌号上贴着一颗小星星，我就觉得，哇！原来党员是那么光荣。长大了以后，当我学习了党章并写了入党申请书之后，我才明白作为一名党员的确光荣，但党员是需要脚踏实地为人民干实事的，并不是表面的花架子！

1972年外公退伍回来之后，当选为他当时所在的红旗大队的团支部书记。1979年又成了生产队长。1984年外公又成功当选为横河大村村主任，由此开始了他十年的村主任之路。我问外公："当了村主任之后您为村里办了些什么事啊？"外公说："可能最大的两件事就是帮村里的人把电线都改造了一遍，还建了当时村里的第一所小学。另外大家伙平时有什么困难事，我也会管呢！"虽然这只是轻描淡写的几句话，但却概括了外公曾经年轻又辉煌的十年，人生又有多少个十年，外公用他十年的时间为村里的人民谋福利，劳心劳力。在我眼里，我的外公一直都是一个伟大的人，我崇拜他佩服他，也会永远为我有这样优秀的外公而骄傲！

外公说他当村主任时第一个月的工资是39元，到他卸任前的最后一个月工资已经是420元。在外公当村干部的这十年里，工资翻了十倍不止，人民的生活水平也在慢慢提高。我们的祖国母亲在经历了前三十年左右的风雨历程后终于迎来了新的发展，改革开放的春风吹遍了这饱经风霜的华夏大地……

像他这样勤劳的人

1994年，外公卸任之后开始承包山林与田地，当了一个地地道道的农民，直到今天。自从推行家庭联产承包责任制以来，改变了高度集中的劳动方式和平均主义的分配方式，农民们有了属于自己的田地，生产积极性也提高了。妈妈总说外公这一辈子有着操不完的心，不劳动就浑身难受。外公也是这样觉得。过了今年，外公就要七十岁了，可他还是每天5点起床，雷打不动去田里干活，他说他要是两天不去田里就会这儿痛那儿也痛的，还是去田里劳动最舒服。

从我记事起，家里就没有买过蔬菜。我们家吃的蔬菜都是外公亲手种的，外公还时常把多余的蔬菜送给邻居们吃。邻居们常说："老村长人是真的好，年纪这么大了还在田里干活，我们吃了老村长的菜真是难为情。"这时外公就会回道："这有什么不好意思的，大家都是邻里，本就应该互帮互助，再说菜场的菜指不定打了农药，吃着不健康，我种的你们吃着也放心。"

像他这样慈爱的人

1997年我出生，外公一直都特别喜欢小孩子。据妈妈说，外公那个时候总隔三岔五就骑个自行车来我们家看我，还不忘带点很贵的水果。后来等我上了学，爸爸妈妈都要工作，所以我基本都是由外公接送的。外公就住在我们隔壁小区，但是我读的小学在市中心，离家的距离挺远的。所以外公总是要很早就起床来我家接上我去吃早饭，吃完早饭再送我去学校。我印象特别深刻，我和外公的早饭经常是分开吃的，他总是让我在一个美食城里吃早饭，种类很全什么都有，但他自己却会去50米外的另一家早餐摊点个白粥油条。我那个时候小，有时还会责怪外公为什么不陪我吃早餐。后来等我懂事了才知道，外公只是想省那么几块钱而已。他自己可以随便将就点，但我一定要吃得好。

后来等我上了初中，虽然离家近了，但每天去学校的时间却早了很多，所以有时天刚蒙蒙亮外公就得起床来叫我。在外公接送我的那几年里，我从来没有迟到过。可是上了初中的我正值青春期，敏感叛逆，所以那个时候的我对外公接送有些抗拒。那时外公还很年轻，也为了形象好一点，会去染头发。班上一些调皮捣蛋的男同学看见外公来接我，就会故意打趣我："你爸爸来接你了！"现在想想，他们故意把外公说成爸爸，只是一种小孩子之间的恶趣味，但那时的我是真的很讨厌他们这样说。所以我很不懂事地和外公说让他以后不要再来班级门口接我了，很丢脸。我不知道那个时候的自己为什么那样想，但那次之后，外公真的再也没来班级门口等过我，他只是每天按时等在校门口接我放学。

那天我照常放学，出校门之后，看到的不是外公的身影，是舅妈来接的我。我问舅妈外公为什么不来，舅妈纠结了半天吐出几个字，"你外公得了癌症，现在已经去上海治病了。"晴天霹雳，我的眼泪止不住地往下掉。

2012年的新年，我是在上海的医院度过的。外公得的是食道癌，早期。手术很成功,但也让外公元气大伤,最为明显的就是手术之后,外公瘦了很多很多,头发全部都白了。后来外公的身体慢慢恢复了,而我们的生活也越来越好了。感谢我们的祖国母亲在这些年的飞速发展,医疗技术的进步还给了我一个健康的外公。

外公外婆仿照四十年前的拍照姿势

随着年纪的增长,我们仿佛和老人之间的关系越来越远。我们一天天长大,他们却一天天变老。我只愿我的外公和外婆一直平安喜乐,顺遂永远。我们的祖国也能日益壮大,成为更多中华儿女的坚强后盾。

像他这样的人,从不会说辛苦;像他这样的人,总把最好的留给孩子;像他这样的人,平凡而又伟大。像外公这样的人有很多,他们或许只是推动祖国前行的小小力量,但他们却是不可或缺的,我相信还是会有人记得他们曾经的付出,我们也要向他们学习,在未来的几十年生命中,能够贡献自己的力量。

小渔村里的最美家庭

高诗慧

朴实无华的五十年代

爷爷出生在绍兴老城区的一个小渔村里，村子里的人都靠捕鱼卖鱼为生。太太爷爷算是个"渔商"，一生勤勤恳恳为后辈积攒下了丰厚的家产，自己却没享过一天的福。太爷爷因为是家中的老小又是唯一的男丁，童年只消做个安心念书的书生，后来在米行当账房先生，又因写得一手好字，是当时小有名气的"书法大师"。新中国成立后米行没了，太爷爷没有别的谋生本事，没办法做起了鱼生意。"你太爷爷吃不了苦也不会捕鱼，有时候一天的饭钱都挣不到，再加上还有少爷脾气，总想着以前的好日子，我小时候经常饿肚子，也吃不到米饭，那时候你二太爷爷家有钱，每天吃的都是白米饭和新鲜的菜，每次他们在吃饭的时候我都不敢看，怕羡慕人家这日子就熬不过去了。"爷爷一边理着他的乌毡帽一边说着。

"爷爷，那你们是怎么听见毛主席在天安门上宣布中华人民共和国成立的呢？""当时我们村口有一个大喇叭，我们所有人就围在那个喇叭那儿，可激动了！我们家以前还有解放军来过呢！"解放军？家里的故事听过不少，有解放军来过还真的是头一回知道，像是发现了新大陆一样，我缠着爷爷让他给我讲解放军的故事。

"当时是1950年的时候，定海还没有解放，解放军要出发去解放定

爷爷家的老房子

海，他们来到这里的时候，没有地方住，就会借宿在百姓家里，正好我们家比较大，解放军就住在我们家了。""那他们平时吃饭是怎么解决的啊？""饭都是他们自己烧的，大米是国家发的，至于菜，他们会挖野菜或者问我们借一点，他们在露天烧好饭，然后搬到大厅里去吃，每次他们吃饭的时候都会来叫我，'来来来，小华根一起来吃！'"

爷爷的儿时，没有琅琅的早读声，没有酒足饭饱的午后，朴素简单如当时一首民谣所唱："四个兜的中山装，小米高粱吃得香，几户人家一个庄，走亲访友靠步量。"

激情燃烧的六七十年代

当兵一直是爷爷年轻时候的梦想，爷爷一共验了三次兵，前两次因为太奶奶极力反对而作罢，最后因为那一年国家大量征兵，太奶奶才肯放人。"我在舟山当了三年的工程兵，受了五次嘉奖，被评了一次三等功，当兵时还入了党，那是我一生中最热血的时候啊！"爷爷忆起了他的军旅时光。

爷爷和奶奶是经人介绍认识的，奶奶在爷爷当兵的第二年嫁给了爷爷，"我在当兵的时候你奶奶跟着别人一起在瞎闹，什么都不懂但是就喜欢凑热闹，人家拿着红本本，她看着威风也拿着红本本到处乱走，最厉害的时候还跟着人家要走到上海去嘞，幸好她舅舅从路上把她领回了家，不然不知道会出什么事情呢！你奶奶的腰也是在那个时候搞坏的。"爷爷笑着摸了摸一旁半睡半醒的奶奶，奶奶前两年生了一场大病，生活已经不能自理，每天就喜欢缠着爷爷，爷爷嘴上骂着奶奶，却比谁都要紧张奶奶的一举一动。

绍剧团到滨海慰问演出

爷爷退伍回来后没有像其他人一样在村里坐起了办公室，反而跑到一个荒无人烟的地方当起了生产大队的队长，爷爷说："那时我当兵回来，不想当副书记，正好村里要出一个人去滨海，我那个时候刚退伍，一腔热血想要报效国家，都没问是去干吗就去滨海了，可是去了之后就后悔了，那里的条件是真的差呀！什么东西都没有，后来告诉我们说是要围海造田，我们七八个年轻人谁都没有当农民的经验，填海的时候也很艰难。那时正好是夏天，涨潮涨得厉害，前一天填的土等到第二天早上再来看的时候就已经被海浪卷走了，我们那个时候不懂，想了一个又一个办法，一开始没有沙包，我们就先从最外边开始填起，但这样效率不高，也没有麻袋，我们只好跑到城里去问米店的老板讨袋子，讨来袋子之后就开始往里面灌土，这样慢慢干了一个多月才把海填了一块做农田。填完海之后就要种地了，但我们没有一个人会种地，我就回到村里去找书记，让书记派了一个经验丰富的老农民来指导我们。这样种了几个月的地之后，我就把你奶奶和你爸你阿姨都接了过来，就这样在滨海生活了四年。"

这二十年，是爷爷青春的二十年，是有志青年们一腔热血报效祖国的二十年。

艰苦成长的八九十年代

爸妈年轻的时候家里条件一般，很早就进入社会赚钱贴补家用。爸爸小时候吃了不少苦，"我小的时候跟着你爷爷到处走，你爷爷要去捕鱼我就坐在船尾把控着船，下雨天偷懒不想去，你爷爷二话不说就是一通打。我小时候就像你们现在说的，是吃百家饭长大的，虽然我们家很早就已经是万元户了，但是你爷爷还是很节俭，我们姐弟俩最喜欢的就是夏天跟着你奶奶去城里买东西时能够买一碗两毛钱的绿豆汤，那一碗绿豆汤可是我们一整个夏天的盼头啊！"

爸爸儿时最大的娱乐就是晚上和村里的人一起聚在有电视的人家里看当时最流行的电视节目。

"我第一次去电影院看电影还是和你爸结婚之后，1994年的时候，城北水联大厦开了第一家肯德基，我们图新鲜就想着去凑一下热闹，当时那个人多得哟，你爸排了一个多小时的队才买到，五块钱一对的鸡翅，还送了一个铅笔盒和像弹珠一样的游戏机。那次吃过之后我们就没再去吃了，那时候肯德基的'优惠券'可是个时髦货。"妈妈说着拿出了家里的相册，翻看着，不禁多聊了一些。

爸爸妈妈结婚照

爸妈结婚后家里买了冰箱、彩电、风扇，用爸爸的话说就是："神气得很呢！"家里有了三大件，本以为日子会一天一天好起来，但随着姐姐和我的出生，家里负担变得更重。我和姐姐小时候的身体都不太好，隔三岔五就要去医院，那时爸爸一个月挣的钱都不够给我们治病，家里也因此背了不少的债。

父母的八九十年代，是成家立业的年代，是从乳臭未干成长为一家之主的年纪。

未来可期的新时代

随着新世纪的到来，家里经济也渐渐稳定了。我和姐姐虽大病小病一大堆，好在也已健康长大。爸爸和妈妈跟随舅舅做起了生意，开始了早三晚八的辛苦日子。

爸妈奋斗了十余年，等到我小学毕业时已经小有成就。我家从郊区的三层泥瓦房搬到了市区100多平方米的公寓，刚搬新家时，爸爸特别小心，哪怕每天工作再忙也要里里外外打扫一遍，所有的电器都要盖上一层"保护罩"，和每一个邻居打好关系，积极参与街道里举办的活动，活脱脱一枚积极分子。

家里条件好了之后最开心的还是妈妈了。"记得我们家搬了新家之后的第二天，我和你爸第二次去了城北的那家肯德基，吃什么都不知道，只知道汉堡和薯条，你爸还和服务员吵了起来，你爸和服务员说要四个汉堡和两盒薯条，服务员问你爸要哪一种的汉堡，你爸还很大声地说'汉堡么汉堡，还要哪一种，就只要汉堡！'真是丢死人咯！"

爸妈很珍惜一家人在一起的日子，以前旅行就如同买一台彩电一样的奢侈，现在我们每年都会选一个时间一家人出去旅行。

现在我们一家人团聚在一起，奶奶走后，爷爷还是和年轻时一样喜欢参与村里的大小事，只是他也会常常一个人坐在院子里发呆。爸爸妈妈的生意也在顺利进展中，姐姐大学毕业后就回家在本地的一家广告公司工作，全家最没有经历过苦日子的我也顺利参加完高考准备接受更高的教育。

日子到现在已然变得美好，现在的我们赶上了一个好时代，我们有理由相信，在祖国发展强大的同时，我们这个小家庭也会变得更好！

小长滨里的一家人

陈 琳

有一个地方叫"小长滨",这里的人们大都傍河而居,几百年来,滨河水就这样潺潺地流淌着,孕育着一代又一代的人们,这里便是我的故乡,我美好记忆开始的地方。

诗人余光中曾写道,"乡愁,是一湾浅浅的海峡。"而在爷爷看来,乡愁,则是这跨越20公里的思念之路。那时的他不能时常回去与自己的兄弟团聚,因此,一张硬纸板上7位数的电话号码,成了他们联络感情的唯一方式。爷爷年迈,座机上的按键也都已经看不清了,只要逢年过节,爷爷总会让我帮他拨通电话,虽然通话内容总也逃不过"最近身体怎么样?""好的,我们一切都很好。"但在一旁的我却真切感受到爷爷对电话那头的深深挂念之情。电话的那头,便是我的舅爷爷,在我的童年记忆当中并没有多少舅爷爷的影子,但我知道是那一部电话,将我们一家人的感情牢牢栓系在一起。

奶奶家一共三姐弟,太爷爷太奶奶走得早,爷爷奶奶就又当哥哥姐姐又当爸爸妈妈。大包干时期,土地还没承包到户,一年四季的插秧割稻任务都是由几百户人家一同完成。夏天,大晚上还得摸黑插秧,奶奶笑着回忆说:"老有人晚上看不清,就一屁股倒下来坐在田里了。"我没想到种田还需要加班啊,奶奶一说起以前的事,总离不开一个"苦"字,撩起袖子和我说以前烧饭水要一直加到手腕的位置,一年也尝不上一回肉滋味,

奶奶、姨奶奶与舅爷爷一家合影

买什么都要粮票，过年分完红能买得起一棵大白菜就算是收成好的一年了，还有欠生产小队钱的时候。

以前的人大多是没有机会去上学的，送舅爷爷去上学是爷爷的主意。爷爷看舅爷爷身板瘦小，怕是干不了农活，但是脑袋灵光，就坚持送舅爷爷去上学，舅爷爷自己也珍惜这个上学的机会，六行桥小学的老师给舅爷爷改名"文达"，舅爷爷可喜欢自己的新名字了，每天自言自语叫着自己，我问奶奶原名，奶奶想了很久之后说已经记不清了，"他小时候呀，和隔壁家爷爷一起上的学，隔壁爷爷就和你们现在一样，去上学还要哭的，你舅爷爷每天早上最先吃完饭，跑过去拉他去上学。"为了补贴家用，奶奶和姨奶奶开始在家种桑养蚕，给舅爷爷交学费，家里什么活也不让舅爷爷插手，只要他管好学业就行。舅爷爷没有辜负一家人的希望，毕业之后便去了塘汇中学做教师，后来升为书记，也做了几年校长。舅爷爷深知自己接受教育的机会来之不易，他迫切地想要干出一番事业来，也打心底里希望年轻一代都能有机会上学读书，因此他把自己的大好年华都奉献给了教育事业。

1982年，改革开放的春风吹到了嘉兴，农村开始实行土地承包到户，"交足国家的，留足集体的，其余都是自己的"，再也没有了"磨洋工"的人，这时候才

1998年第二轮家庭联产承包责任制的确认

算真正意义上的温饱。爷爷除了承包了10亩田地以外，还负责水渠的管理工作，在我的记忆当中，爷爷总会背着他的铁锹慢悠悠地走在田埂上。爷爷干活踏实又有一副热心肠，脸上总是挂着笑，大家都喜欢叫他"老荷"，他一辈子和土地打交道，常年的务农工作使得他的皮肤变得黝黑粗糙，但每当靠近爷爷，我总能在他的身上感受到一丝泥土的芳香和阳光的味道。奶奶是村里的养兔高手，又愿意把自己的养殖经验传授给大家伙儿。妈妈说奶奶人缘好，她的好脾气是人人都会夸的。左邻右舍的人家要是有个事儿，都愿意把小孩子交给奶奶带一下，所以每年过年总是有我不认识的叔叔阿姨来看望奶奶，感谢奶奶对他们小时候的照顾。

大伯的大儿子在舅爷爷的学校上的高中，毕业几年后，学校就正式改革了。1985年，经省教育厅和省计经委批准，把在嘉兴近郊的塘汇中学设立为嘉兴中专城乡建设分校，实行"两块牌子，一套班子"，既要完成普通教育，又要开始着手开展中等专业教育。而当时的塘汇中学，没有操场，只有两排平房，十几间教室，十二个人一间的宿舍，在这种情况之下，要办成这件事是非常困难的，一个要解决办学经费问题，另一个要解决学生的农转非问题，

舅爷爷的《毛泽东选集》和结婚照

时任书记的舅爷爷陈文达，校长柴寿生同志和教导主任王允中同志，日夜奔波，四方咨询请教，最后确认塘汇中学开展建筑类的中等专业教育。在当时的市教委、市建委领导的关心支持下，1986年9月1日，嘉兴建校的首个专业"工业与民用建筑"招收两个班的学生共80名，如期开学。

有舅爷爷读书改变命运的例子做榜样，大伯和赤脚医生学了些看病的基础，拎着个药箱奔走在田埂上，日日奔波于各户人家，后来又得到了去镇上卫生院参加培训的机会。我上小学的时候，一碰上流感高发期，总能在隔壁大伯家看见不少来打屁股针的同学。去年大伯退休下来，经营着一

家药店。而姑姑则从小就有一个当老师的梦想。爸爸这样描述等待录取通知书的姑姑:"她每天起床脸也不洗,牙也不刷,就跑去竹林那儿等邮递员,一等就是一整天。"看着自己的妹妹为了通知书,魂不守舍的样子,爸爸当时也特别担心,想着过去安慰几句,但又怕给她增添压力。还好姑姑的努力有了回报,她顺利被湖州师范学院英语专业录取,到现在已经当了25年的人民教师。爸爸和二伯都是普通的上班族,在自己的岗位上勤勤恳恳干了几十年。我见证了爸爸交通工具的变化,小时候我要爬上自行车的后座,再长大点是站在电动车踏板上,后来是一辆加汽油的摩托车,现在是汽车。就像奶奶常说的:"日子总是越过越好的。"

如今的小长滨是美丽乡村示范区。我心中也牢记着祖辈父辈教导,奋力去创造更美好的生活。

心随房动

杨　立

从变卖家传古董到走向小康，从"吱嘎"作响的木头房到高级公寓，一次次搬家与迁移，不仅代表着人民生活的转变，也记录了国家的大发展带动了我家生活质量的提升，而我们家住房的变迁，更证明了国家的富强。

我的父亲今年50岁，母亲45岁。大半个人生过去，他们印象中每一次搬家，都是一次生活上的改变。小老百姓居住环境的变迁，说起来也就是新中国全面奔向小康的历程。

从地主到农民

父亲告诉我太外公是当时很大的地主，拥有一排房子，房间里有许多古董，有的是主人住的，还有一些房间分配给下人，从房子走出来放眼望去全是田地。后来土地改革，拥有的田地都被分了，房子也分成一间一间给农民住。

再后来1966年"文化大革命"，家里的许多东西都被抢了，奶奶偷偷藏下来了一些古董，但由于日子实在过不下去了，卖掉了一些以维持生计，现在留下来传给我们的，就只有几个银币了。

父亲的木头小屋

父亲小时候住的房子

据说当时爷爷娶奶奶,就花了五块钱,不过在当时,五块钱已经算很大一笔钱了。他们没有谈过恋爱,双方父母亲一商量,两人的婚事就这样敲定了。起初他们是和自己的兄弟们一起住,后来爷爷搬了出来自己买了栋房子。

这便是父亲的老屋,父亲在这里从小生活到参加工作,这个房子的年纪跟我父亲差不多大。从我们现在的家到那边去要乘一个小时的车,房子有两层,上下是用木板隔开的,上层住人,脚踩在地面上会"嘎吱"作响。

房子里有一张实木桌子,一家人忙活完农活就在那儿吃饭,那时候能有张光洁的木桌子,已经算是很富裕了。爸爸小时候顽皮,奶奶煮的粥太烫了,便把粥倒在桌子上让它凉,直接就着桌子吃。我听父亲讲起时觉得太不卫生,吃的东西怎么能倒在桌子上呢?但在那个时候,光洁的桌面在父亲看来再干净不过了。

"以女为天"的家族

外公外婆的第一栋房子,可谓"以女为天",这座房子里的居民大部分都是女子,小小的房子里住了六口人,只有我外公是唯一的男子,可以说撑起这个家的是"女流之辈"。房子不大,样式和父亲小时候住的房子差不多。外公和外婆一个房间,剩下的五姐妹一个房间,房间里是很长的床板,母亲就和姊妹们睡成一排,令她记忆犹新的是每当她和姊妹们睡在一道,蚊子总是挑着她咬。

那个时候由于缺少劳动力，人们重男轻女的思想依然根深蒂固。外婆外公想，生孩子一定要生出男娃才能罢休。外婆生了六个孩子，前五个都是女儿，到第六个终于盼来了一个儿子，贾式家族迎来了我外公之外的第二个男丁，全家欢天喜地。

可也许是命运捉弄，我那从未谋面的小舅舅，在15岁那年竟出了车祸，被一辆公交车夺去了生命。

家族旺女，可以说是一群女子担起了这个家。

到了我这一代，我的阿姨们的孩子也基本都是女孩儿，只有留在老家照顾外公外婆的小阿姨生了个弟弟。我的三位表姐都非常优秀，大表姐与二表姐都已经成家立业，生下的都是可爱的小公主，今年大表姐产二胎，也是个女孩子。

那时候的房子是木头建造的，跟父亲的老屋格局差不多。母亲说以前农村的房子差不多都是这样，父亲的老屋由于易主现在还存在，母亲住过的第一间房子由于搬走后无人居住，木质的材料不耐受，自然坍塌了，现在已经不复存在。

双肩挑出来的自造房

那时候，我的外公和外婆承包的那片地通了马路，便动了建新房子的念头。这之后的水泥房，真可谓是用双肩挑出来的房子。通了路的是个小山头，马路是低陷的，旁边的山体较高。外公外婆便如愚公移山一样，挑着担子，用肩膀把马路边山体的泥土搬走。

"就外公和外婆两个人？"我惊奇地问母亲，想确认一下这是否是真的。母亲说真的就是外公和外婆两个人，大部分时候，外公和外婆就是白天做农活，干完了便挑着担子把山上的泥土一点一点挑到马路对面挖出来的坑里，直到挖出了一片平地。

农村的自造房是外公与外婆一砖一瓦建起来的，每次他们看着这两层楼和一片属于自己的地，心中便满心欣喜。

十年故居

我家第一栋房子

再后来，父亲认识了母亲。当年，父亲是有房的人，十八岁便开始在公路段工作，工作了几年有了些存款，整个单位年轻一辈就商讨集资在一块看好的地上建起了房子，那边挨着的三栋五层平房住的都是公路段的员工。母亲当时在单位工作，自身条件不错，而父亲在城里有房又有固定工作，恋爱不久后便结婚生活在一起，也算是幸福美满。

父亲说那个时候住在哪个院户都由抽签决定，我妈经常挤兑父亲："都怪你，当时手气不好，抽到个一楼。"前几年倒也没什么，后来前面也建起了一栋楼，把低楼层的太阳光遮得严严实实，如果不是正午，我家就连阳台都照不着太阳。除开这点，倒也经济舒适，80平方米，住一家三口刚刚好，父母说他们刚进来的时候也感到很满意了，偶尔奶奶会搬过来同住。起初这边交通也方便，城市各个地区没有出现太大的差异，随着城市的经济发展，市中心开始偏离，崭新的高楼大厦建了一栋又一栋，我家这边就未免显得有些落后了。

自我初中起，父母便想着要换一栋明亮又干净的房子，就这样找了好几年。

新居

在我高中毕业的那个暑假里，我们一家人搬进了新房子。

新居在商业中心附近的高级小区，十六楼，120平方米，有三个阳台，阳光充足，透过四周落地窗洒满家里每个角落。

搬到新家后，我们一家人的心态受周围环境的影响发生了些许变化，生活品质有了质的提升。我们开始在阳台上栽种了许多花草，父亲也开始发展起了自己的爱好,制作根雕,买了许多奇石摆在家里。家中的装修是偏中式的,沉稳暗淡的家居风格,却也因为这些绿色植物增添了不少生气。随着一次次的搬家,一家人的生活越来越好,变好的不仅仅是我们居住的房子,我们的生活条件和水平也在一步一步地升上更高的台阶。

新居其中一个阳台

可以说,新中国这几十年以来的发展,不仅改变了我们的住房,也改善了我们的生活条件。而我们家的搬迁经历,也见证国家的进步与发展。问起搬新家后有什么感受,父母亲说,也许余生都将安定,在此度过。

羊毛编织出温暖的家

陈欢欢

濮院镇,是浙江省嘉兴市的一个气候温和,水网密布,土地肥沃的小镇。改革开放以来,它因羊毛衫产业的发展壮大而闻名于全世界,被誉为"中国羊毛衫名镇",而我的家就坐落在这个小镇上。我的爷爷一辈子以养羊、卖羊毛为生,我的爸爸妈妈也是这浪潮中的弄潮儿,他们亲眼见证了这个小镇是如何发展到如今这般蓬勃充满生机的模样。正是因为濮院镇的不断发展,我的家也从当初的两个人变成如今温暖的三世同堂。

爷爷的艰难史

1936年爷爷出生了,那时候爷爷家里很穷,再加上当时打仗,社会环境很不稳定,经常吃了上顿没下顿,吃的是菜叶子,人们实在饿极了就啃树皮树根。爷爷和奶奶是青梅竹马,两家人离得特别近。他们一起长大,恋爱,然后结婚,生了四个孩子,两男两女,我的爸爸排行老二。当时家里几乎没有收入,每天只能吃些地里种的菜,平常没有肉吃,只有过年过节才能吃到鱼肉,家里唯一的牛是用来耕地的。直到1949年新中国成立后,爷爷在村里做了畜牧小队长,再加上奶奶养蚕卖蚕丝、养羊卖羊毛,家里才安定下来,建起了自己的第一座房子。家庭联产承包责任制开始施行后,每家每户都分到了田地,我家也种起了水稻,家里终于能吃上米饭了，家里的情况也渐渐好起来。直到2001年，65岁的爷爷突然中风，虽然抢救回一条命，但每天只能躺在床上。2005年6月，爷爷在病床上永远地睡去了。"你那时候太小了，估计不记得了，你爷爷可稀罕（喜欢）你了，每天都在问'囡囡什么时候放学啊？'"爸爸回忆道。

爸爸的奋斗史

我的爸爸从小就不爱读书，倒是有着一身的力气。加上当时家里人口多，种出来的粮食只够一家六口人温饱，所以爸爸17岁就出去做活了。爸爸进入社会才发现读书的重要性，所以现在竭尽全力供我和姐姐读大学。虽然爸爸不喜欢读书，但却喜欢鼓捣各种电器、小零件，爸爸还有两个专门的柜子和抽屉，用来放各种工具，现在家里一旦有什么坏了的电器、小零件，爸爸都会先修修看，修不好才会换新的。

1979年，20岁的爸爸拿了存下来的全部积蓄给家里建了两幢砖砌的平房，之前的老木屋就用来养牛羊。1982年，家庭联产承包责任制到了桐乡，那时候我家分到了7亩多的田，6亩多的地，全家都靠着这几亩田地养活。"每天就是在地里干活，春天的时候插秧，秋天割稻子，夏天还有种西瓜和甜瓜，都是可以卖钱的。"爸爸说道。

改革开放以后桐乡市开始兴起羊毛衫生意，尤其我家所在的小镇——濮院镇，是羊毛衫的发源地，爸爸紧跟潮流做起了羊毛衫运输的生意。那时候做羊毛衫的都是当地人，所以爸爸负责好几家的运输生意。生意好的时候，一天能赚好几百，一个月下来也有几千。爸爸除了工作还要照顾家里的田地。后来爸爸娶了妈妈，家里的农活有了妈妈分担，再加上爷爷和奶奶帮忙打理，爸爸就专心做运输生意。

爸爸在横店游玩

"之前的老房子是在你出生前一年造的,你应该不知道。"1995年的时候,爸爸妈妈花了5万多积蓄在原来平房的前面造起一幢两层的楼房。房子前面种有桃树、枇杷树、梨树等等,后面还有一大片竹林。在那幢白色的楼房里,我和姐姐度过了快乐的童年。2007年,由于农村城市化建设的需要,我们村子开始拆迁,爸爸妈妈找了亲戚们借了十几万,我家成了村里第一户拆迁的人家。这幢房子的所有一切都饱含爸爸的心血,小到一个螺丝钉,大到每件家具,都是爸爸亲自挑选,钉着工人做的。"那段时间虽然苦,但是看到日子终于好起来了,也就没觉得有多苦了。"爸爸忙着重新装修家里的墙壁,低着头说道。为了早点还清债务,家里都没有换过新的电器,都是之前老房子里的家电。因为拆迁没有了地,也就没有地方养蚕,爸爸妈妈只能靠收入来养活一家四口,还要供我和姐姐读书。濮院因为羊毛衫的闻名吸引了大量的外地人,很多工作机会都被外地人抢走了,爸爸妈妈只能做更多的活,每天早出晚归更加辛苦地赚钱。那段时间,爸爸因为生意不好每天都很烦躁,一天要抽好几包烟。

2014年,爸爸出了场车祸。爸爸的车和一辆汽车撞上了,爸爸的右脚拇指被车子压住,肇事司机跑掉了,等送到医院时,爸爸的脚拇指已经是粉碎性骨折了。爸爸从桐乡的医院转到嘉兴的医院做手术,脚拇指打了2根钢钉。因为脚受伤,爸爸的工作做不成了,为了照顾爸爸,妈妈也没有再工作。当时家里的经济来源主要就靠家里房子出租的租金。一年后,爸爸的脚伤好了之后,就开始跟着别人做园林种植的工作,每天搞得身上都是泥巴,妈妈常常抱怨爸爸的衣服难洗。这样做了几个月后,爸爸辞去了园林的工作,重新做起了羊毛衫生意,不过这次爸爸不像以前那么辛苦了,只是负责管理流程。现在爸爸的工作比较清闲,但他也闲不住,经常跟着旅游团到处游玩。虽然爸爸这辈子没有挣到很多钱,但是爸爸用他的双手支撑着全家走了过来。

爸爸妈妈的爱情史

妈妈是广西玉林人,家中有三个兄弟姐妹,妈妈排行老大。当时外公外婆家的主要收入靠种田和果树,每天起早摸黑才能养活一大家子。外公的身体一直不太好,所以妈妈很早就担起照顾弟弟妹妹的重担,初中毕业以后就没有再读书了,开始在家帮着外公外婆做家务。

在嫁给爸爸之前,妈妈从未想过走出广西。"那时候你爸爸家里太穷了,在这里找不到女孩子结婚,正好有人介绍他去广西,我才和你爸爸认识的。"妈妈笑着说道。1988年6月,29岁的爸爸由介绍人带着坐了三天两夜的绿皮火车到了广西,认识了22岁的妈妈。那时候外婆不同意妈妈嫁到离家1700多公里的浙江,也看不上木讷性格的爸爸。可是爸爸和妈妈却一见钟情了。一开始爸爸见外婆不同意,便心灰意冷地回了浙江。可是过了三个多月,爸爸还是想着妈妈,于是再一次跑到了广西找妈妈。这一次,妈妈坚决要和爸爸结婚,"那时候我一定要嫁给你爸爸,你外公外婆怎么拦都拦不住我,最后只好由着我了。现在想想,当初也不知道喜欢你爸爸什么,就一心想要跟着你爸爸走。"妈妈说道。

妈妈刚到桐乡时,听不懂这里的方言,最开始连个能说话的人都没有,再加上当时家里经济状况不太好,妈妈每天都要忙着做家务和农活。"刚开始的时候,什么都不会说,每天还要干活,比在你外婆家还要累,就觉得嫁给你爸爸太苦了,但这样也没有后悔过。"到了第二年,姐姐出生了。一年之后,妈妈在邻居阿姨的介绍下开始学剪裁,那时候濮院的羊毛衫慢慢发展得不错了,镇上都是些卖羊毛衫的门店,工厂也慢慢多起来了,技术类的工人还是很吃香的。等到妈妈技术熟练

2015年,姐姐结婚时的合照

后,一年能挣四五万了。在爸爸妈妈共同努力下,家里的情况也变得越来越好了。现在爸爸妈妈结婚30多年了,虽然妈妈经常因为各种小事唠叨爸爸,说爸爸抽烟太狠,换的衣服乱扔,等等,但他俩却从未吵架吵红过脸。

2017年，家里迎来了一个新的小生命——姐姐的孩子出生了。有了外孙，妈妈辞去了工作，专心在家带孩子。妈妈的脸上每天都挂着笑容；爸爸每天出门和回家的第一件事就是抱抱小外孙。

新中国成立70年来，我的家乡从一个普通的小镇发展成如今经济繁荣的特色小镇，我的家也在爸爸妈妈的辛勤努力下，从当初的小家，成为如今温暖的大家庭。这几十年，有悲喜，有得失，但更有一家人相互支撑的爱。

我家七十载

杨佳玲

太婆——在时代里起落和飘零

1937年七七事变后，日军开始全面侵华，对江西各县进行屡次轰炸，房屋、村庄顷刻间变为废墟，少数幸存者从死人堆里爬了出来，跌跌撞撞逃往各地。就这样，一个江西姑娘误打误撞来到了浙江省台州市仙居县坎头村，嫁给了当地的一个年轻小伙，他们便是我的太婆与太公，我家七十多年的故事由此拉开序幕。

太公太婆这一生共育有5个孩子，4个女儿1个儿子，我奶奶在家中排行老四。1949年土地改革后，太婆担任坎头村妇女主任，太公任生产队队长。当时的条件虽然很清苦，但一家人和和美美、勤勤恳恳，耕作、做点豆腐的小买卖，日子过得也很幸福。"甚至比村里大多数人家的生活都要好一点呢！"奶奶回忆道。

1958年，全国上上下下开展"大跃进"运动，成立人民公社，都吃上了食堂，从此一家人就很难再吃饱饭，饿得受不了便挖山上的野菜充饥。奶奶感慨地说："虽然当时我才四五岁不懂事，但至今仍对那种饥饿感记忆犹新。"好在当时村里正在修建一座木头桥，太婆便偷偷拿自己做的豆腐渣与工人们换取饭票，千方百计让家里人吃上点好的。"不过那座木头桥，十几年后涨大水时被冲走了。唉，总归是不如现在的钢筋水泥桥牢固啊。"奶奶叹了口气。

然而更严酷的考验还在后面等着这一家人。1966年随着"文化大革命"的爆发，仙居县成立了大联合司令部，太婆因为村妇女主任的身份，被扣上了女当权派的帽子，在众人面前挂着牌子被批斗；太公也因此受牵连，被撤销了生产队队长一职。而此时，村中原有的8个小生产队也合并成了3个大生产队。

1976年，在粉碎"四人帮"后，太婆的冤案终于被平反，她成了生产队副队长。出于对党的感激与忠诚，太婆入了党。

1990年，太婆在渡河时不幸溺水身亡。"太可惜了，我妈妈当时还不到70岁，身体很硬朗，如果有桥的话，肯定不会有什么事的。"奶奶的眼眶湿润了。我突然明白了刚才说到木头桥被毁时，奶奶那一声叹息的含义。

奶奶——学习是幸福的一部分

1961年，奶奶上了初小，由于成绩优异，在班里一直担任班长，"那时候老师总是第一个把我的作业拿去改，然后再由我去批改班里其他同学的作业。"奶奶非常骄傲地回忆着。3年初小毕业后，奶奶又上了4年的高小。"其实高小也是3年制，我为什么读了4年呢？因为我要上初中那年，正好在闹'文革'啊，初中全部罢课并停止招生了，没办法我又读了1年高小。"奶奶向我解释道。

1968年，奶奶终于进入了隔壁大村的初中学习，初二时学校成立了宣传队。由于派系问题，老师故意不让会唱戏的奶奶加入，导致奶奶上下学失去同行的伙伴，每日都是独自一人往返于家和距家五里的初中。更可怕的是，在这途中必经一段乱坟场，"每天我都是半闭着眼逃命似的跑过去的，就怕碰见鬼啊！"奶奶回忆起来仍心有余悸。

不久，奶奶便因此辍了学，经人介绍与隔壁村的爷爷成了亲。"你爷爷家兄弟5人，父亲早早过世了，真的是穷啊，不然也不会来做上门女婿了。我还记得他那天就扛了个洋车来我家，从此就住下了。"

爷爷比奶奶大了8岁，在家中排行老二，由于父亲去世早，读到了高中便辍学了，但也算是有知识有文化的进步青年，后进了乡里的农村信用社工作。在"文革"时期被定性成"四类分子"进行批斗，戴着白手套在田里劳改。1976年，粉碎"四人帮"后，爷爷复工复职。1983年，爷爷被提拔为仙居农业银行横溪区主任。后又进城，直至1997年退休。

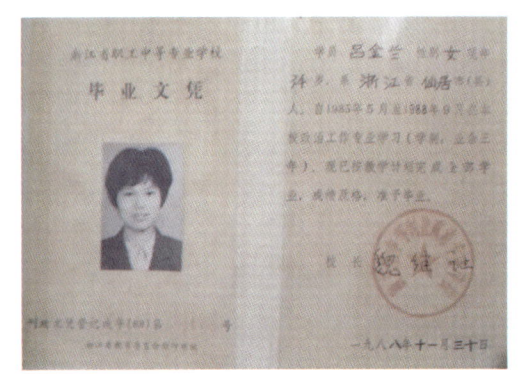

奶奶的毕业文凭

1973年奶奶进入医疗器械厂做工，随着"工业学大庆，农业学大寨"的热潮，各地开展学习评比，奶奶被选为"先进工作者"，因此被提拔为车间副主任。奶奶十分好学，一直想弥补自己初中辍学的遗憾，在工作之余她还参加夜校学习，取得了中专文凭。后来在工作中奶奶又多次被评为优秀，后位至二轻局政工股股长退休。现今仍是经信局退休党支部委员。

爷爷奶奶共生了两个儿子，大儿子叫胜利，二儿子叫胜富。奶奶说："因为我们想，先是胜利了，然后生活就富裕了，希望家里能红红火火，平安富足。"名字总是代表了父母最美好的祝愿。

爸爸——无忧无虑的童年和市场经济的冲击

"我一直长到7岁都跟着外婆住在坎头村，那个年代哪有什么幼儿园，上小学前都是在乡下疯玩。什么都玩，爬树、摸鱼、捉迷藏……家家户户小孩子也多，不像你们现在都是独生子女很孤单，我们喊一声起码就有七八个小孩子跑出来一起玩。"爸爸点上一支烟笑着说。

1979年，爸爸到了该上小学的年纪，便进城与奶奶和哥哥住到了一起，每天跟着哥哥穿过几条马路去上学。"我小学读书很好的！三四年级的时候还是班里的班长，那时候班长都是看成绩的，谁考第一谁就是班长。"爸爸现在回想起来还是十分得意。然而小学时，令爸爸印象最深的却是家对面的那个烧饼摊子。"家里穷吃不饱饭，对面烧饼摊子总是特别特别香，一到晚上，我和哥哥两个人只要闻到飘过来的香味就会吵着妈妈给我们买烧饼吃。偶尔也真的能得到3分钱，但只够买一个烧饼，我和哥哥分着吃，那滋味！"爸爸想起来仍十分陶醉，而后又补了一句，"吃的东西少，几乎什么都是我和哥哥一人一半均分，甚至连一个橘子也要掰成两半，如果有人吃独食被发现可能就会吵起来，哈哈。"

1985年，爸爸小学毕业考上了仙居中学，此后的六年里他一直在仙居中学读完了初中、高中。高考比本科分数线低了12分，与大学失之交臂，在爷爷奶奶的安排下，他进了仙居县农机监理总站工作。

1998年，爷爷和老朋友——白塔镇农村信用社主任，将各自的儿女介绍认识，爸爸对年轻貌美的妈妈一见钟情并展开追求，而后喜结连理，由爷爷奶奶出资为他们在附近买了幢"地到天"（仙居土话：意为别墅），一年后便有了我。

2003年，企业改制，爸爸离开了农机监理总站，凑了些钱，与朋友合伙开了家驾校，那时候街上小汽车也很少见，爸爸算是这个行业里的先行者了。过了几年，随着经济的发展，买车的人越来越多，驾校的生意也越来越红火，完成学时的学员甚至要等上一个月才能排到考试。后来县城里的驾校如雨后春笋般冒出来，驾考新规也是越改越严格，"驾校这碗饭是越来越难吃了。"爸爸说着叹了口气。

我——在爱中成长，见证新时代的繁荣

家里人没有给我取小名，都很亲热地唤我"小囡"，而在外婆家，从八九十岁的老太公到两个表哥，都叫我"小妹"，我像是所有人的小女儿和小妹妹，被用心地呵护长大。

我记得浓骨头汤的味道，每到周末爸爸总会去菜场买上一大袋筒骨，然后熬上整整一下午，那时，无论我在外面怎么疯玩，都会嗅着香味回家。我记得奶奶家边上有家小卖部，每次爷爷接我和堂弟放学，回到家

后我们第一件事就是去厨房的抽屉里抓一把零钱,去店里买几个小玩具。我记得外婆总是让我躺在一把藤椅上,把长长的头发垂在脸盆里,然后她搬一把小凳子坐在边上一边为我洗头,一边给我讲故事……

爷爷与我

太多数不清的美好回忆,我在家人爱的包围里,长到了18岁。在经历一场高考后,我第一次离开家乡独自求学。我爱哭又好面子,想家的时候,总是在人前忍着,等到夜深人静的时候躲在被子里流泪。很庆幸自己没有填省外的大学,还能一个月跑回家一次,吃家里熟悉的饭菜,睡家里又大又舒服的床,挽着妈妈的手出门逛街。

一年又一年,我见证着家乡的变化:仙居火车站动工了,建成后再也不用跑到隔壁县坐高铁啦;城里出现了几百辆新能源汽车,使用"曹操专车"APP即可打车,城内一律5元一趟;市政府边上新盖了几幢购物楼,比宁波的万达还要大……对此我由衷地感到欣喜和自豪,我的家乡正在努力一步一步走向发展与繁荣,而像仙居这样的小县城在中国更是不计其数。

新中国成立70周年,也是经济飞速发展、人民生活水平飞速提高的70年,这不仅是国家的70年,更是一个个家庭的70年。70年,四代人,每个人的故事各不相同,却是那个时代最真实的写照。

爷爷的奋斗史

孙 羽

我搬了把椅子坐在爷爷对面,听着爷爷聊他过去的这70年。爷爷说他19岁到23岁都在当兵,这辈子有当兵的经历,无怨无悔。他还记得他第一个月津贴是5元人民币。爷爷会寄给自己的母亲4元,自己留1元,他说当时母亲特别高兴,到后来也时常提起。半晌,我问道:"您当兵苦吗?"他摇摇头,十分坚定地说道:"那时候日子虽然苦,但在部队里兄弟们感情都很好,我们的辛苦也换来了国家的安定。"部队,是他宝贵的回忆。那儿有他的青春,有他的信念,有他的梦想,也有他的荣耀。

退伍后,爷爷在长广煤矿一待就是10年。爷爷说起初的工作环境十分恶劣,生产工具也较为简陋,采煤全靠打眼放炮,其他工序都要肩扛手抬,凭的全是力气。那时,井下工作时间长,劳动强度大,通风条件差,一放炮煤尘飞扬根本看不到人,一天下来,全身上下除了牙齿,其他地方全部都是黑的。爷爷说,人身安全还得不到保障,常常出现伤亡事故,还容易患上职业病。可即使这样,爷爷和工友们还是经常在井下不知

爷爷的退伍军人证件

疲倦地干上十几个小时，累得浑身散架也咬牙坚持着，就想着多出煤，多挣钱。

此后的几年，矿区又经历了重组、收购、升级等改革。听爷爷说，12年之后，煤炭从黄金时代直接走向了黑铁时代，市场骤冷，被迫双停。再然后，国家加大环境污染治理力度，城市转型升级发展。这样也是好事，"矿虽没了，但人们的生活水平没有下降，日子反而越过越好了。还是国家政策好啊！"爷爷说。

1978年，改革开放，整个国家发生了翻天覆地的变化。爷爷做矿工的日子也告一段落。

1980年，爷爷33岁，已经成家，有了一双儿女：我父亲和我的姑姑。同年他调到供销社工作。爷爷在供销社工作了很多年，直到60岁才退休。爷爷兼职过很多工作：食品厂的管理员、销售、业务员、商人。这其中时间最久的就是食品厂的工作。这个我也听父亲时常讲起，爷爷在

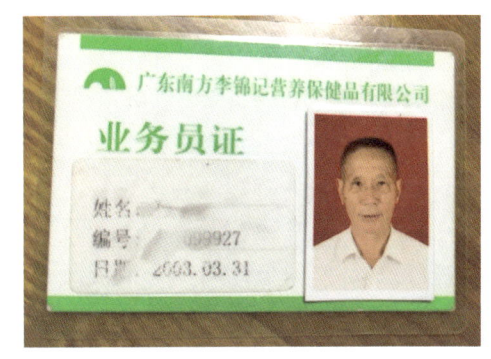

爷爷的证件

我们当地的洪山镇食品厂工作，那时候我父亲正好上中学，因为爷爷在食品厂工作，父亲说自己总有吃不完的好吃的，令身边的同学们十分艳羡。

爷爷感慨着时代的变迁，短短20年，从粮票到支付宝扫一扫，爷爷感叹着中国的进步，从他的眼神里，我读出了对祖国母亲的骄傲。新中国成立70年，每个人都从自己的小家感受变化，感受时代的进步。

一杯茶·三代人的婚礼

盛水舟

裸婚时代　太婆：结婚就是3桌便饭

"那时候真穷，结婚就是摆了3桌便饭。"太爷爷原来在湖南当兵，后来随军南下到了江浙。太婆因为母亲过世得早，很早就一个人养两个弟弟，到25岁因没有结婚被人叫作"老姑娘"。直到乡长给太爷爷、太婆做了介绍，两人这才准备起婚礼来。

奶奶说："爸爸原本打算穿补过的旧衣服，被大娘姨看见了，拿米换了新衣，说是不管怎样，一定让他穿着新衣服结婚。"藏青色的新郎装，既值钱又值得。杯子里浮出白气来，散在冬日昏昏欲雪的午后，飘摇得好不自在得意。

太婆结婚的时候有什么嫁妆？听到"嫁妆"一词，奶奶笑起来，"那时候大家都穷，大多是新娘一个人过去，嫁妆也没有。太婆比别人好一点，有一只旧的木箱子和角橱，新做了被子枕头。箱子里面，放了些讨彩头的东西：花生、枣子、甘蔗、糖、米花。"

结婚的仪式一切从简。只是3桌便饭，亲戚朋友吃顿饭，相互认识一下，这婚便算是结了。当时不像现在这样稳定，收成也是一年好一年坏的，喜宴上若是有鱼、肉，能吃的也只有鱼冻、肉冻，几盘荤菜都是留着正月里招待客人的，要从正月摆到清明。

婚房，不过是一块帘子拉起来的几平方米空间，只放得下一张床。

一年后，奶奶出生了。"我3岁的时候，爸爸就去世了。"5年以后，小爷爷来到了我们家。小爷爷原来是隔壁老太太家里的二儿子，出生的时候脸上身上青紫，稍长大了又有些残疾和结巴，太婆心软，把他接到家里，当成亲儿子养。

太婆活到80岁，始终没有改嫁，自己一个人撑起了家。

凭票时代　　奶奶：嫁衣我自己做

读了小学以后，奶奶就做了洋车师傅，"踏洋车"是对裁缝师傅的另一种称呼。奶奶好强，无论是读书还是做衣服，都要做到最好，不肯让人看不起。和爷爷的相识竟然也是因为到别人家去做衣服。

"缘分这个东西真不好说，介绍人给我介绍杭州的大学老师，那人写信，让我去六和塔等他，我没去，觉得自己书读得太少配不上人家。介绍人说没关系，有个差的。"爷爷在旁边听到了不见生气，也不反驳奶奶，眼睛向我一转，嘴巴一撇，做个口型随她去吧。

"说起来也好笑，介绍人大冬天看到有个小伙子在河里冬泳。余杭爹爹介绍说是他儿子，聊着聊着觉得我们合适，就介绍给我了。" 爷爷对生活有无数"浪漫"的想法，背着奶奶和我去别人家看小狗，夏天晚上捉了萤火虫装在纱布袋里，游泳以后

2019年是爷爷奶奶结婚50周年

义正词严，一定要吃一碗小馄饨来补充水分和盐分。

杯中的茶已经微微出色，此时若是啜一口，定有一股暖流流进心里。

奶奶继续说："和你爷爷认识以后，我想不能不见过人家父母。两个人走了10公里路到余杭，见到了爹爹。爹爹看到我，就说这个姑娘好，我们两个就准备结婚了。"

结婚时的新衣是奶奶亲手制做的。"我自己做裁缝的，哪个好看我心里有数，有了想法，量了尺寸，拿票领布就自己做了。"红色缎子棉袄，外面套一件红色立领套衫，称得上是那时最时髦的新娘了。爷爷的衣服也是奶奶给做的，用爷爷的话说，"整个人立马有了精气神。"

迎亲与接亲队伍都是村里熟识的人。奶奶掰着手指，数着物件儿："被橱、角橱、大衣柜、木头箱子，这些都要两个人抬，其他要挑的东西七七八八也有很多。"

喜宴不含糊，10桌。厨师算是半个自家人，"小爷爷和大公公他们都来帮忙，我们结婚的菜都是他们烧的。"喜宴上的食材，大部分都是自家养殖或种植的。"爹爹喜欢吃带鱼，我提前去镇上买来，大拇指肚那么大的栗子1块钱3斤，糖8毛钱2斤，都要用票买，买了以后自己背回来。"

1969年冬天，爷爷奶奶成为夫妻。

1970年妈妈出生，1974年小姨出生。

20世纪80年代，富阳经济快速发展，人们的消费水平也随收入不断提高，原先高档的电器用品走进千家万户。那我们家呢？奶奶的眼睛暗了下来，"生了你小姨以后，我就一直生病，家里都靠着你老太太干活，你爷爷在化工厂的工资，60块有45块寄回来，有20多块是给我看病的。"不知道是不是因为这个，妈妈小学时成绩不错，到了初中升高中的时候，成绩就一下子掉了下去。1988年，她18岁就去棉纺厂上班了。

此时的茶有些许苦涩，茶汤也失去温度，老屋里只能听见木炭毕剥作响，妈妈把茶水倒到水槽里，尚有余温的热水涌起一阵翻滚的白气。

融合时代　　妈妈：你爸是嫁给我啦

初到富阳，妈妈先在酱油厂工作了半年，后来奶奶托自己的好友，帮妈妈在棉纺厂找了份工作。三班倒的日子妈妈仍记忆犹新，"早上七点到下午四点算早班，下午四点到半夜十二点是晚班，十二点到七点又是一班。这可不是两三天，两三年呢！"妈妈自己也肯下功夫肯吃苦，三个厂的女工里，只有她一人被评为"操作能手"。

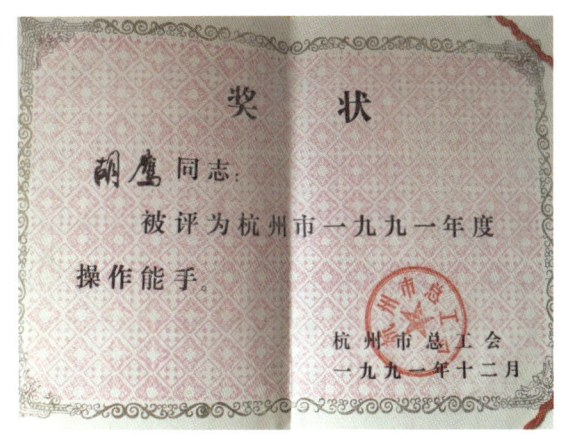

妈妈在1991年获得的奖状

和妈妈不一样，爸爸那时在浙江农林大学念书。"我们高中班里五十个人，考上中专的有三个，最后考上大学的有七个——我也是其中一个。"1978年恢复高考，爸爸1986年应届考上当时的浙江农业大学。到了大学，在寝室里面他也是最小的一个。户口迁到了城里，这可算是"鲤鱼跳龙门"了，爸爸点点头，"当时大家都觉得居民户口好，有工作有收入，不用面朝黄土背朝天。"爸爸在大学里足球踢得很好，学习成绩也一直很不错。"我的学费是80块一年，每个月有20多块的助学金，加上奖学金也年年有，慢慢地就不怎么向家里要钱了。"1989年，爸爸回到富阳，分配到市政园林绿化管理所工作。两人除了都当过团委书记，几乎没有相似的地方，妈妈风风火火，爸爸沉稳冷静，就算是到了现在，两人还是一样。

1986年于浙江农业大学校门口（爸爸站在二排左二）

1993年，妈妈23岁。在当时20出头就抱上小孩的女性中，妈妈简直就是"大龄剩女"。一方面不愿意回去草率地嫁一个农民，另一方面因为还是农村户口而自卑。1995年上半年，家里人商量用12000块去给妈妈买一个居民户口，被奶奶的好友语重心长地劝住："你们攒下钱不容易，稍微等一等。"下半年，妈妈花了5000块买了一个蓝印户口，形式上算是居民了。妈妈感叹，这个时候才敢谈恋爱。过了没多久，妈妈由孔外婆介绍给他儿子的同学——爸爸，两人一起吃了一次饭，算是见过一面认识了。

　　谈恋爱有情书也有口角，爸爸都记录下来了，翻出来的时候已经泛黄。"你爸脸皮可厚了，有次过年一定要和我回去，第二天回富阳的时候就管奶奶叫妈，我都奇怪了，怎么会有这样的人。"爸爸嘻嘻一笑："反正你肯定是我老婆，早叫晚叫都一样。"

1997年爸爸和妈妈在结婚的路上

　　在结束了3年恋爱长跑后，两人终于走向婚姻。从确定男女朋友关系开始，妈妈就一再说明男方需要入赘这一婚姻模式。大家一开始都有些顾虑，认为这样的婚姻模式有悖于传统。"我和家里只有妹妹，如果都嫁出去，我爸妈怎么办？"外婆竟然也同意了，对一脸不敢相信的爸爸说："又不是不让你回来了，我都有五个儿子和他们的媳妇了，你就去吧。"这也就是为什么我把妈妈的母亲叫作奶奶，而爸爸的母亲叫作外婆的原因。妈妈说到这里揶揄一句："你爸那个时候还哭了呢。"

　　提到彩礼，妈妈自嘲地笑了一下，眼睛白了爸爸一眼："我是一分钱都没见到过你们家的彩礼。"爸爸回了一句："我都嫁给你了你还要彩礼，哪能这样呀。"

　　随着改革开放的不断深入，中国与世界的联系也越来越紧密，人们

1999年于老家

接触到更多的信息,思想观念也逐步变得开放,一生之中最为关键的节点——婚礼,也渐渐呈现出越来越多的仪式感。除了求婚和定亲等常规程序外,他们还举行了一场中西式婚礼仪式。妈妈说:"婚礼仪式和现在的环节也差不多,但那时候还没有筹备'一条龙'服务。主持人、摄影摄像师、婚车都得从自己认识的人里一个个找过去。"戒指和婚纱不可少,两个人赶时髦拍了婚纱照,还有摄像师跟拍全过程。中午在老家吃了小规模的婚宴以后,爸爸和他的兄弟开着装饰好的婚车,到山里把妈妈接出来。

1997年1月18日晚,在新疆疗养院举行婚礼,当天摆了30多桌酒席。"婚房是把自己的房子装饰一下就算数的,就是在花坞桥头。"房子是单位分配的,说是分配,还是要拿出钱买。奶奶出了大头5万块,后面的就是他们小夫妻的事了。

至此,两人终于在城里有了自己的一个小小的家。

这茶喝到现在,已经可以品出甘甜来了,可是我知道,故事远没有写完。

此生辗转十宅中

夏千如

2018年6月，外公和外婆对上一个住所的物品进行了归置和整理后，搬入了现在的住处。这是他们这一生中的第10次搬迁。

而今年，已经步入金婚的外公外婆，将在这第10个住所中完全安定下来。

上一个住所有着宽敞的书房，书房里的一整面都是古色古香的木制书柜。那柜子就像一个百宝箱，有《大仲马全集》也有《和珅密传》，有《辞海》，甚至还有无数期的《读者》文摘。我的画，姐姐的作业本，外公的书画都好好地保存在里面。书柜里面总沉淀着灰尘的书籍，带着纸张陈旧的涩味，但小学时候，我最喜欢的就是外公家的书房。因为对于小小的我来说，外公家的书房有着最具有吸引力的宝藏。

这宝藏就是足以填满一个储物柜的相册。我和姐姐最好的童年回忆，就是在某个酷热难耐的夏日午后，抱着半个西瓜坐在书房冰凉的红木地板上，把相册铺满地面，不厌其烦地翻开每一本，向长辈追问那一张张照片背后的故事。

在外公的新居，我再一次打开柜子，看到了这些时光宝藏。

在外公家这一生的10次迁徙中，这些照片都留了下来。它们定格了一个个珍贵的瞬间，就像一条河，让家的故事生生不息地流淌下去。

这次，我打算从头看起。

此生辗转十宅中，一处一景各不同。

最有年头的照片，是外公外婆同我现在一般大时拍下的小像。

"这些照片很小呢！"我细细端详着这些如邮票一般大小的小像，"看起来外公外婆这个时候比我现在大不了多少。"

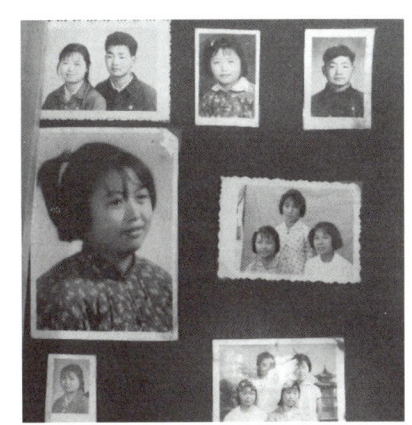

老照片

"我是出生在旧社会的人。但是在有记忆的时候，中国已经解放了。我是长在红旗下的孩子！"外公爽朗地笑道。

在安徽省宣城县红杨乡，一个不太富裕的农村家庭里长大的外公，7岁进入当地办的小学校，开始了他一生教育事业的第一步——学习。那还是一个供奉着关云长的庙宇，被利用起来改造成了一个简陋的小学。但对于小小的他来说，能够读书已经是非常幸福的事情了。

外公在初中毕业后进入了宣城师范，学习了几年后，因为外公的成绩优异，他幸运地成了高考选拔当中的一员。他抓住了这次机会，成了被大学录取的五名学生中的一员。收拾行囊，外公前往合肥开始了他的大学生活。各种社会活动丰富了外公的大学课余时光。

毕业后，外公前往广德中学任教。在那里，他住进了人生中自己的第一间房子，也是在那里，他遇见了外婆，那间小小的学生宿舍，便成了他们的婚房。

"那是学校分配的，面积很小，不到十平方米。除了两床被子就是两个小木箱，这些也足以填满那个小空间了，木箱还是家里打的。"外公说。

大姨降生后，校领导考虑到外公家的情况，给他们安排了新的住所。于是外公家进行了第二次搬迁。

"这是大姨吗？"我的目光落在一张黑白照片上，那是一家三口，正中的小女孩粉团团的，还抱着一个长睫毛的娃娃。

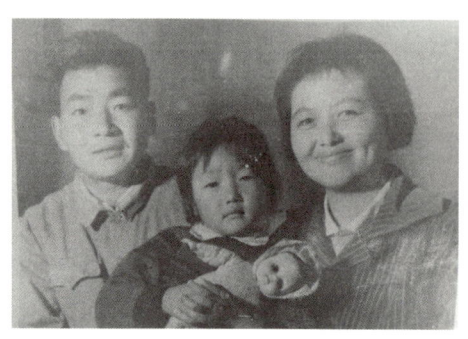

大姨和外公外婆的照片

"是呀。"妈妈探头看了一眼,"这个时候还没我呢。但是那之后呢,很快,我也来到了这个大家庭。"

大姨出生于1971年。在那之后,外公接连经历了两次搬家。

考虑到他们家的情况,领导分配给外公另一间宿舍。这间宿舍稍微宽敞了一点,但比起原来的住处也只是大了5平方米。那时全国都在纪念巴黎公社,政治氛围十分浓厚,外公也将"黎"作为自己第一个孩子的名字。1974年,外公一家又搬入了学校新盖的平房里。这间平房已经有了餐厅、卧室等清楚的结构划分。虽然还是不到20平方米,但相比原来的居住环境已经有了很大的改善。

"那个时候家里条件不太好。"外公回忆着,"上有老下有小的,而且还负担着舅爷爷(外婆的弟弟)的学费。我一个月能挣50元,你外婆一个月能挣40元。日子过得捉襟见肘,有时候到了月底钱不够花,还会去会计室借一点,下个月再从我的工资中扣除。"

这些故事对我来说完全是新奇而陌生的!原来外公家里还经历过这样一段紧巴巴的日子,这是小辈的我未曾得知的。我一面听着这些新的故事,一面把相册继续翻下去。

妈妈出生于1975年。不到20平方米的房子要塞下五个人还是有些困难的。至此,外公搬到了他人生中的第四个住处——由老农校的教室改造的教工宿舍。这个房子不到30平方米,但已经是一座砖瓦房了。

"刚住进去的时候房子是泥巴地。"在一边旁听的大姨忽然想起了什么,眉飞色舞地说道,"因为连续下雨,加上房子后面是个水塘,地面居然塌陷了!因为是公房所以只能向学校报修,没有想到竟然因祸得福,修成了水泥地面。这一排教工宿舍只有我们家有水泥地面,你外公的同事都拿这个和我们家说,说羡慕我们家呢。"

这时的家已经有三个房间了。外公开辟了自家的菜园,种出了水灵灵的蔬菜,给孩子们增加营养。在那片菜园边,外公种起了一片向日葵。"那是一片非常美的向日葵,我和你大姨兴奋极了!"

它可以占据一整面墙!在第十次搬家时,这张珍贵的合影被安放在外公的卧室里

说这些话的时候,妈妈的眼睛里闪闪发光。那是她的童年呀!

1978年的改革开放给外公家带来的变化并没有太大。"那是一种循序渐进的发展过程,比如说饭票渐渐取消啦,工资渐渐提升啦……"外公说。

"外公,我记得你的书房里一直挂了一张好长好长的合影呢。你好宝贝那张照片,每回搬家都把它挂在最显眼的位置。"

"那是1978年,我作为芜湖地区的代表,参加了在北京人民大会堂举办的全国共青团第十次代表大会,还见到了邓小平。"外公有些不好意思,"那是很荣幸的。"

往下翻照片时,我眼尖地注意到一张照片中,外婆抱着一个小小的男婴。

"那是舅舅!"我像发现新大陆一样叫了起来,"舅舅出生了!"

1979年初,舅舅来到了这个家庭。至此,外公外婆的孩子们已经全部降生了。

1979年,外公由广德县调任至城里的中学出任校长一职。这时的房屋面积已经扩大到了70平方米,并且有了木头橱柜这样不错的家具。外公外婆的工资都有了很大提高,家里的条件越来越

外婆与她的孩子们

好，大姨和妈妈相继进入了小学开始了她们的学习生涯。

"外公家的生活水平一直是平稳上升的。"我总结道。

"是这样的，确实是越来越好。"妈妈说。小时候的妈妈漂亮得像个小洋娃娃，甚至还留下了一张头发卷卷的洋气照片。"这是你外公外婆吵架的杰作。80年代初，学校是不允许烫头发的，外公刚在大会上宣布了这项决定，你外婆马上带着我去烫了头发。我坐了好几个小时才烫成这个样子，可把你外公气坏了。"

家舍本为避风雨，何必计较紧与松

"欢送？"我的目光停留在一张合影上。照片上留下了漂亮的字迹，让人一目了然。"外公这是要去哪呀？"

"你外公离开广德县啦。他被调到了宣城地区，也就是我们现在住着的地方哦。"妈妈耐心地解释道。

1986年，外公在他人生中的第七次搬迁后，住进了工会的宿舍。这里也成为外公至今居住时间最久的房子。住宿条件有了质的飞跃。虽然房屋设计不太科学，但是条件比之前的房子好了太多。从这时开始，照片变得越来越多。

外公在广德的同事们和他合影留念。外公坐在最中间，眉目硬朗。在这张合影后，外公进行了家里的第七次搬迁

妈妈翻出照片摆在我面前，手指一张张点过："这是客厅，这是餐厅……这间房子地面是水泥地，还刷上了地板漆，墙面也粉刷过。家里有了几大件，甚至还配上了搪瓷浴缸！"

"这间房子非常不错，在当时的城里居住条件都算好的。"外公补充道，"1988年我们家还买了熊猫牌黑白电视机。那一年的亚运会,你舅舅再也不需要跑到别人家去看电视了。"

说到在宣师任职的这段时间,外公的语气变得格外自豪。1987年外公作为主持宣师工作的副校长,考虑到宣城缺乏幼教老师,一手创办了幼师班,培养出了一批优秀的幼教人才。"你妈妈就是幼师班的学生。幼师班的学生现在都是宣城各大幼儿园的骨干!"外公眉飞色舞地说道,"为了改善办学条件,我还组织在学校里盖起了一栋艺术楼。艺术楼里的琴房是当时江南地区最好的琴房。"

在工会房子里,外公一家五口的合影

彩色照片的数量相对于黑白照片更加庞大,内容上也格外丰富,从旅游、工作到家里孩子们玩闹的场景都有涉及。"我们家习惯于拍照片了。"妈妈帮着我整理翻过的照片,"当时我们都是提着一整桶胶卷去冲洗店洗照片呢。洗好了带回来,你外公就会在背面一张张写上时间,再理成一本本相册。"

"看,你和姐姐的照片!"妈妈把一张照片拿到我面前晃了晃,"你小时候比现在可爱多了。"

照片中确实是稚嫩的我。我和姐姐站在床上,对着相机正摆出各种各样的奇怪姿势。不知道那时候在玩什么游戏呢。"这是在梅园!"我说。

离开宣师后,外公进入了宣城市教体局任职。家里渐渐添置了洗衣机、电冰箱等一系列电器,还装上了电话。1998年前,家里的彩电等大型电器也一并配置齐全。我甚至翻到一张少女时期的妈妈拿着话筒唱歌的照片。家里都安上了卡拉OK机,想必妈妈的好嗓子就是那个时候练出来的吧!

而1998年,随着外公职位的晋升,他们搬入了梅园新村。大理石的地面和立式衣柜都足以看出家里条件的飞跃。在这期间,大姨结婚,妈妈参加了工作,而舅舅考上了北方的重点大学。1999年,妈妈也遇到了她一生的伴侣——我的爸爸。

"带着崭新的面貌跨入了新时代!"我大声宣告。于是在新世纪的最开头,我也成了这个家庭的一员。

2005年之后,外公家搬到了宣城日报社的小区,而这里承载了我和姐姐成长的时光。在新世纪里,对外公外婆来说,一切似乎都已尘埃落定,但这个大家庭里的一切都稳定而又不断进步着。2018年,在外公外婆金婚的前一年,他们搬到了现在的住所,完成了人生中的第十次搬迁。

对他们来说,这也是他们人生中的最后一次搬迁。

我合上了相册。

老来细数家常事,最美当是乐融融

我眼里的外公是什么样的呢?

是学识渊博的,是威严的,是慈祥的;是值得尊敬的退休领导,是桃李芬芳的教育家,还是偶尔固执己见的老人家?

对我来说,更重要的是,他是我的好外公。

爸爸曾经和我说:"你外公的晚年是最为圆满的。儿子在首都事业有成,女儿相伴身侧,他受人尊敬,有自己的爱好,晚年生活非常舒适。"

而我现在才知道,家族现在的安稳幸福,来自那些年外公外婆吃得苦中苦,一步一个脚印扎扎实实打下的基础。幼时在书房里懵懵懂懂翻过的大部头,看过的字画,密密麻麻的笔记,都是外公这么多年积攒下来的知识财富。

也许这风风雨雨五十年,只有外婆能制得住这个了不起的外公。

现在我成年了,茶余饭后也会陪着外公聊天,饭桌上也和他一起喝几杯。"我是和共和国一起长大的孩子。"他对小辈说,"我们的生活真是芝麻开花节节高!"

他私下戴着老花镜研究平板电脑，问我这个该怎么操作，我坐在他身侧，一步步教他操作时，忽然想到，多少年前，他也这样站在学生的桌前，像这样指导着孩子们学习。

现在他不需要去操心一家的生活了，子女都有了自己的家庭，陪伴在他身边。他写诗，打太极，练习书法，享受着自己的生活。这七十年，他一路走来，播下了无数种子。现在，这些种子都已长成大树。

就如同外公在他的诗《宅谈》中所写的：

"老来细数家常事，最美当是乐融融。"

整理这些旧照就像看一部电影，随着长辈们的讲述，照片里的画面更加鲜活，照片后的故事，那情那景跃至眼前。细细品味着这些，像喝了一杯泡了很久的茶，口齿生香。

这一本本相册记录着这一路走来，外公这一家子的进步和发展。由最初的小像，到黑白照片，到彩色胶片，再到数码彩照。技术逐渐进步，家庭生活水平稳步提升，家族人丁也越来越兴旺。

接下来的照片，就要由我们小辈来拍了。家的故事从来都是未完待续的。这一大家子，将继续如河流一样，生生不息地流淌下去。

大树和木棉，还有他与教育相伴的一生

雷慧珊

我的大树

每次和爷爷聊天前，必须得沏一壶茶，红茶不行，白茶也不行，得是绿茶。茶叶是刚采摘下来的，一颗一颗饱满多汁，裹着春天该有的嫩绿。待水烧好，静置一会儿，在杯底抖落点点茶叶，再用热水满上，等茶叶渐渐沉淀，茶香也逐渐浓郁了。我喝茶的习惯是跟爷爷学的，小时候不爱喝茶，嫌茶苦，但爷爷就偏爱喝浓茶，他的茶盏里永远有很多的茶叶。奶奶在我的茶盏里加冰糖，等糖化了，茶便甜了。今天也是，我俩围着木桌坐下，桌上已经沏好一壶新茶。

桌上搁着笔墨纸砚，都已整整齐齐放好了，等我提笔去写。十四年前也是这样。爷爷的字我是佩服的，得过大大小小不少奖项，也参加过展览，家里墙上裱着他写的字，纸是烫金的边，精致得很。爷爷一边帮我磨墨，一边教我这些字应该注意哪些细节，我写字时他便在旁边戴着老花镜看报。爷爷爱看报这习惯也是从我记事起就有了，他在看报，我在旁边写字，凳子太矮，坐着够不到桌子，我就踮着脚写字，宣纸易渗，底下垫的是他看过的旧报纸。

到现在为止，我还是觉得爷爷是万能的，除了书法，他还会下棋、拉二胡、钓鱼、打门球、舞剑。

我只见过一次爷爷生气的样子。有次我调皮，把脚伸进了自行车的车轮里，等我因为疼痛大声哭出来的时候爷爷才意识到问题的严重性，他赶紧抱着我跑到医院里，忙上忙下的，最后等医生帮我缠好绷带，说没什么大碍，等消肿了就好了的时候，他才松一口气。回去的路上，爷爷一直沉着脸不跟我说话，到家以后，我假装没事跟爷爷开玩笑，他抡起身边的鸡毛掸子气势汹汹地走了过来，说时迟，那时快，我的眼泪就"吧嗒吧嗒"掉下来了，他见我这个样子又于心不忍，把鸡毛掸子重重扔在地上，甩上门便出去了，后来他再也没提起过这事儿，只是从那以后他的自行车上多加了两块脚踏板。

突然发现买了相机以后，还没有给爷爷好好照过相，这次五一回家前，我在电话里说："爷爷，我这次回家给您照相！"他一直笑，连忙说好，他还自豪地跟我说："这回县里的门球赛，我得了老龄组的第一呢！"第二天回到家，我发现他已经在等我了，衣服穿得整整齐齐的，甚至把舞剑的道具和服装都带上了。照惯例，我们握手，这是爷爷表达情绪的一种方式，见面时握手表达好久不见的喜悦，分别时握手表达好好珍重的祝福。第二天我起了个大早去拍爷爷锻炼，他向一起打门球的同伴们介绍道："这是我孙女！来给我拍照的！"我怪不好意思的。

爷爷

爷爷从小就教我，凡事都要勇于去尝试，要认真对待每一件已经着手去做的事情。爷爷经常会借各种理由偷偷塞给我零花钱，还叫我一定要收下，不收下他就不开心，并且叫我要保管好。小时候闹腾，坐不住，爷爷就想法子逗我开心，在屋顶的横梁上，用粗麻绳和小板凳给我搭了个秋千，大热天的骑车出去给我买大西瓜，帮我养各种小动物。每次因为调皮捣蛋被妈妈责骂时，我便跑到爷爷那儿诉苦撒娇，他先是教育我哪儿不对，然后再给我买糖，替我抹眼泪。

我想，要是时光可以再慢一些，我永远停留在那个可以向他撒娇的年纪便好了，这样，他就能一直是我的大树。

橡树和木棉

小时候住的是一个大宅子，大宅子有些年头了，是1960年造的，坐落于浙江省丽水市景宁县梧桐乡。大宅子的门槛很高，每次跑出去玩都担心被绊倒会不会把门牙给磕了。奶奶爱花，墙边的篱笆里便种满了花，我叫不上来名字。墙上爬满了爬山虎，藤蔓密密麻麻的，各种叶子也扯出一片阴凉。夏夜里，我和奶奶在院子的阳台上乘凉，时不时有风吹来，没风的时候奶奶便用团扇给我扇风，奶奶有好多把团扇，每一把上面都有爷爷为她写的名字。

奶奶

爷爷跟我说，奶奶很小的时候就到我们家来了，后来到了法定年龄就结婚了，生了三个儿子，一个女儿，爷爷在外读书的时候，奶奶就一个人撑起这个家，一边劳动，一边照顾孩子，太不容易了。爷爷和奶奶的感情我也是从小见证到大的。小时候爷爷骑着上海凤凰牌单车，后座载着我，骑得很慢，时不时还停一会儿，为的就是等等在后边走路的奶奶。一到人多的地方，爷爷就会牵着奶奶的手，怕她走丢了，奶奶在爷爷身边的时候永远像一位少女。我有一次问奶奶："你的耳环呀，手镯呀这些首饰都是自己买的吗？"她微笑着向我展示："都是爷爷给我买的。"爷爷说，结婚的时候没能给奶奶很多东西，现在有这个条件了，就想把能给的东西都给她。

爷爷年纪大了，耳背，跟他说话的时候要凑很近很大声他才听得见，

爷爷与奶奶

奶奶声音又小,一遍又一遍讲,最后爷爷还是没听懂,奶奶便气得跳脚,又好笑又无奈地跟我抱怨。

爷爷和奶奶结婚六十六年了,他们几乎形影不离,去哪儿都要一起,聚餐的时候,爷爷坐下,奶奶紧跟着坐在旁边,爷爷不停地给奶奶夹菜。爷爷主外,奶奶主内,他们就像橡树和木棉,根,紧紧缠绕在一起,相互依靠,相互陪伴。

与教育相伴的一生

1956年爷爷到温州去念书,那时爷爷才23岁,去的时候太爷不同意,但是爷爷下定决心,想趁自己年轻还能学点知识,带着通知书就去了教育科报名。

到温州以后刚好赶上"大跃进",没有开始上课,劳动了半年后回到学校,爷爷被评为"温州市劳动模范",一眨眼就到了年终,同学们纷纷回家了,学校也放了寒假。大年三十的夜晚,只有爷爷留在学校里,爷爷自己一个人在教室里大哭了一场,讲到这里,他眼里泛起了泪光,用微颤的声音跟我说:"我觉得当时好苦啊,跟其他同学相比,他们有家里支持,会提供资金,而我家里不支持我读书,我只有我自己。"

爷爷这一生都在和教育打交道,他既扮演着老师的角色,也

爷爷在练书法

扮演着学生的角色,后来他当上校长以后,在许许多多的年轻人身上也看到了自己当时的身影,于是他决定推荐并资助他们上大学,现在他们也各自出彩,每年开同学会也都会邀请爷爷去参加。

　　他告诉我,这么多年来,他尝试了自己最想做的事,趁自己年轻去打拼,一路自力更生,有了自己的家庭,有了自己的房子,有了自己的孩子,最后还有了我们。他拍拍我的肩膀,对我说:"希望你们健健康康,开开心心,好好读书。想做的事得趁年轻的时候去做,要相信,'年轻'这两个字的力量,是很难估量的。"

两代人的爱情故事

甘冬冬

我的家乡

我的老家位于浙江衢州的一个小村落。蜿蜒起伏的群山和潺潺的流水，滋养出一代又一代淳朴乐观的人。

爷爷和奶奶的相识

我还在读小学的时候，爷爷就去世了。有关爷爷的回忆，满脑子就只剩下过年时酥酥的芝麻糖和用红纸缠着的大红包。"爷爷和奶奶的婚姻如果按照电视剧的说法，其实可以算穷小子攀上富小姐的故事。"父亲坐在沙发上，一边吃着芝麻糖一边说着，"奶奶家里以前是小地主，占着几十亩地，吃喝不愁。爷爷那时候还只是个读过几年私塾的穷小子，虽然字认得不多，但是毛笔字写得很好，经常帮别人写字。渐渐地，爷爷就靠写字在村子里写出了名气。后来奶奶听说了这件事，就特地拜托家里的长工去爷爷家，让爷爷帮忙写对联。长工把对联拿回来的时候，奶奶一看心中欢喜，之后就经常让爷爷帮忙写字。爷爷一开始还很奇怪，为什么地主家的女儿要经常让自己写字，后来渐渐地生了好奇心，想要见一见奶奶，于是就在信封里夹了一张纸，上面写着时间和地点，邀约相见。奶奶一开始看

爷爷47岁时的照片

见这张纸的时候可开心了,就像两个笔友终于要见面了似的,激动得睡不着觉,后来又害怕被外曾祖父知道,于是编了个理由,外曾祖父也没仔细问就让奶奶去了。

爷爷和奶奶见面的时候,两个人都很害羞,压根就不敢坐在一起。一根树干上,一个人坐头一个人坐尾,两个人也都不知道该说些什么。后来爷爷和奶奶约见面的次数越来越多,生了情愫,奶奶就问爷爷什么时候娶她,爷爷想着自己这么个穷小子,家里连块地都没有,而奶奶家是地主。肯定看不上自己,就对奶奶说等自己有钱了就娶她。爷爷只能去矿场里做矿工,做苦力,奶奶只能在家里等着。但是等着等着,没等到爷爷上家里提亲的消息,却等到了土地改革的消息。爷爷那个时候刚收到消息便立马赶了回来,包袱刚放下,便往奶奶家奔去,等到了奶奶家,奶奶家都已经空了,长工也走了。于是爷爷就想着干脆这时候上门提亲,奶奶家已经不是地主了,自己也挣到一点钱,说不定外曾祖父就同意了这门亲事。爷爷带着侥幸心理上门求亲,但没想到奶奶的地主身份被家人所不容,再一次有了阻隔。虽然求亲的过程经历了很多辛苦曲折,但最后爷爷还是和奶奶结婚了,也算是有情人终成眷属。"

奶奶的离世

没有想到爷爷那么老实巴交的人,以前竟然还有这么愣头青的时候。我匆匆记下故事,给父亲泡了杯茶,又接着问道:"我小时候都没有见过奶奶,也没见过奶奶的照片,奶奶到底长什么样子啊?"外面的竹林婆娑起舞，父亲捧着茶杯似乎也陷入了回忆之中。

"奶奶啊，是一个长得非常好看的人，我没有见过比她还要好看的人。"

"那为什么妈妈都没和我说过奶奶的事情呢？"

"那是因为在你妈妈和我结婚之前，奶奶就已经去世了。"父亲端起一碟芝麻糖递到我面前说道，"你知道为什么爷爷那么喜欢做芝麻糖吗？那是因为奶奶爱吃，以前日子苦，芝麻糖一年也就吃那么一回。我们小时候贪吃，所以奶奶以前常常趁爷爷做芝麻糖的时候，偷偷地从晾干的芝麻糖堆里拿几块放在罐子里，留给我们几个兄弟吃。奶奶以为爷爷不知道，其实爷爷早就知道了，还告诉我们不要把奶奶罐子里藏的芝麻糖给吃光了，那是奶奶爱吃的，得给奶奶留点。后来奶奶生病了，家里没有那么多钱给奶奶做手术，爷爷就在奶奶的病床前一直流眼泪，奶奶让爷爷不要哭，爷爷反而哭得更厉害了。奶奶走了以后，爷爷每年都会做很多的芝麻糖，一些留给我们吃，一些带到奶奶的墓碑前给奶奶吃。

我吃着芝麻糖问："那你和妈妈又是怎么认识和结婚的呢？妈妈和我说是你追的她。"父亲的脸忽然红了，表情不自然地说了声："这个你问你妈去，别问我了。"说完便捧着那一碟芝麻糖躲回房间去了。

父亲和母亲的相识

母亲在厨房里刷碗，我便也撸起袖子帮她一起刷碗。

"今天这么勤快，还专门帮我刷碗？"母亲一边冲碗一边问我。

"没什么，就是想问问你跟爸爸是怎么认识，怎么结婚的。"

母亲脱了洗碗的手套，搭在瓷砖上说："还能怎么认识，谈恋爱认识的呗。"

"可是，我问爸爸你们怎么谈的恋爱，他都不告诉我。"

这时，母亲的脸也红了一下，喃喃道："他也会害羞啊，追我的时候那么大胆，现在在闺女面前讲就害羞了。"听着这话，怕不是父亲以前也做过什么傻事，我便连忙追问以前到底发生了什么。母亲捋了捋头发，坐在椅子上说了起来：

"那我就跟你讲讲你老爸以前干的蠢事。"

80年代，改革开放的浪潮刚刚兴起。自行车、缝纫机和手表是当时结婚必备的"三大件"，80年代的农村还很落后，并不是所有家庭都能够备齐这"三大件"，很多家庭只能准备其中的一样或两样。父母的第一次相遇便是在婚礼上。那时母亲作为伴娘陪着新郎新娘敬酒，到了父亲这一桌，所有人都站起来喝酒。别人喝酒时眼睛只盯着自己的酒杯，而父亲却一直盯着母亲。母亲察觉到有人在看她，但又不好意思说，只能红着张脸紧紧地跟在新娘的身后。母亲本以为这只是婚礼上的一场恶作剧，没想到第二天又碰见了父亲。父亲叉着腰就站在路中央，一直看着母亲，母亲看到父亲这个样子，吓得连忙往回绕远路走。到了第三天，母亲怕又碰见父亲，所以还是选择绕远路，走着走着，没想到在路上又碰见了父亲。这时候母亲再也忍不住了，就问父亲为什么一直堵着她，父亲也不说话，红着脸从身后拿出一大把花塞到母亲手里，说了声"送给你"便连忙跑走了，母亲拿着花，愣了许久，等反应过来的时候父亲早就已经跑了。到了第四天，母亲的心里多了一点期待，想要问父亲那捧花的含义，但又不知道该选哪条路，前两天为了躲父亲所以才选的远路，现在不用躲了，走近路也不知道父亲找不找得到自己。怀着忐忑的心情，母亲故意放慢了脚步，果然没走多久又看见父亲站在路边，这一次母亲没有避开父亲，直接就朝父亲那个方向走去。

"你为什么每天要在路上堵我？"母亲问。

"我没有堵你，我只是在路上等你。"

到了第五天、第六天……一直到一个月以后，母亲的小箱子里放满了父亲送的花，有些花早就已经干了，母亲舍不得扔，就做成了一个小香囊。也许这就是在"交朋友"吧，母亲心里想着，但是又不太确定父亲到底是不是这样想的，万一父亲只是在恶作剧怎么办，那自己的真心不就浪费了。母亲没有听到父亲直白的表达，一直心存忐忑。终于，母亲鼓起勇气到父亲工作的地方，想要明确两人的关系。那时候一个姑娘家去找男孩子还是会被人说闲话的，所以母亲也是下了非常大的决心。还好父亲没让母亲失望，红着张脸，直接就和母亲说，他就是在和母亲"交朋友"，而且以后还想和母亲一起过日子。这话一说出来羞得母亲好几天都睡不好觉。

但是前面也说了,一个姑娘家跑到男孩子工作的地方找人是会被说闲话的,等闲话传到外公那儿的时候,都已经变成"父亲甩了母亲,母亲跑去找父亲求和"这个版本了。外公一听气得立马抄起鸡毛掸子打母亲,说母亲作为一个女孩子不自重,轻贱自己。父亲听说母亲被打了,立马赶到母亲家里,愣头愣脑地直接就问母亲在哪里,把外公吓了一跳。但还好父亲跟外公解释清楚了事情的原委,外公这才消气。父亲那个时候想趁热打铁和外公说想要娶母亲,但外公怕父亲只是一时脑子热,所以就没答应,说让父亲攒齐"三大件"的聘礼再说。所以拖了两年,父亲和母亲才结婚。

母亲和姐妹们的合影

现在

从新中国成立前到改革开放后,我们家的生活虽然起起伏伏,但也还算是幸福美满。从一对恋人到另一对恋人,跨越了时间的魔法。虽然爷爷和奶奶早已去世,但他们的爱情还是在我的笔下闪烁幸福的光芒。父亲和母亲平时虽然吵吵闹闹,但彼此间也仍然珍爱着对方。

奶奶这一生

蒋欣彤

她前额和两鬓的头发全部白了，眉毛有点淡了，眼睛却还很有神，因为经常笑，眼睛总是眯成一条缝，鼻子很塌，嘴唇有点厚，脸上全是密密麻麻的皱纹，脖子上也全是颈纹。她的手上全是老茧，我握着她的手，老茧都可以刺痛我，一到冬天，她的手总是裂开一个不小的口子，握着更痛了。早年她还有点胖胖的，一米六的人有120斤，可是现在，她的四肢只有一点点细，本来凸出来的肚子也不见了，身高也越来越矮，现在只有一米五了，时间过得好快，她老了。

如果说，她的同龄人的人生是由挫折和幸福构成的，那她的人生，大概只有10%的幸福。剩下的90%，是苦难、是挫折、是坚忍、是勤勤恳恳。她，就是我的奶奶，1940年出生，亲眼见证了我家七十年，不过，如果我家七十年是一部电影，她绝不是旁观者，她一定是主角。

最初经历

我以前一直默认奶奶是宁海人，为什么呢？她的家在宁海，她说的是宁海话，她对宁海有很深的感情。但经过这次采访我才发现，其实她是台州人，是在台州市天台县平镇出生的。

奶奶出生在中农家庭，她的爸爸在天台县中学教书。她的妈妈，是个家庭妇女。8个孩子中，奶奶位列第三。那时候的教书先生工资可不像现在的老师，她的爸爸赚得不多，那点钱养10口人，只够温饱。奶奶说，她那时候也很想读书，可惜家里条件有限，她就断断续续读了四五年的书，10岁的时候，就被迫种田了。"我那时候学得蛮快，种得很快的，大队里的农民教我的，插下去，插下去，除草、再种、再收割……"奶奶说得兴致勃勃。我想了想10岁的我，每天的想法就是午间休息要不要去小店买个辣条、放学要不要去买我前几天看上的那个铅笔袋……我简直不敢想象奶奶那个时候的生活。

移居宁海

奶奶说，在她22岁的时候，也就是1962年，她移居宁海了。

"为什么不待在老家，要来到宁海呢？"

"那时候的婚姻全部靠亲戚朋友介绍。你的爷爷之前是在外面当兵的，当兵回来了以后，就想找一个老婆，别人就把他介绍给我了。他虽然也是天台人，但是认识我的时候，在宁海已经生活了两年，已经在宁海站稳脚跟了。"

"你们来了宁海，一直都做棕床吗？"

"做棕床，打被子（弹棉絮）。"

"你们在宁海住在哪儿呢？"

"当时我和你爷爷都是临时工，后来你爷爷转成正式员工了。当时我们住的是房管会分的工房，在北大街22号，房子还可以。"

"那你为什么没有变成正式员工呢？"

"一开始进去那个单位，大家都是临时工，转正比较难。唉，别提了，现在没有退休金都是它害的。"奶奶说到这里，有点激动。

"那你觉得那时候的日子苦吗？"

"那时候大家都穷，所以也没有觉得特别穷，我跟你爷爷那时候互相照顾，生活过得不算滋润，但是也还算可以。做人嘛，吃饱穿暖就可以了。"奶奶这时候不叹气了，脸上开始出现笑容，可是我知道，她这个笑

奶奶最近的照片

容下面，藏着多少心酸。

微弱快乐

"你觉得这一生有什么比较快乐的事情吗？"

"没什么快乐的事情，苦了一辈子了。也就暑假的时候和姑姑还有你一起去深圳、香港，那是真的幸福，吃了那么多好吃的，去了那么多地方，哎呀，那半个月真的是天天都非常开心，我这辈子都没吃过那么好吃的东西，以前哪里会有哦！"奶奶说着说着又笑了，眼睛眯成一道缝。

"真的没有了吗？"

"你这个孙女的出生让我感到快乐。"

记忆很深刻的事情是，我小时候和妈妈一吵架就会跑到奶奶房间和

奶奶在深圳世界之窗前

奶奶一起睡觉,奶奶都已经睡熟了,被我惊醒,仍然对我招招手示意我快点上床睡觉。我睡相不好,总是蹬被子,有一次晚上感觉到奶奶至少给我盖了三次被子,每一次都好轻柔,生怕吵醒我。冬天,我的脚冻得跟冰块一样,可是只要我一钻进奶奶的被窝,奶奶就用她温暖的手紧紧抱住我的脚,让我瞬间就感觉不冷了。

现在,我上大学了,课多,周末也得忙作业,不怎么回家。我每一次回家,中午和奶奶说,会回来吃晚饭。奶奶3点钟就会打电话问我上车了没。奶奶平时很节俭,但是我每一次回家,桌上都会有我爱吃的海鲜、肉,吃饭的时候还总是给我夹菜,说在学校吃不到这些,在家多吃点。我吃完饭坐在椅子上玩手机,奶奶就捧着泡脚桶走过来,我赶忙去接过来,奶奶说好不容易回来一次,一定要泡个脚。回学校前,奶奶都会悄悄塞200块钱到我手里,我不要,奶奶硬塞:"奶奶也没有什么钱,这点钱,拿去买点

小时候的我和我奶奶

最近，奶奶跟我说她的牙齿掉了

自己喜欢的东西。"

……

类似的事情还有很多，我一直以为，奶奶是上天赐给我的天使，可是没想到，我一直都是奶奶快乐的源泉啊。

奶奶这一生，是坎坷、辛苦、心酸的一生。可是她的乐观、积极、坚强，带她走过了那段艰辛的日子。勤劳的她，也是带领下一代过上美好生活的领路人。爸爸、二伯、姑姑在她的教导下，都变成了积极向上、善良诚实的人，也各自有了幸福的小家。

"她要的是陪伴，而不是六百块，比你给的还简单。"这是周杰伦《外婆》里的一句歌词。我认为，对老人来说，金钱不是最重要的，陪伴才是最重要的。奶奶那10%的幸福，大概是在晚年的时候，身体硬朗，并且能够享受到子女的陪伴和关心。时光荏苒，奶奶的肩膀又薄了不少，希望我能变得更优秀、更强大，在奶奶的余生中，做她的另一个肩膀，陪她看最美的风景。

忆苦思甜的三代人

蒋冰璐

上幼儿园前,我一直跟着爷爷奶奶生活在诸暨的一个小村子里。记忆里,炎炎夏日我窝在奶奶的身边,奶奶拿着蒲扇给我扇风,她总给我讲笑话,逗得我在床上滚来滚去。躺在一边的爷爷偶尔也讲故事,但他总是讲革命时代的事情,要不就是讲三国水浒,那时候的我一点儿兴趣也没有。转眼间我已经长成了大姑娘,爷爷讲的那些革命时期的往事啊,值得在新中国成立七十周年之际拿出来细细品味。

爷爷奶奶忆从前

端午回老家看望爷爷奶奶,让爷爷奶奶讲讲以前的事情时,爷爷的嗓门突然变大:"以前的事情有什么好说的,也没什么好讲的,就是苦,就是饿。"

奶奶的爸爸,也就是我的太公,是地地道道的农民,一辈子勤勤恳恳种田,赚着一点钱了就想着买田买地,好积累财富。1949年新中国成立后社会变革,地主富农阶级被打压。"我16岁读完初中,想去读高中,那时你太公带着我去求学,结果说我们家成分不好,不让读啊。"那时刚念完初中,16岁的大姑娘,被学校拒之门外。没过几天,村里通知奶奶去开会。"叫我和村里另一个姑娘一起去五泄镇,生产队里干活。"奶奶就这

行走的新闻：国是千万家

奶奶的全家福

样被拉进了生产队，开始她赚工分的生活。1958年"大跃进"，中国大地上掀起了大炼钢铁的热潮。奶奶又被调去炼钢铁，跟着生产队睡在外面，天下雨了就把被子放到营地里，自己还是睡在被浸湿的稻草堆上，过着风餐露宿的生活。"我小时候人家都叫我'野草'，为什么，因为我吃过百式野草。"她说小时候没东西吃就到处挖野草吃，什么草好吃，什么草难吃，她全都知道。

再后来，爷爷奶奶经过姨婆的介绍相识了。那时村子里一共有八个生产队，爷爷奶奶属于第五大队。大家一起在几块地里种田，干活干得多的干得好的工分就多些，年轻力壮的被称为"十足劳动力"的就有十个工分，但算成钱也就几分而已。村里的妇女们也要跟着干，像奶奶是比较能干的女人，一天能拿九个工分。奶奶说，下雨天的时候，一堆大姑娘跟着她画扇心、绣花、学做扇子。在生产队干活的日子虽然艰苦了点，但他们也在苦闷的日子里寻找着乐趣。如果太公那一代概括成一个字是"饿"，那么爷爷奶奶那一代就是"干"。

1978年改革开放，生产队逐渐解散了，农民开始享有对劳动的支配权，壮年劳动力也可以外出打工。农村开始实行分田到户的制度。每家每户都能分到田地，在田里种出来的粮食也属于自家。爷爷说他们当时还干过卖石灰、卖稻草的活。两千斤石灰用推车运去富阳或者萧山，通常都要走上一两天，要是遇上下雨天或者爆胎，真是惨到直接在路上哭出来。

"其实《平凡的世界》里面写的就是那时候的生活，很真实了，不过我们比书里的人更苦点。"爷爷奶奶曾经的日子是很苦很苦的，以至于他们现在非常省吃俭用，老一辈人虽然年纪大了，但属于他们那个年代的记忆，深深印在他们的脑海中。

父亲缝缝补补的少年时光

1971年，我的爸爸出生了。爸爸说在他印象里，小时候的衣服都是补了又补，缝了又缝的："一条裤子补了三截呐，你大伯穿过给二伯，二伯穿过再轮到我，那时候长度已经不够了，你奶奶就再往下接布，接了三次，全是不同的颜色，到初中知道难为情了，就把裤管卷起来卷到膝盖那，导致我之后坐下就自然地把裤管往上提，都养成习惯了。""对对对，你爸和我刚认识那会儿就这样的，还卷裤管。"妈妈说道。爸爸说一直到初中毕业，他都只有过两件新衣服，其中一件还是因为小学毕业学校规定

奶奶做的扇子

要穿白衬衣，当时同村同学的妈妈做了两件衣服，就把其中一件送给了爸爸。一直到高中，衣服裤子都还是买布回来自己做的。那时候爸爸的舅妈会做裁缝，帮爸爸做了一条裤子，结果做小了，爸爸很失落，可还是穿了很久。高中的时候，爸爸有了他的第一双球鞋，回力牌，18块钱，就像现在的小伙子买球鞋一样来劲，拥有第一双球鞋的爸爸非常高兴，当宝贝一样，每个星期都会把鞋洗得干干净净。"那时候我多少羡慕城里有钱同学的教练衫啊，所以我之后工作了，拿的第一笔工资就买了一套教练衫，135块钱，我记得很清楚，但是只有大一号的，毕竟这是我想了很久很久的东西，所以我毫不犹豫就买了。"

因为没有钱，所以在吃的方面也很节俭。小学的时候都是用粮票、布票的，街上有国营饭店，在那里可以用粮票换吃的，一张粮票换两个馒头。初中的时候，爸爸和同学一起去五泄风景区玩，全靠两条腿，走

老照片

一个多小时的路，午饭就吃家里带去的糯米饭团加点白砂糖。景区里有卖那种烤馒头的，两毛钱一个，奢侈一把买一个吃，开心得不得了。高中住校了，要自己带米去，爸爸说他最讨厌骑自行车的时候背后装一袋米，因为米袋子总是两边不平衡，会卷到自行车轴里，袋子破掉米就会洒一地。那时他们上课分大礼拜和小礼拜，大礼拜放假一天半，基本上大家都会回家，等到新的一周去学校，每个人都会带几斤米和菜回学校，霉干菜、咸菜，没有肉。平时实在肚子饿没东西吃就抓一把干菜吃。食堂里用菜票买菜，早上五分钱一个菜汤，中午一个豆腐一毛钱，最奢侈的是没有肉的肉骨头炖油豆腐，三毛钱一份。"我们很多人都是三个人买两份菜一起吃，因为便宜。"他说最美味的就是教工食堂的窗口那儿卖的咸菜肉丝面汤，高二高三的时候老练一点，几个男孩子会故意探到教工食堂窗口，和那里的教师渐渐熟络了，就给一毛钱打一碗面汤，相比咸菜和油豆腐，这汤的味道，爸爸说他至今都记得。

时代的烙印伴随着爸爸一生，现在说起少年时候的事，爸爸还是记忆犹新。他说还是很感激那时候的艰苦生活。

我印象中的老家

诸暨市大唐镇里蒋村，不仅是爸爸成长的地方，也是我童年生活过的地方。小时候跟着爷爷奶奶，在村子里生活。村里的小巷子有很多条，我每天都在村里乱跑，像个小男孩一样。每到夏天，我就和邻居家的小朋友一起在小溪边，用家里装菜的小漏筐抓鱼。傍晚回到家，我和小伙伴一人一个缸，在缸里放满干净的水，滴点花露水，站进缸里洗澡，空气中都是

爸爸的毕业照

老家

花露水的香味。我很庆幸小时候住在农村，有这么一段独特的童年记忆。到上幼儿园了，爸爸妈妈就把我接到杭州去了，他们给予我满分的爱，把最好的全部给了我。虽然在杭州定居了二十年，但是每年过年我们都会回到村里，前两年造了新房子，搬进新居前的十八年，我都是在老房子里过年的。大铁锅、柴火洞、猪圈鸡圈，还有咯吱响的木头楼……都是我记忆里的老物件。现在的我住惯了城里的楼房，也不愿回到那老房子里去了，只是偶尔会怀念。或许这就是时间给我们带来的变化。

　　七十年变迁，历史见证了一个伟大国家的风雨历程，历史也见证了一个平凡小家的成长。永远忆苦思甜，永远美好。

一个普通女人的七十载沉浮

王珂昕

早晨6：30，天蒙蒙亮的时候，外婆的一天开始了，她戴好袖套，穿好围裙，先为一家老小做好了早餐，再带去小区门口自家开的洗车厂，铁帘门卷起来，小小洗车场的一天开始了。

1951年的新中国宛如初生婴儿，百废待兴，就在那个时候外婆悄悄降生了。

外婆7岁的时候，闹了饥荒，但大家不能饿肚子，外婆和兄弟姐妹只能去水里捞能吃的水草，去山上摘野菜，采野草，人人效仿。不久，青山秃了，绿水死了，饥荒越闹越厉害。方圆几里，不断有孩子夭折。老人饿死，外婆的兄弟姐妹走了2个，其中有她最敬爱的大姐。

19岁的外婆出嫁了，穿的是锦缎和崭新的蓝色灯芯绒外套和面料最好的老式裤子。媒人说，外公人聪明老实，就是矮了点，还没有外婆高，但是个好小伙子，双方父母定了日子，外婆跟了外公过日子。

21岁的外婆当了妈妈，第一胎是个漂亮的女孩——我的阿姨。日子一天一天过去，她又有了第二胎、第三胎，分别是我的妈妈和我的舅舅。三个孩子都健康可爱，但家里经济条件有限，大女儿读完了小学，小女儿虽然成绩优异但还是为了家计初中辍学，只供上小儿子高中毕业。

29岁，改革开放后，家庭生产承包责任制席卷了中国大地，外婆和外公辛勤种田，日子慢慢好起来。她的大女儿二女儿包揽了家务，还帮忙打零工补贴家用,虽算不上富裕,却也和乐融融。

但是,外公的身体突然垮了。

37岁,外婆眼睁睁看着做了两次小肠手术的外公逐渐衰弱,最后离开了他们。但是生活还是要继续,外婆一个人带着三个孩子,日子越发艰难,邻居亲戚都看不下去,为外婆讲媒,希望她再嫁个好人家。她说我不嫁。

为什么不嫁?

她说:"我如果嫁了,必定是带着三个孩子过去,在别人家里是寄人篱下,我的孩子就要低声下气过日子,一句硬气话不敢说。如果是在自己家里,自己的孩子就是最硬气的,没有气受。除非对方入赘,否则我绝不嫁。"讲媒的人都没辙了。

41岁,新外公入赘了外婆家,两个人没有正式领证,只是交换了一对金戒指,搭伙过日子。随着大女儿出嫁生了个外孙子,外婆的日子渐渐好了起来,家里开起了小小的零件加工厂,台州的这块小地方有了它自己的名字,叫"路桥",路桥的确有路有桥,而且今后也会有更多的路更多的桥。路桥人诚实能干肯吃苦,路桥的经济也越来越好,人们的生活逐渐富裕,许多外地人都来这里打工,路桥既热闹又繁华,每个人都能穿上灯芯绒的外套了。小女儿和儿子都结婚了,儿子带她搬进了新建的小别墅里,小区里有昔日的老邻居,还有给老人小孩活动的场所。搬新家的那天,又一个孙子出生了,双喜临门,日子不能再好了。

外婆加入了村里的锣鼓队,天天早上起来练敲鼓,为了去区里参加比赛,早晚敲鼓敲得不亦乐乎,村里的锣鼓队竟然得了二等奖。放下了鼓,她每天早上和老头老太太们一起做老年操,晚上和朋友一起搓麻将、喝茶、嗑瓜子。有庙会的时候就带上孙子外孙女一起去,逢年过节把一家老小都叫到自家来吃团圆饭。三个孩子自己玩,大人就聊点日常琐事。

但是,生活的波折还没有结束。

60岁,外婆得了胆结石,住进了医院,手术后她身上天天插着一根管子导流,每天只能进食好消化的豆腐花,儿女轮番照顾。出院后,她再也不参加小区里的活动了,只有麻将还是搓。儿子的婚姻不太顺利,最终还是离婚了,孙子在爸妈之间辗转,最终还是常住在母亲那边。

60多岁,她的儿子在小区门口临街的地方贷款开了个洗车厂,招了外地工,买了水泵,布置好外观就开业了。小女儿辞职做生意失败,又找了新的活计,虽然累但也能挣两个小钱。大女儿日子一直很稳定,没有什么大麻烦。舅舅也有了第二春,新的舅妈憨厚可爱,关键是对外婆的小孙子好。大外孙工作了,有了马上就要结婚的女朋友,我读着大学,小孙子在本地的重点高中就读,个个都聪明懂事。

今年,外婆已经奔70了。

早晨7:00,卷起的卷帘门把屋外的晨光迎进了沉睡一夜的洗车厂。外婆张罗小工搬出了工具,水泵"嗡嗡嗡"地响起来,毛巾水管都就位。路桥人做生意精打细算,吃苦耐劳,特别注重产品和服务的品质,这也是我们家人做生意独特的品质。在这个小小的街道,这家洗车厂是大多数车主的首选。洗车的价格有高有低,人人都知道外婆的洗车厂活计精细,收费也称心。最便宜的是普洗,只洗车的外壳,只要25元,也有精洗,从里到外都给洗得干干净净,连车轮上面的缝隙,车里的方向盘到后备厢都洗得纤尘不染,还有抛光镀金,几百到几千块不等,镀金也有镀一层、两层和三层之分,甚至还有内室桑拿和发动机舱清洗。

路桥的生意人信佛。外婆在门口摆上了关二爷、观世音和弥勒佛像,祈祷生意兴隆,蒸蒸日上,全家和乐安康。墙上还挂了绣品,祈祷一帆风顺。一些车载香水和导航以及其他行车用品都摆放整齐由顾客自行选购。

早晨7:30,第一辆车开了进来。洗车厂里有一间休息室,两间棋牌室,都开上了暖气,备好了热水、茶叶和瓜子,墙上贴着Wi-Fi密码,给休息的客人解闷。外婆有的时候坐在休息室的前台揣着热水袋取暖,有的时候坐在沙发上看电视,偶尔瞄一眼外面,看看一切是否正常,等着下一个客人来结账。前台上贴着微信和支付宝的收款码,旁边摆着一盆绿植。

上午10:40,外婆开始准备员工们的午餐,洗车厂的后厨小小的,还放着巨大的机器泵,小小的架子上和冰箱里放满了酱料和新鲜蔬菜,洗好的米粒静静躺在电饭煲里加热。两个大锅左右开火,她时而炒时而切,时而四处走动拿调料和配料。一个小时不到,有荤有素六菜一汤冒着热气上了桌,氤氲的雾气里,能看见对面异乡人因温暖和饱腹而满足的脸庞。

随着天气变冷，洗车厂的客人也变少了，下雨天更是没什么生意，厂里也为中介洗一些二手车赚点小钱。

下午2：30，生意好些了，外婆在休息室跟外公吵了一架，大体是最近生意不够好，贷款的十几万也还不上，舅舅对洗车厂的事还不够上心云云。外公也生过一场病，他与

外婆为员工们烧午饭

原来的家人联系并不十分密切，这里就是他的家，他与外婆时常吵架，承受着入赘和继子继女带来的压力，但他却总是十分勤快，不希望成为这个家最无用的人。吵完一架后，外公生气地走出去了，他蹒跚着，手上的金戒指戴了20年却从没有脱下来过。

晚上6：00，开饭了，晚餐有新菜，也有中午剩的一些菜，每次荤菜一上桌就会被年轻小工们一抢而空。他们吃完后有的结束工作回家了，有的留下来上夜班，外婆洗碗擦桌子整理好厨房用品，在智能手机上点开了微信，开始叫她的"麻友"一起来搓麻将。她不认识字，只有年轻的时候识得几个，现在只看得懂一些数字，她只能靠微信的头像来识人。有的时候我们换了头像，她还要问过才晓得是哪个。她用微信输入只能靠语音，而家人也只能通过语音来回复，点开她的聊天记录，都是她发的一条条长长的语音，发完语音后，她还要点开听听自己的声音是否清晰，网络是不是正常。

晚上8：00，外婆和朋友们开始搓起了麻将，外公把新烧好的水倒进茶壶里放在他们手边就先回家了，棋牌室里烟雾缭绕，电动麻将桌"咔嗒咔嗒"转着，外婆和朋友们搓着麻将讲起谁家的故事，乐乐呵呵打出了和牌。

晚上10：00，外婆跟房里的租客打了个招呼，脱下袖套和围裙，整理了一些衣物就上床睡觉了，她打开手机，有儿女们在家庭微信群里发的一些语音和红包，几毛钱的红包，大家抢得不亦乐乎，两个女儿讲了点贴心话，工作和生活上的苦事没人说，一夜伴随着平安入睡。

一家人一路走来

杨芳婷

我的家在安徽省安庆市的一个小乡村里，和中国大多数的乡村一样，这个乡村淳朴自然，同时也交通闭塞，信息匮乏。村里的老一辈都是农民，年轻人都外出务工。外婆外公爷爷奶奶都是农民，到现在他们身上都保留着农民的影子。老房子的土砖青瓦见证了我们一家人几十年的故事。

老家的田埂和房子

外婆的故事

我的外婆出生于1955年，今年64岁。外婆总共有五个孩子，最小的一个是舅舅，其他的全是阿姨，我的妈妈是最大的女儿。家里姊妹太多，也只有舅舅读过些书，按我妈的意思说，她那时候成绩可好了，要不是家里穷，供不起那么多人读书，她还能读大学。在我的记忆里，没有和家人们谈论过外婆的妈妈和爸爸。直到这次，我问外婆："外婆你是什么时候嫁给外公的？"外婆说："那个时候，我可不是嫁过来的，家里太穷，你太爷爷很早就走了。我7岁的时候就被抱到别人家里养了，过了几年，那户人家不要我（那个时候，外婆才13岁），这才到了你外公家，等到20岁了，就嫁给你外公了。"结婚后，外公负责在外打工，外婆则留在家里务农。生活就是这样，男人女人各司其职。

我记得，外婆家的院子是村里最好看的。里面种满了果树：枣树、枇杷树、桃树……一到结果的时候，树上就挂满了果实，把树枝都压弯了。小时候最喜欢去外婆的园子里爬树摘果子，果子是越往树梢的越甜。小时候也不害怕高，摔过两次之后就有了经验。胆子越来越大，树也越爬越高。院子里除了有果子还有许多花，梅花、兰花、菊花，一年四季都有不同的颜色，把院子装扮得姹紫嫣红。花开的时候总引来一群又一群的蝴蝶和蜜蜂，"嗡嗡"的声音在身边环绕，院子顿时就热闹起来了。现在回想起来，我很诧异一个普通农妇的院子里竟藏着文人墨客的四君子，这该是什么样的一种情操与追求呢？

我是十分敬佩外婆的。虽然她没有读过书，没有文化，但在我心里，她是一个极能干且非常能吃苦的人。在为人处世方面，她一点也不逊于那些读书人。她一个人在农村，不仅需要养那么多孩子，还要种田插秧、养猪养牛。小时候，妈妈带着奶奶和弟弟来了海宁，我就暂时住在外婆家。那短暂的一年时光，成了我儿时和外婆最美好的回忆。那时，她总是很早起床，在厨房里做完我的早饭然后还要弄好猪、牛、鸡的食物。等忙完这些，就差不多到了叫我起床去上学的时间。我吃完饭之后，她就开始收拾农具去田里干活。在她的辛劳操持之下，这个家变得越来越好。我不清楚外出务工的外公和在家务农的外婆哪一个更加辛劳，但是家庭的和睦一定离不开女性的默默付出，所以我佩服她朴素外表下的坚韧，能在几十年风雨间默默坚守她的岗位。

奶奶的故事

奶奶的年龄比外婆大了整整一轮，出生于1943年。她的人生不断遭遇艰难与坎坷……出生没多久，村子的人全部感染了天花。奶奶也是那个时候得了天花，那个年代没有疫苗，这场灾难危及了许多人，全村只有三个人活了下来，奶奶就是其中之一。虽然侥幸活了下来，但是脸上还是留着天花的印子，这对一个女孩来说，相当于是毁容了。奶奶感慨地说："好歹也是活下来了，命比什么都重要。"

奶奶也有个小院子。院子里种着葡萄树，葡萄藤沿着红墙像壁虎一般蔓延开去，傍晚我们就在藤下乘凉，看着葡萄一点点变大，慢慢从绿色变成紫色。年少的我们和它们一起成长。门前的那株梨树，开花的时候染得门前一片雪白，于是明白为何诗人要用梨花比作雪。田里种着一排排的向日葵，那时奶奶在田里干活，我就在旁边看着它大大的脸盘跟着太阳转，这极大地满足了我的好奇心。院子里的花草在我出生时栽种，跟着我一起长大，记录着我成长的点滴。

奶奶的婚姻属于父母包办婚姻。婚礼也不是我想象中的那样海誓山盟，奶奶说："就是请两家人吃个饭，双方父母见证就算礼成。"婚后的生活并非一帆风顺，除了柴米油盐的苦恼，还有飞来横祸。小叔在十几岁的时候，遭遇了一场车祸，那时农村的医疗技术落后，还有高额的医疗费用让爷爷过早放弃了为小叔继续治疗的机会，导致小叔直接截肢变成了残疾人。爷爷奶奶也因此有了隔阂，这为之后两人的分开埋下了导火索，如今几十年过去了，两个人还是不往来，各自生活。

奶奶也是幸运的，她是村里为数不多的读过书的人。那时候还没有正规的学校，奶奶是在夜校里读的书。不仅如此，她还跟着医生学扎针，虽然不精通。能读书识字，比不认字的人多了一个书里的世界。所以，奶奶知道好多故事，记得小时候，最喜欢和奶奶坐在院子里纳凉，农村的空气好，夜晚的星空特别美。皎洁的月光下，一把藤椅，一把蒲扇，三个人。在那一份宁静里，有夏天的蝉鸣，远处的灯火和阵阵的稻香。

我家的故事

爸爸妈妈的相遇就很有趣。他们是由奶奶一手撮合的。奶奶先看中我妈妈，就主动到外婆家定了娃娃亲。"青梅竹马，两小无猜，父母之命，媒妁之言",爸爸和妈妈的故事从此开始。爸爸是家里的长子,早早就和爷爷出去打工。工资一部分交给爷爷贴补家用,另外一部分用来买有关机械修理的书,学习新的技术。正因为如此,父亲才有机会从安徽转到海宁工作。但是那段日子也是非常艰苦的,爸爸在工作了一段时间之后才能把妈妈接过去一起生活。而之前我和弟弟只能留在老家读书,跟爸爸妈妈也只有在过春节的时候才能见到一面。

妈妈生日那天爸爸妈妈的合影

  直到爸妈日子都平稳了,我们才被接到城里来读书。这十几年来,我们住的房子越来越好,生活也变得越来越富裕。在我初三的时候,父母为了方便我的学习,在海宁买了属于自己的房子,结束了十多年来的租房生活。妈妈说:"屋子虽小,但总算也在海宁有一个家了,更重要的是我们一家人能住在一起了。"爸妈辛勤劳作十多年凭借他们自己的努力,从此扎根在了海宁。除此之外,爸爸也动手翻建了老家的土坯砖瓦房,让爷爷奶奶分别住进了楼房,与外婆家也更近了,逢年过节家里变得更加热闹。

  我们一家人一路走来,风风雨雨几十年,如今依然幸福美满。这几十年,我们一点点长大,而父母却越来越老。他们的衰老象征着一个时代退出历史舞台,我们的成长象征着一个新的时代接踵而来。时代的火炬传到了我们手中,今后也由我们传给更年轻的一代。

忆往昔岁月

屠加杨

1949—1962

1949年10月发生了一件大事——中华人民共和国成立了。可对于浙江绍兴农村里一位二十出头的小伙子来说,他的父母和兄弟姐妹都被留在了台湾。

这个年轻人就是我的太姥爷。"书信来往都不可能,更别说人回来了。"我的眼前又浮现出太姥爷躺在太师椅上讲故事的悠闲样子,"要不是你太姥姥当时怀孕了,我也就跟着去台湾了,也就没有现在的你们了。"

一夜之间成了孤家寡人,这是太姥爷当年的写照,所幸的是老家的房子和粮食都足够他的生活所需,他原本以为过个一年半载自己就会和家人重聚,可是他想不到这一等就是将近

太姥爷一家人曾经住过的屋子,现在早已翻修过,很难想象这么小的一间房曾经住了八口人

四十年。

据我奶奶回忆,我太姥爷原本不会种地,但是家里的几亩地不能就这么荒着,太姥爷只能学,他人很聪明,没过两年就成了种地的一把好手,不过他似乎不甘心当一个农民,经常去镇上摆个小摊位卖东西。

值得一提的是,我太姥爷在村里有个外号叫"麻将太公",我小时候觉得好玩也这么跟着叫,他听了后往往会笑得合不拢嘴,用我奶奶的话来说就是"十圈里边赢九圈"。所以那时候太姥爷家里还是比较富裕的,至少口粮够,做点小生意赚钱,打麻将再赢点,小日子也是相当滋润的,除了"三年困难时期",家里基本都能吃上干饭。

1962—1978

1962年我们家里发生了一件大事,那就是我的爷爷奶奶结婚了,我爷爷当时是村里的知识分子,村里最聪明的就是他,"唉,要不是家里穷,我考上高中肯定没问题,说不定能上大学呢。"据我奶奶说,爷爷年轻的时候经常这么唠叨,可是我从来没听他这么说过。初中毕业,16岁的爷爷就成了村里的会计,那时候村里老一辈人念过书的不多,小学毕业基本就能在村里谋得一职。

和奶奶家不同,爷爷家确实家境很困难,家里孩子又多,爷爷只能出去自谋生路了,好在爷爷当了会计,几年以后就和我奶奶结了婚,两人用自己的积蓄在村里盖了房子,那时候奶奶在村旁边的工厂里打工,生活倒也算过得去。

之后的几年里,我的几个姑妈和我爸爸相继出生,孩子一多开销就大,于是爷爷开始在村里的小学里教书,时间就这么一天天过去。

1978—1994

1978年改革开放开始了,这时候我的几个舅公也开始"不安分"起来,原本我太姥爷想让他们学习一门手艺,可是他们却一门心思地想当老板，他们和村里的一帮年轻人一起办了个工厂，做一些机械类的零件，起初村里的老一辈人都骂他们不务正业，我太姥爷也不例外，他说："这些臭小子就是吃不了种地的苦，整天就想着玩，不过还真给他们玩出了名堂。"

几年以后，舅公们扛回了家里的第一台电视机和唱片机，当时我爸只有十岁出头，但是这些东西却给他留下了深刻的印象："我第一次看到唱片机的时候很吃惊，一个大盒子里放一个大黑盘就能唱歌；还有那电视机，放《射雕英雄传》《排球女将》和《血疑》的日子里，全村的人都会围到你太姥爷家门口的空地上看，就和村里放电影似的，可热闹了。"

几个舅公赚了钱以后也开始赶潮流了，蛤蟆镜、蝙蝠衫、喇叭裤以及一头卷发，活脱脱一副港台明星的装扮，但是我太姥爷最看不惯他们这副样子，每次都要骂，舅公们最初不明白，后来才知道，太姥爷是想起在台湾的亲人了。

1985年，太姥爷的父亲带着一儿一女来到了绍兴老家，太姥爷和他分离36年的父亲和弟弟妹妹终于再度见面了，据太姥爷回忆说："当时他们满嘴的福建口音，绍兴话讲得也不利索了，我只觉得有点面熟，但不敢相信那是我的亲人，聊起天来才知道我母亲去年去世了。"

之后我爸爸渐渐长大，爷爷想让爸爸好好读书，将来考个大学，可爸爸的成绩不尽如人意。或许是受我舅公的影响，他也不甘于当一个农民，于是就在村里报了名要当兵。作为家里的独子，起初奶奶舍不得，但是我爸爸性子倔，最终还是去了。1991年，爸爸坐上了去福建南平的火车，开始了他新的人生路。

1994—2003

1994年春天，我爸爸退伍回家，他成了我们家里的第一个党员。村里安排他去旁边的工厂里当一个车间主任，可是他不愿意去。

说来也巧，我大舅公经过一番努力在上海办起了工厂，我爸爸就顺着关系去厂里当了个业务员，每个月拿着工资和舅公给的红利，生活过得有滋有味。有一回，饭桌上，爸爸和我聊起他年轻时的一次危险经历："我那时候去柳州跑业务，走在马路上两个三十来岁的人突然就朝我撞过来。我正在抽烟，他非说西装上的那个洞是我的香烟烧坏的，让我赔钱，我知道他们看出我是外地来的想坑我一笔，我一边和他们争论一边走，正好旁边有一家武警部队医院，我转身就跑了进去，他们不敢跟进来只好在门口等着。"说到这里爸爸放下手中的酒杯，似乎仍然心有余悸，"我找到了里面的一个医生，等那两个人走了以后，他出去帮我叫了辆出租车去火车站，我买了第二天的火车票以后就住

年轻时的母亲，这潮流的装扮是二十世纪八九十年代的标志

爸爸当业务员的时候在北京人民大会堂前的留影

进了旁边的旅馆里，这一天就没敢跑出去过。"

就这样过了一年多，我爸爸也有了自己的积蓄，经人介绍认识了我妈妈，后来两人一聊天才知道原来他们曾经当过同学，几个月后两人便结了婚，并在1996年10月生下了我。

此后的几年，我爸妈都在舅公的厂里工作，我也在员工宿舍中和爷爷奶奶一起生活，在上海上了几年幼儿园，直到2002年爸妈在绍兴市区买了房子以后才回到绍兴。

2003年算是我们家十分重要的一年，我的太姥爷和太姥姥在这一年相继去世，我开始了我的学习生涯，爸妈的工厂也在这一年正式开业了。

2003—2018

21世纪后,中国的经济飞速发展,我们家的生活水平也是逐步上升。2007年爷爷奶奶乡下的老房子全面翻新,成了三层楼的洋房;2008年我们家搬进了市区新房;2009年我们家的厂房也从原来的单层平房变成了高大的二层楼房,生产方式也

爸妈的厂房,这里凝结了他们十几年的心血

从原来简陋的作坊模式变成了现代化机器操作,工厂正式变成了公司。

直到2013年,有一天,我回家发现父母似乎心事重重,后来我才知道,原来一起合资办公司的大姑父要撤资,这一切来得太突然,让爸妈措手不及,但是公司不能关门,爸妈必须做出选择,缩小规模还是银行贷款,最终他们选择了后者。

几年以后公司盈利,贷款渐渐还清,我爸说:"没有过不去的坎,生活在向前,我们的目光也要向前看,未来只会越来越好,当年的苦日子都过去了,我们还怕什么呢?但是希望你以后能好好找份安稳的工作,做生意这碗饭不好吃啊。"

现在我们家所有的一切都在朝好的方向发展,我们国家也正在朝一个繁荣富强的现代化国家发展。我们家的生活水平在进步,我们国家在世界上的地位也在不断提高,两者是相得益彰的,没有国就没有家,只有国好,家才会好。

有些故事还没讲完

王欣元

有些故事还没讲完

我出生在浙江宁波余姚市,七十年以前,这个小城镇不能称为市,它只是一个小小的县,七十年以后,这个小县城发展成了县级市,而我也从爷爷奶奶的口中真正感受到了什么叫沧桑巨变,什么是新中国成立和改革开放带给普通老百姓的幸运。七十年的时光,见证了新中国成立的伟大历程,也见证了三代人的故事。问起那些过去的事情,爷爷奶奶的心里总是十分感慨。岁月在他们的脸上刻下一道道印记,粗糙的双手撑起了整个家庭。

爷爷奶奶那些事儿

1972年12月16日清晨,天空才泛出一丝微光,平常这个时候该去田里劳作的爷爷,今天却特别兴奋。一声啼哭划破了四明山清晨的宁静,我父亲出生了。爷爷一直盼望着能有一个儿子,

现在的爷爷奶奶

那天清晨,他终于实现了这个愿望。奶奶说,爷爷一听到哭声就径直跑过去,着急地叫产婆把新生儿抱出来。他既兴奋又小心地抱起这个男孩,笨手笨脚地摸摸他的小脸,又怕自己长满了茧的粗糙的手划伤小孩子嫩出水的脸蛋儿。

就这样,随着十一届三中全会的召开,改革开放的春风悄悄地吹起来。在落后的小山村里,改革的脚步总是慢一些。爷爷奶奶生活在土墙砖瓦搭起来的老屋里,吃着自己种的番薯和萝卜,日出而作,日落而息。偶尔拿着粮票换来的新白面,奶奶蒸点好吃的馒头,却全部藏了起来给父亲和姑姑吃。

父亲和老屋的合影

奶奶是一位赤脚医生。镇上能买到的药品十分有限,科技也不发达,只能治简单的发烧感冒等小毛病,陪她出诊的就是一只棕色的药箱,上面还刻着"为人民服务"的字样。打开药箱,上层是针管,下层是药品,还有听诊器。她还当过接生婆,她总觉得迎接一个新生命的到来,给家家户户见证这个时刻是十分幸福的。奶奶一直坚持一项原则,大家来看病,能吃药的不打针、能打针的不输液。村民们赚钱不容易,要让村民少花钱、看好病。

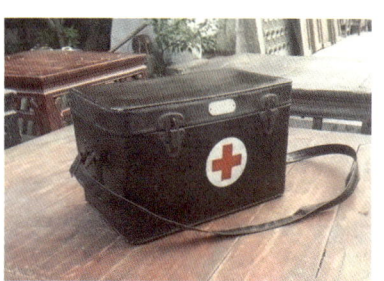

药箱

父亲说,他们那个年代,能有上学的机会和资金,在村里是很值得自豪的一件事。爷爷奶奶都姓王,在那时候"王"在村里可是个大姓,拥有一排屋子的他们也勉强算是村里的大户人家吧。别人家读不起书的孩子可羡慕这姐弟俩了。爷爷说父亲和姑姑小时候很懂事，懂得给家里分担，每天放学之后的第一件事不是写作业，而是帮着爷爷奶奶割兔草，牵着牛去田里帮着干活。天黑了，才回家吃饭，再点着昏暗发黄的灯写作业。村子离镇上的学校很远，家里也买不起自行车，只能每天早起走山路去上学，天还没亮奶奶就要给一家人做早餐，给两个孩子做带到学校里的午饭。奶奶说霉干菜和土豆是标配，也是他们姐弟俩最喜欢吃的菜，每次都可以吃下好大一碗饭。

为了让父亲和姑姑能够继续接受教育，学杂费像大山般压在爷爷奶奶的腰背上，爷爷从沾了泥土的衬衣里掏出几张皱巴巴的纸币，那可是攒了一年的辛苦的血汗钱，但是花在两个懂事的孩子身上还是很舍得。父亲说他们的小学虽然是镇上的学校，但教室里也就几把破木椅子、破木课桌，还有前几届学生在上面刻刻画画的痕迹。虽然设备破旧，但那段校园时光确实无忧无虑、快乐无比。那时候没有现在众多的补习班、兴趣班，下课时间就去教室外面的空地上玩泥巴。想想那时候的快乐真简单啊！那时候的小乡村也没有电影院和爆米花，只能去看公社放映队的露天电影，大人们总喜欢捧一把瓜子放在口袋里，小孩子们则在旁边叽叽喳喳地学着电影里大英雄的样子，把树枝当作剑，把小石子当作手榴弹。

有句老话说"冬修水利"，因为冬天是水库最干的时候。那个时候没有机械化的工具，有的只是村里和镇上的义务工，是没有工资可以拿的，但是为了整个村子镇子的农业发展，为了来年能有更好的收成，1990年的寒冬，全村的青壮年都自愿参与到修建"山塘水库"中来。爷爷也在这张照片里，那时候有一个叫"基本路线教育工作队"的组织，领导都是余姚市里派到农村来的，照片中穿黄背心的就是当时的余姚市交通局的副局长，他也和村民们一起劳动，是个以身作则的好干部。

爷爷修建水库

父母的芳华

在政策扶持和村民们的努力劳动下,改革开放的春风总算一点点暖起来了,家里的生活慢慢开始宽裕了。"小时候一年到头盼着的就是过年了。"爸爸这么跟我说。平日里吃不到鱼虾肉的他们,早早地就在饭桌前等着一年来最丰盛的大餐——年夜饭了。"那时候过年啊,意味着我们能穿上你奶奶专门去镇上精心挑选的新衣服,能吃到平日里难得的鸡蛋和鱼虾,还有隔壁邻居家刚杀的猪肉,能够拿到红红的压岁包,过了年去镇上买好吃的好玩的。吃完年夜饭还可以去门口的空地上放鞭炮,你奶奶啊,一边喊着'慢点!小心点!'一边看着我们咯咯笑……'"听着父亲笑着回忆起这些过年的往事,我也不禁叹息现在的年味是越来越淡了,年夜饭也总是去外面饭店吃,不会像从前那样为了一顿饭从早忙到晚,大家虽然围坐在一张大桌子旁,但还是感觉距离好远,心里不禁泛起了羡慕之情,想去那个年代看一看。

母亲从小就长得好看,是全村都夸的那种好看,可惜家里的条件没有父亲家里那么好，没有上完高中就辍学去打工了。说起梦想，母亲说外婆喜欢唱戏，从小就教她练功唱戏，村里有什么表演机会她也总是很积极，进了村里的戏班子，后来又经过层层选拔进了余姚姚剧团，那时候能到余姚的大舞台上唱戏是多么让人兴奋的一件事呀。她笑着说："你现在这么喜欢跳舞都是遗传我的艺术细胞呢！"

母亲准备上台表演

可是说着说着，她叹了一口气，我问为什么。她说，后来遇到了你父亲，父亲不喜欢她在舞台上唱戏给那么多人听，所以她都没有犹豫就放弃了这个坚持了这么多年的事情，去别的地方打工了。说到这里，我们都有些鼻子发酸，这得是多伟大的爱啊，才足以让一个二十多岁正值青春的女孩放弃梦想。我问："那你现在后悔吗？"她笑道："哪有那么多后悔不后悔的，人生又不能回头的，现在这样不是也挺好嘛。"

父亲也一样不甘平凡，他想走出大山找工作，对于那时候的农村人来说，去城里找工作实属不易，教育制度的不完善导致很多人不能走上高考之路，要想在余姚城中有一处容身之地，那可是要有真本事的。于是他开始每天看书，参加了工作考试，才被伯乐发现。"那时候也不想着能有多大的房子多好的车子，只要有一个自己的小家就很满足了，就连那个大屁股的电视机，还是我们俩凑钱买的呢。"小两口回忆起那时候的往事，虽然日子过得清贫，言语间却透

父亲和同事在工作单位门口的合影

着浓浓的幸福。经过几年的奋斗，终于在城中央有了属于他们自己的第一个家。虽然并不是特别大，却很温馨。

未完待续

新中国成立和改革开放带给中国的发展，是我们三代人亲身经历的，七十年，改变了每个家庭，也改变了整个国家。我懂得了，是每一个像我们一样平凡而幸福的家庭组成了这个伟大的国家；懂得了什么是"家是最小国，国是千万家"；懂得了每个人的生活都不易，不要抱怨，满怀正能量，不忘初心，继续向前才是我们的使命。

追梦三代人

徐寅莹

临近元旦，屋外飘着细细的小雪。全家人围坐在敞亮的厅堂里聊天。席间，我提起我们家从前的故事，大家的话匣子一下子就打开了。

爷爷：一生向着光明

爷爷，生于20世纪50年代，在艰苦的环境中长大，一家老幼六七口人在十来平方米的房子里。爷爷和二姊合睡一张高低架床的上铺，床宽1米左右，孩子们头脚交错着睡觉。"那时的住房条件普遍很差，现在兰溪老城区拆迁户的房子在当时已经很好啦。"爷爷说道。

早餐一碗皮蛋粥只要1分钱，已是顶好的享受。吃完饭后走路去上学。"今天很多小孩子可能难以想象，我们上学可是打赤脚的，到冷天才穿鞋。马路是沥青路，天热时路面烫脚，走在上头要连蹦带跳。"

50年代的孩子虽然物质贫乏，但是内心情感真挚热烈。爷爷捧着他那只老旧的搪瓷杯对我说，那个时候当兵是十分光荣的事，他从小就盼着有一天可以去当兵。

1964年，爷爷应征入伍，被编入福州军区，担任通信兵。

爷爷给我看了他以前在部队里的老照片及一些证件。他用手摩挲着它们凹凸不平的表面，神情有点恍惚，仿佛陷入了某种回忆……

行走的新闻：国是千万家

1969年，在东山上当旗手的爷爷

1969年，爷爷在读通讯稿

1985年瘦小的爷爷和学生的合影

1972年，爷爷退伍，在兰溪县城北小学当老师。这一当，就是二十余年。

听爸爸说，爷爷退伍回来后，先在村里当了几年干部，后来在一所加工厂干活，之后就一直在教书。爷爷当过体育老师，还教过语文、数学、美术，他还当过那所小学的校长！爷爷在教学期间从来没有打骂过学生，但是他对自己和家里的孩子却很严格。爸爸说那时候他不像别的小孩回家就能出去玩，他要先在家做完爷爷给他布置的作业才能出去玩。

爷爷退休后，常有学生拎着水果来看望他。同村的大人里，有很多是爷爷带过的学生。

如今，爷爷还是不肯休息，每天都和奶奶一起下地做农活。打理农活挣点钱，原来是攒给爸爸结婚的钱，后来单纯是为了贴补家用。爸爸妈妈都极力劝他们不要下地干活了，但他们不肯。

母亲：少女时代的我们也追星

当我问起妈妈小时候的生活时，妈妈说："我们那时候的童年，除了上学还要帮父母做农活。农忙季节要帮忙收割稻谷、大麦。"

我追问道："感觉苦吗？"

"喜忧参半吧。"妈妈笑了，嘴角边浮起两个好看的梨涡，"我们那时候没有你们现在这样，学习这么紧张。我们放学了就开始玩耍。我们女生最喜欢玩跳橡皮筋。踩、勾、挑、绕、转身，编排组合成一套动作，配合歌谣，跳出各种动作。橡皮筋晃啊晃，我们就长大了……"

"我和你姨母打小就感情好，我们俩当时还一起追星咧！"

"谁啊谁啊？"我好奇地追问。

"费翔啊，就是那个在春晚上唱《冬天里的一把火》的，你姨妈当年可迷他了。还有崔健，你肯定不知道，他是'中国摇滚之父'，那个时候我们都是跟着国产摇滚跺地板的人，地板还没有跺烂，崔健已经老了。"

从妈妈激动的神情中，我仿佛看到了那时在地板上蹦蹦跳跳的她。

叔叔：追赶青田出国潮

"你家有亲戚在国外吗？"在浙江青田，随口向本地人问一句，答案往往是肯定的。

"九山半水半分田"是青田县的真实写照。青田县耕地少、土地贫瘠，人民生活窘困。民国时期，青田人带着改变命运的理想奔赴欧洲，形成了青田人的第一批出国潮。

奶奶说："那些早走出去的青田人从拖地、端

叔叔的结婚留影

盘子、洗碗起步，有了一定的积蓄后再开个小店。但他们还是会被本地人瞧不起，本地人叫他们'皮鞋踢'。你叔叔的大伯，当时在米兰谋生，他在市区的街头摆地摊。这是需要很大勇气的，很多人未必肯舍下面子干这行。"当时，有些当地人用同情怜悯的眼光看待这群在异国他乡谋生的青田人。

20世纪80年代，随着中国改革开放政策的实施及推进，青田人迎来了第二个出国高峰。亲带亲，邻带邻。在国外站稳脚跟的大伯把家乡的亲朋好友也带了出去。

我的叔叔，在高中毕业以后就跟随大伯去了西班牙。

为了能让自己适应当地的语言环境，叔叔选择去西餐厅做洗碗工。在他看来，洗碗工的语言门槛比较低。多听听身边人的交流，能学到不少语言知识。一两年下来，一些日常用语不再是问题。叔叔说："越是把自己逼到绝处，就越发现能创造奇迹。"几年时间，叔叔从小生意的打磨里稳定下来，在当地开起了超市。与此同时，他还遇到了自己的爱情——一位同在西班牙打拼的青田姑娘。

欧债危机爆发，欧元区经济持续低迷。心怀桑梓的叔叔回到家乡重新创业。青田县的第一座横跨瓯江的大桥是依靠国内外的青天侨胞捐助建成的。叔叔和大伯一家便在那时候拿出了足以买下两辆小轿车的钱，捐给这项工程。叔叔坦言："赚了钱，我就需要为家乡做些事情。"

那个年代的人，虽然物质条件匮乏，但是精神世界丰盈。每代人都怀抱着各自的理想，在追梦的路上风雨兼程。

这是我们共同经历的变迁，这是我们一起走过的70年。我们每一个人，都有幸亲历这段时光或其中的一段。我们都是这光荣历史的创造者、见证者！

祖辈的风雨

陈　静

外公外婆

　　2000年，外公外婆举行了人生第一次婚礼，那年距离他们领证成为合法夫妻已过去60年，也就是现在所说的"钻石婚"。当年我八岁，清楚地记得婚礼上，外公很激动，他很瘦小，脸上已经布满了皱纹，他的眼睛很亮，黝黑的脸上两颗黄豆般的泪珠就这么滴了下来："老太婆，你这一辈子不爱走动，我看你也不出远门，没事儿就坐椅子上织毛衣。家里的家务事都是你做，所以身体啊，没我那么好，你别怪我说话不好听。我看八成啊，你要比我先走。不过想一想，那也挺好的，你看你，胆子又小，又爱哭，都七老八十了，还改不了这毛病，我可不答应留你一人在那里哭呢。老太婆，人死之前啊，病痛也是难免的，就算有时候儿女忙、嫌你，那也还有我陪着呢。我一直都陪着你呢。"果然，那时，外婆也是热泪盈眶。

　　外婆从小是台州市黄岩区地主家的千金，身边有个用人，从来都不需要亲自干活。"旧社会那会，我家门口排起了长队，村民都想来我家做长工。在我家的生活可比外面强多了，大家不用每天吃白馒头，所以挤着脑门进来。我常常和秀娟（用人）躲在房里看戏，日子过得舒坦极了。"外婆笑得眉眼都弯了，但是眼眶马上湿润了起来，"但是父亲被抓走后的几个月里，家里一下子没了顶梁柱，许多长工也罢工走了。我的母亲因此也病逝了，两个哥哥都逃去了上海，后来也再没有他们的音讯了。我感觉到前所未有的无助，天好像一下子塌了下来，也就是那时候开始，我慢慢变得独立了。"外婆就是在那时和秀娟告了别，遇到了外公。

外公与父母

外公是个一穷二白的书生，写了一手好毛笔字。过年过节，家家户户都找他写对联，因此也赚了不少私房钱。"文革"前，外婆就经常找外公学习毛笔字，"他那书桌上到处是对联，写字的时候不和任何人说话，眉头紧锁着，眼睛亮亮的。有时候在洒满阳光的地上，他用毛笔蘸着水写，每个字都生龙活虎的。我就搬个小板凳坐在一旁看，常常看得入迷。"外婆笑开了花，眉眼又弯了起来，"我们家落魄以后，没人愿意搭理我，也只有你外公陪着我。"外婆从抽屉里拿出发票给我看，然后又说了起来，"你外公啊，是个老实人，不懂浪漫，也从来不说我爱你之类的话。有一次我去桥头买菜给摔断了骨头，他听闻立刻骑着他那辆破自行车来，抱着我走了五公里去了医院。清晨他起得比谁都早，买来新鲜的骨头，炖给我吃，这辈子啊，就数他最疼我吧。"外婆的眼眶又湿润了。

婚后外婆过得非常拮据，她没有大家闺秀的脾气，开始学习做家务，变得非常节省，外公也发展起了他的书法事业。"那时候穷，大家都用粮票来换对联，有时候会送来许多白砂糖。我就去后院的山脚下喂喂鸡，自己种了点蔬菜，我们也不愁吃不愁穿的，周末和你外公一起去爬山，也算过得很开心了。"

"改革开放后，也没人爱看书法了，大家都开始往大城市里跑，有的呢就开厂赚钱。你的舅舅决定开个木材厂，我和你外公也开始闲了起来，但他一有空还是在阳光下写字，我也在一边坐着、陪着。就像他以前陪伴我一样。"她叹了口气，"日子每天都过得差不多，但是没想到啊，最后先走的，竟是这糟老头啊。"

爷爷奶奶

奶奶十多岁就跟着爷爷一起生活了,他们住在宁波市江北区甬江街道,也算是青梅竹马。奶奶25岁生下第六个儿子,也就是我的父亲。"如果用一句话形容我的母亲,她就是个女战士,小学刚进校没多久,我就被几个淘气男孩盯上了,他们总是想办法捉弄我。他们抢了我的牛奶,我忍不住打了他们一拳,那天下午老师就把双方的家长请来了。你奶奶闻讯赶来,我大老远就听到她的声音,在走廊里她就开始闹腾开了,俨然一位江湖人士。然后她凶狠地对那几个男生说:'你们几个小崽子给我听好了,我是小六他妈,以后你们谁再欺负他,我抽死你们。'然后拽着我就走了,于是我再也没有被欺负过。后来班级里都传我妈是村里黑社会的。"爸爸抖掉烟灰,笑得合不拢嘴。

"你爷爷的性格就完全相反了,他自干活以来一直都是地主家的长工,他身材高大,浓眉大眼,非常帅气。能一下子挑起300斤的重物,干活的时候一声不吭,也不会觉得累。那时候,挑完重物后就帮别人放牛,许多漫长的午后,田地里都有他的身影。他的皮肤被晒得黝黑,看上去格外的安静,也不太会说话,但是那牛啊,就认准他。"爸爸侃侃而谈,"那时候隔壁家的女儿就是这么认识你爷爷的,两人经常坐在田地里谈情说爱呢!哈哈,那就是你的奶奶。她每天下午带着切好的西瓜去田里找你爷爷,虽然他们相差八岁,但在当时是再正常不过的事,他们坠入了爱河,见过双方父母后,约定过几年就结婚。"

之后爷爷奶奶就以干农活为主。"1958年,人民公社化运动开始了,村里分了许多生产队,每户人家都分了自留地。我们家人口多,分到的地自然也多了。大家铆足了劲去田地里干活,每户人家都起早贪黑的。那时候我才十多岁,也被拎着去凑人数,能干一点是一点。那时候的人啊,哪像你们现在这般秀气,我和哥哥们一起,天还没亮就起来了。你奶奶一大早就煮了一大锅饭,你爷爷就在旁边烧木柴,3个荷包蛋,每人只能分到小半个,但也很知足,大家一起吃饭,满满的一桌,非常开心。然后你爷爷就带着我们去田里了,奶奶带着两个女儿在家里给我们洗衣服、做饭。夏

奶奶大寿

天的中午就来田里给我们送西瓜吃,冬天给我们送粥喝,我们一上午就能干十亩地,也不带喊累的。那时候真是年轻力壮,现在老咯,身体大不如前了。"

"日子一天天过着,1978年改革开放了,我们几个儿子都成了家,两个女儿也出嫁了,你的爷爷奶奶也不用再做农活了。我们每个人都干着不同的工作,有规划土地的,有做装修的,有在工厂里上班的。这几十年,变化真的太大了,以前一个月工资30多元,一元钱能买好多吃的了,现在的钱不值钱了,花着也没什么感觉了。那时候周末我们就去村里的戏台看戏,吃完饭就去抢位置了。夏天的夜晚有露天的电影,小摊贩很早就出来卖瓜子了,村民们都挤在一起,十分热闹。"爸爸有点感慨。

祖辈七十年的风风雨雨好像就发生在昨天,可是岁月终究让他们白了头。

从"小车"到"大车"

蔡加琪

我的家乡在浙江省温岭市新河镇。作为浙江省历史文化保护区之一，新河镇历史文化悠久、人杰地灵。生在新河，我的祖辈和父辈都亲眼见证了家乡的变化。爷爷和奶奶是传统的农民，他们一辈子都在和田野打交道，而到了父亲这一代，在八九十年代自主创业的浪潮下，在父亲和母亲的努力下，家里的交通工具也一直在更新换代，我家也发生了许许多多新的变化。

父母年幼时，第一辆自行车

1971年我的父亲出生于新河镇城东村。爷爷和奶奶都是地地道道的农民，虽然没有上过学，在那个贫穷的年代还是把最好的都给了我的父亲。从我父亲开始记事起，他就跟着爷爷去田里面插秧种菜，去河里面捕鱼捞虾。父亲时常和我聊起他小时候的趣事："那个时候我和你爷爷

爷爷的凤凰牌自行车

乘着小船去江里面捕鱼捉虾，捞上来的小虾直接生吃，甜甜的，很鲜。"每次一说到这件事的时候，父亲的眼睛总是微微眯起，似乎在回味儿时的那股清甜味儿。每天除了按时上下学之外，父亲回到家的第一件事就是给全家人做晚饭，因为灶台很高，父亲总是会拿一张小板凳站到上面，踮着脚给全家人做菜。父亲小的时候家里也不是特别富裕，为了过上更加幸福的生活，爷爷和父亲都很努力。在1984年父亲13岁的时候，爷爷托朋友从杭州带回来一台二手的红色外壳的12寸黑白电视机。"在那个时候，在我们村里，这可是个稀罕物，好多人都过来看呢！"父亲笑了笑，带着自豪的口气说道。又过了几年，爷爷为了卖菜更方便，拿出存了好久的钱买了一辆凤凰牌自行车。

早上三四点，爷爷就起床，把菜放到两个箩筐里面固定在自行车的后座，然后就一摇一晃地骑着自行车出门卖菜了。

1972年我的母亲出生于新河镇城北村。外婆和外公刚开始是做小本生意的，听母亲说他们曾步行从新河出发到路桥卖自己家做的雨衣，现在从新河到路桥开车大概要四十分钟。他们还从福建买来玩具和桂圆，再带回来卖。作为那个年代在城北第一批做生意的人，外公的生意头脑让家里的生活逐渐好了起来，后来因为四处奔波赚钱也挺费劲，外公和外婆开始了做帽子的事业。因为家里小孩多，在家排行老二的母亲早早开始了工作。母亲年轻的时候也和现在的我们一样追求时髦，为了买到心仪的衣服，做一个好看的发型，母亲在工作上总是格外努力。"你妈妈小的时候，可是外婆家做针线活最快的人。"每每谈起这个，母亲的脸上总是露出自信的笑容。1997年，母亲花了五千块钱买了一件心仪的水貂外套，在那个年代这可是一笔很大的支出。

外出闯荡，第一辆摩托车

1988年，为了学一门手艺，父亲开始了模具学徒工的生活。这一干就是整整三年，刚开始的两年，父亲每天早出晚归，但没有任何实际的工作收入。到了学徒工的第三年，每天起早贪黑的父亲拥有了他人生的第一笔

父亲（左一）去上海打工

工资收入——30元。在那个年代，30元可是一笔十分可观的收入。

但总是给别人当伙计小工也确实赚不到什么钱。于是到了1991年，在政府政策的鼓励下，父亲随着中国自主创业的浪潮开始了自己的创业之路，他决定自己办一个模具加工厂。为了学到更多的技术，开阔自己的视野，1995年，父亲去了上海，在上海这座大城市里开始了自己的谋生之路。

在上海打工的那段时间，父亲很努力，赚的最多的时候，父亲一个月能拿到1800元，相较于普通人400-500元一个月，父亲的月收入十分可观。在上海的那段时间父亲也结识了很多朋友，这也在无形中拓宽了父亲做生意的合作圈，现在父亲很多生意上的伙伴就是在那段时间结识的。

1995年，父亲和母亲在别人的介绍下相识了，在那个时代，两个人从家境方面看上去并不是那么般配，一个是帽子产业大户人家的女儿，而一个是从农村出来还在给别人打工的穷小子，或许是父亲的努力和认真打动了母亲，最终他们俩还是走到了一起。1996年，父亲带着母亲去了他闯荡的城市——上海。

到了1997年，为了出行方便，父亲花了3万块买了一辆日本进口的摩托车——本田太子。

从我开始记事起，父亲摩托发动机的声音，每天下午四点钟总是准时响起。父亲会让我坐在摩托车前面的油箱上，带我穿梭在新河的各个巷子里。

父亲的第一辆摩托车

自主创业，第一辆小轿车

1998年，父亲和母亲结婚了，在当年的9月底，我来到了这个世界。父亲和母亲还给了我一个写法与众不同的名字——加琪。因为自己的名字老是被别人写错，我好奇地问父亲为什么我的"加"是加减的"加"。父亲笑着摸摸我的头说：

父亲的第一辆小汽车

"'加'字拆开来就是一个'力'和一个'口'，只有努力才有饭吃啊。"虽然这句话听上去并不高雅甚至有点"土"，但这句话一直影响着我的生活。努力才会收获自己想要的，越努力才越幸运。

父亲和母亲结婚后，因为母亲家里的帽子生意还不错，从上海回来后的父亲也跟着母亲做起了帽子生意，但"半路出家"的结果就是赚不到什么钱。于是父亲寻思着重新开始自主创业。在我四岁也就是2002年的时候，父亲重新做起了个体户模具加工的生意，那个时候父亲的模具事业才刚刚起步，虽然早期的打工生活让父亲积累了不少经验，但因为资金的匮乏，所有的事情都需要父亲自己一个人来完成，从小零部件的加工再到找短期合作。记得我上幼儿园的那段时间，每一次放学回家听到的都是父亲拿锤子敲击模具的声音，闻到金属自带的独特气味。母亲为了家里生活过得更好，也去外面找了一份工作。到了2004年，父亲也赚到了不少钱，于是他开始招起了小工，工作的空间也从我们家一楼的前面转移到了一楼的后面，在后院搭起了小小的厂房。而母亲也不再需要出门工作，在家安心当起了全职妈妈。到了2005年，父亲的小厂房里引进了模具加工的第一台大型设备，这拓宽了他模具加工的范围，也让他的工作变得轻松起来。当年年底，父亲拿着十几万的现金去路桥买了人生第一辆小轿车，为的是更加方便地拉货和跑生意，而那一辆陪伴了父亲8年的摩托车也光荣退休了。

"买第一辆车的那天，你爸爸我是坐着叔叔的摩托去的路桥。把车开回来的时候你还一直在说这个车子后面扁扁的，是个没有'屁股'的小汽车。"父亲乐呵呵地讲道。那个时候的父亲也算得上是村里面第一个拥有并且开上小汽车的人。到了2008年，妹妹出生了。但是生活并不是一直一帆风顺的，2013年，受整个社会经济环境的影响，父亲和别人合作的项目出了很大的问题，到后来父亲也没有赚到什么钱还亏了好多。虽然这件事让父亲赔了好多钱，但也让他收获了不少经验。2015年，父亲和一位刚刚大学毕业不久的叔叔合资在新河工业区开了一家模具加工公司。

展望未来，越努力越幸运

2018年，父亲花了几十万买了一辆更新更先进的小轿车，后面的小厂房里面也换上了更加先进的模具加工设备，和叔叔合资的公司也接了几笔大生意。回顾这几十年，父亲吃了不少苦。我们家在爷爷奶奶和父亲母亲的努力下发生了许许多多的变化。从农村里一个种种菜的穷小子，到每天起早贪黑干活的学徒工，再到现在个体小厂房的小厂主，父亲为这个家做出了很大的贡献，爷爷不需要起早贪黑去田里面种菜再去市场卖菜，而是把这件事当作一个娱乐活动；母亲也安安心心在家做了十几年的全职主妇，对比我小的时候，妹妹现在也拥有了更多更好的学习资源和环境。

母亲说父亲辛苦了这么多年，为的就是让晚辈和长辈的生活过得更好，他一直在努力给我们更好的生活。父亲也和我讲过，再干十年就好好开始享受晚年的生活，和爷爷一样愿意去干活就去干活，在家种种菜养养狗也挺好。而作为晚辈的我，要接替父亲的职责，带着他们的信念，一直努力下去。

三张结婚照

唐 璐

芳华70年

60年代隔着走,70年代手牵手……不同年代的婚姻有着不同的形式,不同的风格,婚姻大事带你见证我家的历史。

蓝宝石婚——70年代的朴素婚姻

1944年,新中国还未成立,这一年我的爷爷出生了。爷爷在当年是十分上进的,学得了一手泥瓦匠的技术,但在那个条件普遍落后的年代,爷爷到了27岁才开始考虑婚姻大事,那一年,我的奶奶才19岁。

"我和你爷爷是隔壁的老德介绍认识的。"奶奶打开带锁的抽屉拿出了一张泛黄但看得出保存得很好的照片,提起他们年轻时的事情,她那有了皱纹的脸上露出了略显羞涩的笑容,"你爷爷年轻的时候很能吃苦,性子又很热情,有一年山上着火,你爷爷就赶紧去帮忙救火,但是不当心啊,头发被烧坏了,只好留一个光头。当初我第一次见到他,我是有点不中意他的光头的,觉得不好看。但是你爷爷很勤奋的,一来家里,第一次就帮着干了很多重活,一点也不嫌弃我的家在那么偏远的山里,我就同意接触看看,一来二去几次,我觉得你爷爷是个品行很好的人,又有一手技术，一定能把日子过得越来越好的。所以我们很快就定了日子。"

奶奶说，那个时候结婚就是定个大家都有空的日子去公社公证一下，然后爷爷就可以叫个车去奶奶家搬走奶奶的东西，把奶奶接回自己家就算结婚了。结婚的时候爷爷奶奶都是穿着借来的衣服，奶奶穿红衣服，爷爷穿中山装。

爷爷奶奶的婚姻按现在的话说，算得上是真正的裸婚啊，婚礼办不办都一样过日子。经历了快50个年头，我的爷爷奶奶也会吵嘴，也会生气，从风风雨雨到风调雨顺，从坎坎坷坷到大路平坦，真的是一步一个脚印，走出了他们自己的那份苦辣甜酸。从他们的身上我们这些小辈学会了相互包容相互扶持。看着祖辈的白头偕老，我们也会对这样执子之手与子偕老的爱情产生美好的想象。

爷爷奶奶

瓷婚——90年代的"三大件"婚姻

90年代初，爸爸认识了同在工厂干活的妈妈。妈妈的性格一直是十分内敛害羞的，爸爸说一次在食堂吃饭的时候，他看见了妈妈，觉得妈妈长得十分清秀，脸红红的害羞的样子很可爱，他就开始了追求妈妈的大计划。这个时候的爸爸妈妈已经登上了自由恋爱的大船。

90年代，方便面、罐头这些东西都还算是稀罕物，我的爸爸在追妈妈的时候会经常给她送一些小零嘴，以此找一些机会和妈妈相处。爸爸年轻的时候长得可以说是相貌堂堂了，我妈就这样和我爸自由恋爱了。他们一起在工厂里上班，放假的时候，爸爸会带妈妈去看录像和露天电影，这在当时是一种很时髦也很浪漫的举动。

行走的新闻：国是千万家

爸爸妈妈

这样浪漫的恋爱持续了大概一年的时间，爸爸妈妈觉得彼此挺合适的，就进入了定亲阶段。爸爸和我说，虽然他和妈妈是自由恋爱的，但按照当时的习俗，爸爸先得自己一个人去妈妈家做粗浅的了解，爸爸还特别强调妈妈当时在家里十分勤快地洗碗搞卫生，为了给他留下一个贤惠的印象。这次了解之后，爸爸就要带着媒人和"四层礼"（米、面、香烟、肉）去外婆家提亲。

等一切都准备妥当之后，爸爸妈妈在当年11月份登记结婚，在法律上取得了夫妻关系，也就可以生活在一起了。由于当时爸爸妈妈都在工厂上班，工厂给爸爸妈妈分配了一个有厨房的小房间供他们住宿生活。接下来，爸爸和妈妈就开始忙活办酒席的事情了，毕竟是人生大事，也陆陆续续忙了将近两个月，到了正月，爸爸妈妈的婚宴开始了。妈妈穿着大红色的裙子，戴着头花，面若桃花，爸爸也穿着那个年代相当正式的西装，他们相携着一桌接一桌敬酒，接受祝福。

我对"三大件"这个名词一直很好奇，这个名词似乎就是那个年代婚姻的代名词。70年代的蝴蝶牌缝纫机，上海牌手表和凤凰牌自行车；80年代的收音机、洗衣机、电视机；90年代的摩托车、录像机和空调。但由于地区的区别，爸爸和我说，他结婚时候的"三大件"分别是缝纫机、洗衣机和电视机。迎亲的时候，爸爸还要租车去接妈妈，后面还要跟一辆小货车装着"三大件"和妈妈的嫁妆，妈妈带着红色的樟木箱、樟木衣柜来到爸爸家。

最后，爸爸遗憾地说，当时的条件不好，没能造一幢新房子迎娶妈妈，只是装修了房间，但是爸爸尽他所能地在房间里贴满喜字，还买了气球、彩灯等装饰弥补遗憾。所幸过了几年，爸爸妈妈在老房子的旁边造了一幢三层的新房子，这是爸爸妈妈一起努力造起来的房子，是他们共同的心血，也是他们积极生活的象征。

开始的时候并不富裕，但爸爸妈妈遵循自己的内心，自由恋爱，喜结连理。没有房子，就一起攒钱造新房子；买不起商场的毛衣，就学着织毛衣。那个时候，一切很慢，也很美好，遇到问题是去想解决的办法，而不是选择放弃。从他们身上我们学会了一起拼搏、一起浮沉的信念。我也始终相信父辈的感情会对下一代产生积极的影响。

纸婚——2018年的爱情之火

说起哥哥嫂嫂的爱情，我觉得可以算得上是一个"蓦然回首，那人却在灯火阑珊处"的故事了。嫂嫂是哥哥的高中同学，但他们在高中期间一直就是普通同学的关系，甚至在上了大学之后一度失去联系。可是缘分就是这么妙不可言，在哥哥参加工作的第三年，也是哥哥调离杭州去往宁波的第一年，哥哥和嫂子又联系上了。接下来，他们一个在杭州，一个在宁波，就这样开始了长达两年的异地恋。

哥哥嫂嫂

真正的爱情从不被距离、年龄这些事物所阻挡，在身处异地的情况下，哥哥和嫂子开始计划着步入婚姻。2018年正月，哥哥请了假和嫂嫂回家上门拜访，第二天再请了舅舅舅妈上门提亲。现在的房子、车子、票子也可以说是婚姻必不可少的"三大件"。哥哥表示他已经有了一套正在还贷的杭州的房子，对于礼金数，也很爽快地答应下来。他们把婚期定在了2019年7月份。定好日子之后，哥哥便开始忙着婚宴的事情。不像旧时在家里大宴宾客，现在都喜欢在酒店摆酒席，哥哥预定了酒店，还要带嫂嫂去买"三金"，这是我第一次知道"三金"这个概念，就是男方要给女方买金项链、金戒指和金手镯或耳环，寓意情比金坚。等到酒席都敲定了，哥哥嫂嫂还要去摄影楼拍摄结婚照，中式喜服、西式婚纱还有韩式校园风，他们从成百上千张照片中挑选自己喜欢的照片打印成册，或是裱上相框，挂在房子里。从他们身上，我相信并不是所有的校园爱情都会不得善终，只要真心相爱，总会战胜现实的种种困难。

后记

谢谢老师，谢谢同学

刘建民

《行走的新闻：国是千万家——庆祝新中国成立70周年特别田野调查》出版了。这本书，是由在校大学生在深入采访调查挖掘基础上，以非虚构写作方式呈现的新中国70年发展进程中70个普通家庭的变迁故事。

本书的主要内容，是浙江大学宁波理工学院传媒与设计学院新闻学专业、网络与新媒体专业2017和2018级240余名学生通过专业实践"行走的新闻"完成的田野调查，体现了青年大学生积极了解社会、参与社会获得的重要成绩。"行走的新闻"是浙江大学宁波理工学院传媒与设计学院自2007年以来推出的大型专业实践品牌项目，曾获得教育部校园文化二等奖，教育部新闻传播教指委"传媒教学创新奖"等奖项。

本书是共同合作的结晶，浙江大学宁波理工学院宣传部在活动开展前即将其列入学校纪念新中国70年活动计划并给予全力支持。浙江大学宁波理工学院宣传部及相关教学与科研部门和社会机构多年来对"行走的新闻"课业与专业实践给予的支持，使得这一品牌项目得以坚持13年，出版学生作品集近20余部。

本书以全媒体形式出版，书中讲述的每个家庭故事，包括一篇3000—5000字的文本，大学生作者本人的3分钟朗读语音，1分钟的家庭故事小视频。这是数字出版领域有价值的尝试，也是宁波出版社给予这本书的读者的福利。下一步，本书或计划通过国际协作方式出版英文版，是"行走的新闻"首次尝试向世界讲述"中国故事",如果成为现实,也是宁波出版业实现走出去,"传播中国声音,提升中国形象"的积极尝试。

  故此,需要向为这本书的采编出版付出心血的人致敬、致谢。校党委书记胡征宇老师连续两年为"行走的新闻"同学们的作品集作序,校党委副书记、副院长冯建波老师一直在掌握着这次"国是千万家"活动航向并为这本书定名,传媒与设计学院院长吴飞教授和原网络与新媒体研究所所长黄少华教授为这本书申请国家出版基金做出了专业评价,宁波出版社袁志坚总编携其麾下的江一常老师为这本书的出版运作竭尽心力,校党委宣传部副部长李炜和传媒与设计学院副院长王军伟更是为本书的采编出版操心费神,还有我的学生助理蔡珏在采编等环节付出了大量劳动……没有你们,同学们怎么会有纪念新中国70年光辉历程的参与感?谢谢你们,谢谢老师们,同时也谢谢所有参与《行走的新闻:国是千万家——庆祝新中国成立70周年特别田野调查》的同学们。

2019年9月16日